모바일 앱 및 오픈소스 SW 기반의 기초 프로그래밍

문현준 지음

21세기사

PREFACE

오픈 소스의 중요성에 대해

오픈 소스 운동은 1990년대 후반부터 본격화되어 소프트웨어 산업을 혁신으로 변화시키는 원동력이 되었다. 국내에서도 오픈 소스 소프트웨어의 중요성이나 활용가치가 증대되어 기업의 활용도도 높아졌고, 정부 정책도 오픈 소스 활용이나 관련 인력 육성에 중점을 두고 있다.

그러나, 오픈 소스에 관련된 국내 엔지니어나 기업의 기여도 및 공헌은 매우 미흡한 편이다. 핵심 엔지니어가 오픈 소스 활동에 적극적으로 참여하게 유도하거나 자사의 소프트웨어를 오픈 소스화하는 경우를 찾기 어렵다. 이에 비해 구글이나 페이스북 등은 기본적으로 자사의 수많은 소프트웨어나 연구결과물을 오픈 소스로 제공하고 있으며, 마이크로소프트나 애플 등의 글로벌 기업들은 이러한 움직임에 적극적으로 동참하고 있다. 기업들이 자사의 소프트웨어를 오픈 소스화하고 있는지에 대해 국내 기업의 임원이나 정책 담당자는 아직도 명확한 답을 갖고 있지 못한 경우가 많다. 그 이유는 첫 번째로 상호 호혜성에 관한 이데올로기적 관점이다. 많은 글로벌 스타트업을 포함한 소프트웨어 관련 IT기업들은 오픈 소스를 기반으로 출발하고 이에 대한 보답으로 자신의 결과물을 오픈소스로 공유하는데 적극적 입장을 보인다. 두 번째 이유는 오픈 소스를 통한 혁신이 더 효과적이라는 것이다. 기업이 풀고자 하는 문제를 내부 인력만으로 해결하는 것보다는 오픈소스 커뮤니티의 도움으로 전 세계의 엔지니어가 같이 참여해서 풀어가는 것이 더 효과적이고 혁신적인 해결을 얻을 수 있기 때문이다. 세 번째는 오픈 소스를 통한 연구 개발이 궁극적으로는 자신의 사업에 도움이 된다는 것이다. 자사의 소프트웨어를 오픈 소스화하면, 이를 이용하는 엔지니어 수가 증가하고, 결국 그런 엔지니어들 중 최상의 엔지니어를 다시 회사에 합류하게 만들 수 있다는 것이다. 즉, 이들을 통해 회사의 소프트웨어 혁신을 다시 얻을 수 있는 것이다.

출간의 배경

오픈 소스의 가치를 제대로 이해하고 오픈 소스가 결국 회사나 엔지니어의 전략 실현과 성장에 도움이 된다는 것을 깊이 있게 인식하는 것이 지금 이 시대 소프트웨어의 중요성의 핵심이 된다. 이러한 중요성에 비추어 현재의 다양한 오픈소스 관련 교재들은 다소 미흡해 보인다. 국내 교재의 경우, 빠르게 변화하는 선진적인 추세에 미처 따라가지 못해 최신의 진전된 내용을 전달하는 데 한계가 있다. 번역판의 경우 대부분 번역체 문장의 한계로 인해 내용 전달이 자연스럽지 못하거나 원서의 너무나 많은 내용을 번역판에 그대로 옮김으로써 중요한 내용과 덜 중요한 내용이 잘 구분되지 않고 있다. 본 교재는 주어진 시간 내에 최근 자료의 효율적이고 선택적인 학습을 필요로 하는 독자층에겐 도움을 주기 위하여 출간 되었다.

책의 특징 및 구성에 대해

본 교재는 기존 교재들의 보완을 통해 학습의 효율을 높이기 위하여 출간 되었다. 최근의 추세에 맞추어 최신 이론과 개념들을 포함하려고 노력했고, 누구나 이해하고 따라하기 쉬운 방식으로 학습 내용을 전달함으로써 독자의 입장에서 효과적인 학습이 가능하도록 구성하였다. 이 책은 원리에 대한 이해를 포함하여 독자들이 직접 실습을 통해 익힐 수 있도록 구성되었다. 책의 구성은 총 9개의 장으로 구성되어 있으며, 각각의 장에 대해 한권의 전문 서적처럼 자세한 내용을 심도있게 다루지 않았지만, 해당 챕터의 개념과 내용 및 사용법을 충분히 배우고 향상시킬 수 있도록 구성하였다. 1장에서는 오픈소스 소프트웨어의 정의와 오픈소스의 다양한 장점들에 대해 설명하였고, 이 책의 간단한 구성 등을 포함하였다. 나머지 8개의 챕터에 관하여 선정한 이유는 다음과 같다. 2장과 3장의 안드로이드와 iOS 프로그래밍은 모바일 분야에서 오픈소스의 활용도가 높기 때문에 선정하였고, 기본적인 문법을 포함하여 개발환경 설정 방법, 기본 예제 등을 통해 접해보지 못한 독자도 쉽게 접근할 수 있도록 구성하였다. 4장에서는 오픈소스 활용도가 가장 높은 Python 프로그래밍을 선정하였다. 다양한 오픈 소스 소프트웨어가 Python을 이용하여 개발되었기 때문에 오픈소스의 사용 및 이해를 위해 필수불가결한 Python을 선정하였다. 5장에서는 영상처리 및 컴퓨터 비전 분야에서 가장 널리 사용되는 OpenCV라는 오픈 소스 소프트웨어를 다루면서 오픈소스 이해도를 높일 수 있도록 구성하였다. 6, 7장에서는 이러한 오픈 소스 소프트웨어를 활용하는데 추가적으로 도움을 줄 수 있는 데이터베이스 관리 시스템인 MySQL과 네트워크 애플리케이션 및 서버 개발에 사용되는 소프트웨어 플랫폼인 Node.js를 알아본다. 그리고 8장에서는 'R'이라는 오픈 소스 통계 프로그래밍 언어를 통하여 데이터 분석에 관하여 다뤄본다. 마지막 장에서는 최근 인공 지능 및 딥러닝 분야에서 많이 사용되는 TensorFlow 라는 오픈소스 소프트웨어를 접해 본다.

감사의글

본 교재를 완성할 수 있도록 항상 함께 해준 가족들에게 먼저 감사한다. 교재의 세부 사항 구성 및 점검을 위해 많은 도움을 준 세종대학교 컴퓨터공학과 CVPR LAB 연구실 의 제자들에게 감사한다. 그리고 책의 출간을 위해 도움을 주신 출판사 관계자들께 깊은 감사를 드린다.

2019. 01. 16.
세종대학교 컴퓨터공학과
저자 문현준 교수

CONTENTS

1

오픈소스 소프트웨어 개론

1.1 오픈소스 소프트웨어

1.1 오픈소스 소프트웨어

1.1.1 오픈소스 소프트웨어 정의

오픈소스 소프트웨어(Open Source Software, 이하 OSS)는 소스 코드에 대한 접근, 자유로운 재배포, 파생 저작물의 작성, 제한 없는 사용 등을 허용하는 라이선스(License)와 함께 배포되는 소프트웨어이다. 오픈소스 소프트웨어의 역사는 1950년대의 유저 그룹(User Group)인 쉐어(SHARE)와 유닉스의 아카데믹 배포판(Academic Distribution), 그리고 GNU 프로젝트로 거슬러 올라간다.

오픈소스 애플리케이션들은 운영 체제와 데이터베이스 같은 시스템 인프라, 소프트웨어 개발 도구, 개인 생산성 도구, 데스크탑 용 소프트웨어, 엔터테인먼트, 그래픽, 출판, 교육, 과학, 엔지니어링, 컨텐츠 관리, 그리고 비즈니스 소프트웨어 등 개인용 소프트웨어에서부터 기업용 소프트웨어까지 거의 모든 분야에서 활약하고 있다.

오픈소스 개발 프로젝트의 조직은 구조, 멤버십, 리더십, 기여정책, 품질관리 등의 측면에서 사유 소프트웨어(Proprietary Software)와는 다른 방식을 취한다. 간결하고, 분산된, 그리고 비정형적이기까지 한 운영방식은 OSS 프로젝트의 시작이나 참여를 쉽게 하지만, 한편으로는 프로젝트가 시장의 압박으로부터 자유롭기 때문에 간혹 흐지부지되거나 실패하는 경우도 있다.

OSS 프로젝트의 성공은 커뮤니티에 달려있다. 커뮤니티는 코어 개발자(Core Developer, 핵심 개발자)에서부터 패시브 유저(Passive User, 수동적 사용자)까지 다양하게 구성된다. 비록 커뮤니티의 거버넌스(Governance)구조는 기본적으로 유연하지만, 그 프로세스와 메커니즘은 커뮤니티 멤버들의 이익에 초점을 두고 있다. 일반적으로 이들 커뮤니티에서는 이니셔티브(Initiative), 팀워크, 커뮤니케이션, 협력 등은 비즈니스 소프트웨어 개발의 경우보다 더욱 중요한 것으로 여겨진다.

OSS의 핵심 정의 요소 중 하나는 라이선스이며, 오픈소스는 이들 라이선스의 중요한 요구사항들을 만족시켜야 한다. 수많은 오픈소스 라이선스들은 주로 파생 소프트웨어에 대한 입장에 따라 구분된다. 즉, 몇몇 라이선스는 오픈소스 형태의 가용성(Availability)을 유지해야 한다는 규정을 포함하고 있는 반면, 다른 라이선스들은 더 많은 유연성(Flexibility)을 허용한다. 새로운 오픈소스 프로젝트의 경우 적절한 라이선스를 선택하는 것이 중요하지만, 이와 마찬가지로 OSS를 사유 시스템에 통합(Incorporating) 하기전에 오픈소스 프로젝트의 라이선스에 대한 이해가 선행 되어야 한다.

요즈음에는 많은 비즈니스 모델들이 제품 또는 서비스의 제공이라는 측면에서 OSS에 의존하고 있다. 이들의 수익은 오픈소스의 보완재(Complementarity)로 사유 제품을 판매하거나, 기술지원 및 교육, 구독(Subscription), 광고 등을 통해 얻을 수 있다. OSS로의 이동(Move to OSS)을 위한 전략은 마케팅 및 혁신과 관련된 기회, 그리고 이익 감소 및 낮은 진입 장벽과 관련된 위험 등도 고려되어야 한다. 전술적 수준에서, 오픈소스 기반의 비즈니스 모델은 개발비용을 낮출 수 있고, 최종 사용자 커스터마이징(End-User Customization)을 가능하게 한다. 그러나 새로운 조직 구조, 높은 단기투자 비용, 오픈소스 생태계에 대한 지속적은 육성 노력 등을 요구할 것이다.

OSS는 저비용의 제품, 제작 가능한 컴포넌트(Adaptable Component), 코드, 그리고 다른 시스템으로 변형할 수 있는 요소들로서의 재사용이 가능하다. 오픈소스 시스템은 다른 애플리케이션의 인프라로 사용될 수 있는 완전한 스택(Stack)을 점점 형성해 가고 있다. 웹 애플리케이션과 같은 특정 범주에서는 사유 소프트웨어와 유사하거나, 심지어 더욱 발전된 모습을 보여주고 있다. 오픈소스 적용을 통한 효과는 조직의 손익(Bottom Line)과 관리, 소프트웨어의 품질, 개발 프로세스에 영향을 주고 있다.

많은 질문 중 하나는, 오픈소스 프로젝트에 참여하는 개인과 기업의 동기(Motivation)에 관한 것이다. 개인은 OSS의 참여를 통해 사회적, 정치적, 이념적, 유희적인 이득(Incentive)을 얻을 뿐만 아니라, 유연하며 큰 노력 없이도(Stress-Free)최첨단 기술을 획득할 수 있다는 이점이 있다. 기업의 경우 높은 품질의 제품과 개발 프로세스를 접할 수 있는 특권뿐만 아니라 사용자 주도의 혁신, 높은 명성과 가시성, 인적 자원 향상, 직원들의 사기 진작 등의 기회를 얻을 수 있다.

낮은 가격의 OSS는 고가의 사유 제품에 대한 대안으로 많은 e-비즈니스 벤처기업들의 성공 동인으로 광범위하게 적용됨으로써 경제 전체에 활력을 주고 있다. 또한, 오픈소스는 다음과 같은 특정 분야들에 직접적인 영향을 끼치고 있다.

- 경쟁 또는 신규 비즈니스 기회를 요구하는 소프트웨어 개발 분야
- 비용 및 진입 장벽이 낮아야 하는 하드웨어 개발 분야와 소비자 주도의 혁신이나 경제적 강요가 힘든 분야
- 신규 및 기존 애플리케이션의 교육 과정을 만들어야 하거나 연구를 위해 학생의 참여가 중요한 학문 분야

OSS의 역사만큼, 그 미래 또한 흥미로울 것이다. OSS는 크고 복잡한 소프트웨어 시스템을 유기적인 방식으로 개발하는 방법을 제시할 뿐만 아니라 새로운 설계, 개발, 마케팅, 비즈니스 모델을 주도할 수 있다. 여러 도전 과제들에 직면해 있고 아직 극복해야 할 문제들이 있지만, 그렇기 때문에 OSS에 대한 미래의 연구 가능성은 크다. 오픈소스와 사유제품의 비교 또는 이들의 개발 프로세스의 비교를 위한 확실한 경험적 증거들이 아직까지는 부족하다. 하지만 보다 중요한 것은 기술과 혁신의 과정과 그 성과를 민주화할 수 있는 오픈소스 개발 모델의 능력이다.

■ 오픈소스 소프트웨어와 소프트웨어 배포의 다른 유형들
(Open Source Software and Other Types of Software Distribution)

1980년대 후반까지, 대부분이 패키지 소프트웨어들은 거의 배타적으로 판매되었으며, 사용자의 컴퓨터에 설치 후 바로 실행할 수 있는 완제품(소위 '프리컴파일드 바이너리')의 형태로 배포되었다.

그러나 1990년대에 들어서면서 소프트웨어 및 컴퓨터, 인터넷의 진화로 배포의 새로운 모델들과 유형들이 등장하였다. 이러한 모델들과 유형들은 소프트웨어 제품의 공개성(Openness)의 정도(예를 들어, 내부 작업들에 대한 정보가 사용자들에게 얼마나 노출되는지), 최종 사용자에게 있어서의 수정가능성(Modifiability)이나, 일부를 다른 작업에서 사용할 수 있는 가능성(Reusability)이나, 파생 소프트웨어의 작성, 그리고 비용과 라이선스 모델 등의 관점에서 서로 차이를 나타내고 있다.

자유 소프트웨어 재단(FSF, Free Software Foundation)에 의해 제시되고, 브루스페렌스(Bruce Perens)에 의해 다듬어진 분류에 따르면, 현재 사용되고 있는 패키지 소프트웨어의 주요 배포 유형은 다음과 같다.

① 사유 또는 상용 소프트웨어(Proprietary or Commercial Software)

일반적으로 소스 코드가 비공개된, 즉 대중(Public)에게 공개되지 않는 바이너리(Binary)형식으로만 배포된다. 이러한 소프트웨어를 사용하기 위해서는 비용이 지불되어야 하며, 사용 조건 또한 매우 제한적이고, 수정이나 재배포는 허용되지 않는다.

② 공공 도메인 소프트웨어(Public Domain Software)

라이선스 스펙트럼(Spectrum)에서 사유 또는 상용 소프트웨어의 반대편에 위치하고 있다. 이러한 종류의 소프트웨어는 저작자가 모든 저작권을 포기하기 때문에, 소스 코드는 자유롭게 수정 또는 재배포가 가능하며, 어떠한 비용도 요구되지 않는다. 사실상 공공 도메인 소프트웨어는 어디서나 소프트웨어를 얻고, 어디에나 재배포할 수 있으며, 비공개 라이선스 방식으로 바꾸거나, 심지어 원 저자의 이름을 지우고 자기의 작품으로 취급하는 것도 허용된다.

③ 프리웨어와 쉐어웨어(Freeware and Shareware)

제품들은 비용의 선 지불을 요구하지 않으며, 일반적으로 공공 도메인 소프트웨어와 같이 복제가 가능하다. 그러나 소스 코드가 제품과 함께 배포되지 않기 때문에 수정은 허용되지 않는다.

한편, 쉐어웨어는 비용을 지불하지 않는 한, 한정된 사용(정해진 평가 기간 또는 제한된 기능)만이 가능하다. 그러나 프리웨어는 비용을 지불하지 않아도 완전한 사용(무한한 사용 기간 그리고 모든 기능)이 가능하다. 일반적으로 쉐어웨어는 라이선스 옵션보다는 마케팅 개념으로 여겨진다.

④ 오픈소스 소프트웨어(Open Source Software)

OSS는 배포와 라이선싱 방식에 관한 것으로, 이 책의 주제이기도 하다. OSS의 주요 특정은 오픈소스 정의(OSD, Open Source Definition)에 설명된 바와 같이 다음으로 요약된다.

- 무료 배포(Free Distribution): 이런 종류의 소프트웨어는 라이선스 비용이 청구되지 않는다.

- 소스 코드의 제공(Source Code Availability): 소스 코드는 제품과 함께 배포된다.

- 수정 및 파생 저작물(Modifications and Derivative Works): 소프트웨어 사용자들은 파생 소프트웨어 제품을 생성할 목적으로 소스 코드를 수정할 수 있다. 또는 부분이나 전체 소스 코드를 다른 제품에 재사용하는 것도 가능하다. 그러나 이는 사용된 OSS라이선스에 명시된 특정 제약사항에 영향을 받을 수 있다.

- 차별금지(No Discrimination): 개인, 그룹 또는 산업에 대해 차별하지 않는다.

- 라이선싱(Licensing):OSS 제품들은 저작권으로 보호되며, 사용조건에 대해 규정한 특정 라이선스 하에 배포된다. OSS라이선스에는 여러 종류가 있으며, 각기 허용의 정도와 형태가 다르다.

OSS라이선스의 가장 중요한 관점 중 하나는, 특정 소프트웨어 제품의 소스 코드를 기반으로 한 모든 파생 저작물이 다른 라이선스 체계(OSS 또는 사유 소프트웨어)로 배포될 수 있는지, 아니면 최초의 제품과 같은 라이선스 하에서만 배포가 허용되는지에 관한 것이다.

후자의 조건을 만족하는 OSS 라이선스는 제한적 라이선스 또는 카피레프트(Copyleft) 라이선스로 알려져 있으며, 그들의 목표는 소스 코드가 누구에게나 가용할 수 있도록 보장하는 것이다. OSS 개발은 대규모 개발자들의 공개되고 분산된 커뮤니티를 기반으로 이루어진다. 여기에 참여하는 개발자들은 '소프트웨어 및 정보의 자유'에 대한 신념을 가지고 있으며, 정보를 공유하고, 다른 사람들을 돕고, 공부하고, 서로의 저작물에 대한 동료 검토(Peer Review)등과 같은 협력적인 방식을 따른다. 이러한 개발자들은 자신이 관심을 가지고 있는 프로젝트에 의해서 동기가 부여되고, 그것으로부터 배우는 것에 강한 욕구를 가지고 있다. 그리고 그들의 기여에 대한 공인과 그들이 얻을 명성과, 프로젝트 자체의 성공으로부터 보상을 받는다.

⑤ 오픈소스 소프트웨어는 누가 개발했는가?

오픈소스가 상당히 매력적이고 잠재적으로 중요한 이유는 오픈소스가 혁신의 촉진을 가로막는 근본적인 난관에 대한 해결책이 될 수 있기 때문이라는 것이다. 특히 오픈소스 소프트웨어는 기업과 개인에게 혁신 동기를 제공해야 할 필요성과 최첨단 기술을 폭넓게 사용하도록 장려하는 것이 바람직하다는 당위 사이의 갈등을 해결 할 수 있을지도 모른다. 누구나 소프트웨어를 실질적으로 무료로 이용할 수 있게 함으로써, 오픈소스 프로젝트는 최첨단 프로젝트가 광범위하게 보급되도록 보장한다. 그리고 자발적 기여자들은 다른 방식으로 보상받기 때문에 동기 문제는 존재하지 않을 수도 있다. 게다가 많은 이들이 기반으로 활용할 수 있는 소스 코드가 공개된다는 사실 때문에 지식의 이전은 늘어날 것이다. 가장 놀라운 사실은, 기업들이 한쪽으로 전문화하기보다 오픈소스의 사유 제품의 개발을 광범위하게 융합하고 있다는 점이다. 같은 회사가 오픈소스와 사유 프로그램을 모두 개발하거나, 혹은 같은 프로그램을 전통적인 사유 라이선스와 오픈소스 라이선스 양쪽으로 이용 가능하게 만드는 경우는 흔한 사례가 됐다. 우리는 조사한 모든 국가에서 기업들에 의한 오픈소스와 사유 소프트웨어 개발의 혼용을 관찰했다. 십중팔구 소프트웨어 기업들에 의한 이런 혼용은 제품 개발이나 마케팅에 있어 오픈소스와 사유 소프트웨어 사이에 상당한 비용 적 시너지가 존재한다는 점을 시사한다.

소프트웨어 기업들은 아울러 다른 차원에서도 오픈소스와 사유 소프트웨어 양쪽으로 다각화한다. 예를 들어 기업들은 자주 지원 서비스오하 제품 개발을 융합한다. 분명히 제품 개발에서 얻어진 통찰력은 제품 설치에도 활용될 수 있다. 우리는 대기업일수록 소기업에 비해 이런 방식에 따라 다각화할 가능성이 높다는 점을 발견했는데, 아마도 대기업일수록 규모의 경제를 유지하면서도 좀 더 기꺼이 비용 시너지를 활용할 수 있기 때문일 것이다.

앞의 두 가지 요점이 시사하듯, 오픈소스와 사유 소프트웨어는 많은 측면에서 유사하며 광범위하게 혼용되고 있지만, 수출에 대해서는 상당히 다르다. 모든 종류의 소프트웨어 기업들이 제품을 수출하겠지만, 사유 소프트웨어의 개발에 집중하는 동종 기업들에 비해 수출할 가능성도 높은 데다 수출에 좀 더 집중한다. 이 패턴은 시간이 지나면 바뀔 수도 있겠지만 현재로서는 매우 확고해 보인다.

이러한 실증적 증거는 초기 가설이 지나치게 낙관적이었다는 점을 암시한다. 혁신 정책의 핵심에 자리 잡은 동일한 근본적인 딜레마, 즉 최첨단 기술의 광범위한 보급으로 인해 얻어지는 사회적 이득을 희생시키지 않으면서 새로운 지식의 발전을 어떻게 촉진할 것인가라는 문제는 소프트웨어 산업의 특성에까지 영향을 미친다. 오픈소스와 사유 소프트웨어 사이의 상당한 유사성과 공존을 고려해 볼 때, 이런 난관들은 오픈소스는 물론 사유 소프트웨어에서도 마찬가지일 가능성이 높다. 안타까운 얘기지만 오픈소스 소프트웨어는 혁신의 역설을 해결할 수 있는 손쉬운 해결책이라는 공짜 점심을 제공하지 못한다.

⑥ 오픈소스 소프트웨어는 누가 사용하는가?

우리는 15개 국가에서 2,000명이 넘는 사용자를 아우르는 유례없는 조사를 수행한다. 이 데이터는 소프트웨어의 수요 구조, 특히 다양한 사용자 특성이나 소프트웨어 채택과 관련된 다양한 비용에 대한 사용자들의 인식이 수요와 어떤 관계가 있는지에 대해 많은 새로운 관점을 제시한다.

- 오픈소스와 사유 소프트웨어는 사용자에게 다른 비용을 요구한다. 당연한 얘기겠지만, 사유 소프트웨어는 사용자에게 훨씬 더 높은 선비용 지출을 요구한다. 하지만 전환(학습)비용, 상호운용(다른 프로그램과의 호환성), 지원 서비스 등 소프트웨어 제품 채택과 관련된 기타 비용들은 오픈소스 소프트웨어의 경우가 더 높다. 이런 패턴은 가장 발전된 국가에서부터 가장 낙후된 국가까지 상당히 다양한 국가에서 관찰된다.

- 소프트웨어 사용자들은 상당히 다양하다. 이런 다양성은 사용자들의 소프트웨어에 대한 필요성뿐만 아니라, 비용 평가 방식에서도 관찰된다. 이러한 다양한 선호도와 요구 사항으로 인해 두 사용자는 오픈소스 소프트웨어와 사유 소프트웨어 사이에서 매우 다른 선택을 내릴 수 있다.

- 소프트웨어 혼용(混用)은 일상적인 일이다. 국가나 사용자 유형을 가리지 않고, 오픈소스와 사유 소프트웨어는 빈번히 혼용된다. 혼용은 경제 원리상 불가피한 상황에서 더 빈번하게 행해지는데, 예를 들면, 비용상 제약이 있는(소규모) 기업에 훨씬 더 널리 퍼져 있다.

결과적으로 사용자 조사와 개발사 조사에서 얻어진 통찰은 많은 측면에서 상당히 상호보완적이다. 두 유형의 소프트웨어 사이에 근본적인 차이가 있음에도 불구하고 오픈소스와 사유 코드는 완전히 동떨어진 두 개의 세계에 격리되어 있지 않다. 오히려 광범위한 상호작용이 이뤄지고 있다. 사유 코드를 마케팅 하는 기업 역시 오픈소스 코드에 기여하거나 오픈소스 제품을 판매할 수 있다. 사용자들은 오픈소스와 사유 소프트웨어 양쪽을 채택할 수 있다. 소프트웨어의 개발 및 이용에 대해 우리가 조사한 상세한 데이터 덕택에, 우리는 오픈소스와 사유 소프트웨어 세계 사이의 광범위한 공존을 입증할 수 있었다.

■ 결론

이번 장에서 우리는 오픈소스 소프트웨어의 발전 역사를 뒤돌아 봤다. 우리는 이런 활동을 차별화되고 중요하게 만들어주는 제도적인 핵심 특징과 아울러 오픈소스가 겪은 게 가지 시대에 주목했다. 진행 도중 요지에서 잠깐 벗어나서 이런 패턴들을 문서화하고 설명한 연구 결과들을 검토했다.

이러한 역사로부터 우리는 어떤 종류의 교훈들을 이끌어낼 수 잇는가? 많은 측면에서 이런 내용은 이후 장에서 살펴보게 될 주제에 대한 예고편이다. 핵심 교훈은 다음과 같다.

- 오픈소스 프로젝트의 확산과 그에 따른 많은 그룹과 조직에서 오픈소스 프로세스의 성숙화와 공식화. 결과적으로 오늘날의 오픈소스 부문은 불과 10년 전과 비교해도 상당히 다르다.

- 기여자, 사용자, 오픈소스 프로젝트 리더들의 권한과 책임을 성문화한 라이선스 절대적 중요성.

- 오픈소스 발전에 있어 개인 기여자와 개인적인 부문이 연관된 범위. 사유 소프트웨어의 발전과 병행해 많은 사유 기업들이 오픈소스 기술의 발전에서 핵심적 역할을 담당했으며 그러한 혼용은 사용자들 사이에서도 목격된다.

- 서로 다른 플랫폼에서 프로그램을 작동시키는 능력인 상호운용성과 '전환비용'에 대해 오픈소스 소프트웨어 사용자들이 부여하는 절대적 중요성. 이런 강조는 사유 소프트웨어 사용자들 사이에서 목격되는 것보다 상대적으로 더 극적이다.

- 보조금, 조달 및 특허 같은 지적 재산권 등을 통해 특정 유형의 소프트웨어를 장려하는 데 정부의 역할 증가.

1.1.2 이 책의 구성

이 책은 오픈소스를 처음 공부하고자 하는 독자들을 위해 작성되었다. 앞서, 오픈소스에 대해 살펴보았듯이, 오픈소스는 다양한 장점들이 있으며 여러 분야에서 사용되고 있다. 따라서 본 도서에서는 오픈소스의 활용도가 높은 모바일 및 파이썬 프로그래밍의 기본적인 문법에 대해 살펴본다. 또한 최근 컴퓨터 비전분야에서 가장 널리 사용되는 오픈소스인 'OpenCV'에 대하여 살펴본다.

2장에서는 안드로이드 프로그래밍의 기본적인 문법에 대하여 소개한다. 단순히 문법뿐만 아니라 개발환경 설정 방법, 기본 예제 등을 포함하여 안드로이드를 접해보지 못한 독자라도 쉽게 이해할 수 있도록 작성하였다.

3장에서는 iOS(아이폰) 프로그래밍의 기본적인 문법에 대하여 소개한다. 2장과 마찬가지로 iOS 개발환경 설정, 기본 예제를 포함하고 있어 아이폰 프로그래밍의 경험이 없는 독자들도 쉽게 따라하고 이해할 수 있도록 작성하였다.

4장에서는 오픈소스의 활용도가 가장 높은 Python 프로그래밍에 대해서 소개한다. 다양한 오픈소스들이 Python 언어를 이용하여 개발되었고 현재도 활발히 개발되고 있다. 때문에 오픈소스를 사용하고 이해하기 위해서는 Python 프로그래밍에 대한 이해가 필수적이다. 이를 위해 본 도서에서는 다양한 예제들을 통해 Python 문법을 쉽게 이해할 수 있도록 하였다.

5장에서는 컴퓨터 비전 오픈소스인 'OpenCV'에 대해서 살펴본다. 'OpenCV'는 컴퓨터 비전 분야에서 가장 널리 사용되는 큰 규모의 오픈소스 소프트웨어이다. 본 장에서는 환경설정과 예제들을 통해 'OpenCV' 를 통하여 오픈소스에 대한 이해를 높일 수 있도록 하였다.

6장에서는 가장 많이 사용되는 데이터베이스 관리 시스템인 MySQL에 대하여 살펴본다. 오픈소스 DBMS 중의 대표적이며 본 장에서는 설치와 환경 설정부터 간단한 스키마 구성하는 방법 및 데이터 삽입 삭제등 기본적인 기능의 설명을 수록하였다.

7장에서는 확장성 있는 네트워크 애플리케이션(특히 서버) 개발에 사용되는 소프트웨어 플랫폼인 'Node.js'를 살펴본다. 본 장에서는 'Node.js'개발 도구 설치법 및 사용법, 노드 및 프로세스 객체에 대한 설명을 통해 'Node.js'에 대해 알아본다.

8장에서 다루는 내용은 'R' 이라는 오픈소스 통계 계산 및 그래픽 프로그래밍 언어를 통하여 고차원적인 계산 및 시각화에 최적화 된 환경을 알아본다. 본 장에서는 설치 및 개발 환경부터 프로젝트 생성하여 그래프의 시각화 및 다양한 자료형과 연산자들도 접해본다.

9장에서는 TensorFlow 라는 오픈소스 소프트웨어를 접해본다. 구글(Google)사에서 개발한 기계 학습(machine learning) 엔진. 검색, 음성 인식, 번역 등의 구글 앱에 사용되는 기계 학습용 엔진으로, 최근 딥러닝 기술을 활용할 때 많이 사용되는 소프트웨어이다. 본 장에서는 TensorFlow의 설치 및 GPU 사용에 대한 설정과 간단한 머신러닝을 테스트 하는 과정에서 빅데이터를 활용한 기계학습을 접해본다.

본 도서는 오픈소스에 관심을 가지기 시작한 초보자들을 위해 작성되었으며 다양한 예제들을 포함하여 쉽게 학습할 수 있도록 구성 하였다. 본 도서를 계기로 많은 사람들이 모바일 플랫폼을 기반으로 한 오픈소스 소프트웨어에 관심을 가지고 활용할 수 있기를 희망한다.

CHAPTER

2

Android

이번 Chapter에서는 안드로이드에 대한 이해와 안드로이드 프로그래밍에 대하여 배울 것 이다. 안드로이드 개발환경을 Windows 환경에서 설치하고 기본적인 어플리케이션을 구현하는 방법에 대하여 배울 것 이다.

2.1 안드로이드 개요

안드로이드는 구글에서 만든 스마트폰용 운영체제 이다. 휴대용 단말기를 위해 만들어진 운영체제이며, 다양한 애플리케이션을 만들어 설치하면 실행될 수 있도록 구성된 애플리케이션 플랫폼이다. 안드로이드에서 동작하는 스마트폰이 어떻게 진화할 것인지를 살펴보면 앞으로 스마트폰용 어플리케이션을 기획하고 만드는데 큰 도움이 될 것이다. 이번 장에서는 안드로이드에 대한 소개와 어떤 방향으로 나아가고 있는지에 대하여 살펴보고 어떠한 특징이 있는지 알아 볼 것이다.

2.1.1 안드로이드의 특징

안드로이드의 대표적인 특징으로는 다음과 같다.

(1) 오픈소스

안드로이드는 오픈소스를 기반으로 하고 있으며 아파치 2.0 라이선스를 사용한다.

(2) 스마트폰을 위한 컴포넌트 제공

안드로이드는 오픈소스임에도 불구하고 스마트폰을 위한 완벽한 컴포넌트를 제공한다. 핵심적인 커널 부분만 제공하고 다른 부분들은 개발자에게 맡기는 방식이 아니라 모든 부분이 미리 주어지는 방식이므로, 대부분의 개발자들은 그 위에 올라가는 어플리케이션만 만들어 제공하면 된다.

(3) 무료 플랫폼

안드로이드는 오픈소스이면서 비용을 지불하지 않아도 되는 무료 플랫폼이다. 때문에 전 세계의 단말 제조사들은 누구나 안드로이드를 이용하여 단말을 만들 수 있다.

(4) 자바 개발 언어

안드로이드를 개발할 때 사용하는 언어는 자바(Java)이다. 따라서 전 세계의 많은 자바 개발자 들이 쉽게 안드로이드 어플리케이션 개발을 할 수 있다.

(5) 뛰어난 성능

자바 언어를 사용하기 위해 버추얼 머신을 사용하면서도 아주 뛰어난 성능을 보여준다. 아이폰과 비슷하게 끊김 없는 애니메이션을 보여줄 수 있는 자바 버추얼 머신의 성능에 많은 사람들이 만족하고 있다.

2.1.2 안드로이드의 흐름

스마트폰의 시작은 아이폰으로부터 시작 되었으며 이러한 열풍은 이후 점차 안드로이드 단말 쪽으로 옮겨가게 되었다. 글로벌 시장에서 개인 시장을 파고든 안드로이드 단말기의 수량은 2010년에는 이미 아이폰을 넘어섰을 뿐만 아니라 2015년에는 80% 이상의 시장 점유율을 차지하고 앞으로 몇 년 이상 상당한 시장 점유율을 유지할 것으로 예상된다.

안드로이드는 빠른 진화과정을 보인다. 구글에서 2005년 안드로이드를 인수한 이후 2007년 안드로이드 SDK를 처음 출시하였으며 2008년 SDK v1.0, 2009년 4월 SDK v1.5, 2009년 10월 SDK v2.0, 2010년 SDK v2.2, v2.3, v3.0, v4.2를 릴리즈 한 이후 SDK v4.4 그리고 v5.0까지 빠르게 SDK를 업데이트하고 있다. 짧은 역사에 비해 굉장히 빠른 속도로 업데이트되는 스마트폰 OS와 함께 국내 단말 출시도 2010년 2월 첫 단말이 나온 이래 매년 수십 종의 단말이 출시되고 있다. 안드로이드의 각 버전은, 젤리빈, 킷캣, 롤리팝등 디저트 이름을 별명으로 사용하고 있다.

2.2 안드로이드 개발환경 구축

안드로이드 프로그래밍을 수행하기 위해서는 개발 환경을 설정해야 하고 개발 환경을 만들기 위해서는 몇 단계를 거쳐야 한다.

2.2.1 자바 설치

안드로이드 개발환경을 설정하기 위해서는 오라클 홈페이지에서 자바를 다운로드 하고 설치해야 한다. www.oracle.com 홈페이지에서 자바를 다운로드 한다. 위의 홈페이지에 접속하면 그림 2-1과 같은 페이지가 보일 것 이다.

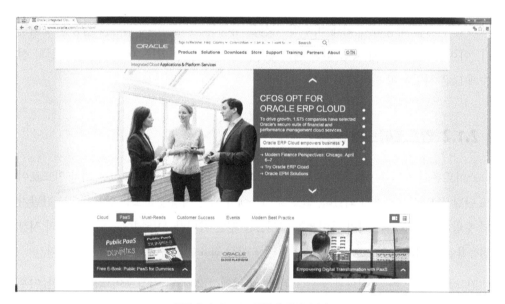

그림 2-1 Oracle 메인 홈페이지 (1)

오라클 홈페이지 접속하면 위쪽에 'Downloads' 항목이 보일 것 이다. 'Downloads' 항목에 마우스 커서를 가져다 놓으면 그림 2-2처럼 여러 개의 항목이 보이고 그 중 오른쪽에 'Java for Developer'라는 항목을 클릭한다.

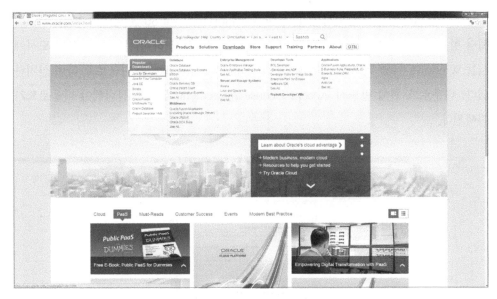

그림 2-2 Oracle 메인 홈페이지 (2)

‘Java for Developer’ 항목을 선택하면 그림 2-3과 같은 화면이 보일 것이다. 오른쪽의 ‘JDK’항목에 DOWNLOAD 버튼을 클릭한다.

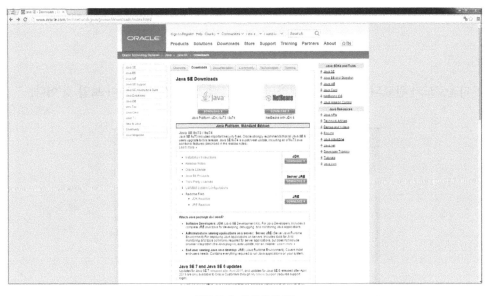

그림 2-3 JDK 설치 (1)

DOWNLOAD 버튼을 클릭하면 'Java SE Development Kit 8u73' 항목이 보일 것이다. 해당 항목에서 본인의 컴퓨터 환경에 맞는 파일을 다운로드 하여 설치한다. 해당 도서에서는 Windows 64bit 환경에 맞는 'jdk-8u74-windows-x64.exe"를 다운로드 하여 설치하였다. 다운로드 전에 반드시 'Accept License Agreement' 항목을 클릭해야 다운로드가 진행된다.

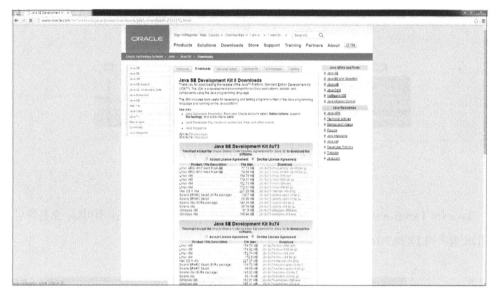

그림 2-4 JDK 설치 (2)

다운로드가 완료되면 파일을 실행하면 다음 그림 2-5와 같은 화면이 보일 것 이다.

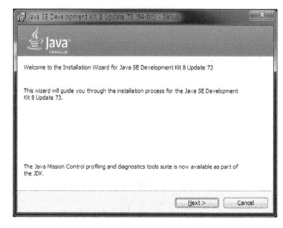

그림 2-5 JDK 설치 (3)

Next를 선택하면 다운로드 경로를 설정 할 수 있는 창이 나온다. 파일들이 저장될 경로를 설정하고 Next 버튼을 클릭하면 다운로드가 완료 될 것이다. 앞에서 저장한 파일의 경로는 바로 다음 환경변수를 설정 시 필요하므로 꼭 알고 있어야 한다. 본 교재에서는 C:\Program Files 하위 경로에 다운로드 하였고 다운로드가 완료되면 다운로드 경로에서 [Java]-[jdk1.8.0_73] 경로에 들어가 보면 그림 2-6과 같이 새로운 파일이 생성된 것을 확인 할 수 있다.

그림 2-6 jdk 다운로드 완료 파일

2.2.2 환경변수 설정

[내 컴퓨터] → [고급 시스템 설정] → [환경 변수]를 클릭하면 그림 2-7과 같은 화면이 나올 것이다.

그림 2-7 환경변수 설정 (1)

그림 2-7에서 '새로 만들기'버튼을 추가해서 그림 2-8과 같이 변수 이름에는 'JAVA_ HOME', 변수 값에는 jdk가 설치된 경로를 입력하고 확인 버튼을 클릭한다. 본 교재에서 는 C:\Program Files\Java\jdk1.8.0_73를 변수 값에 입력하였다.

그림 2-8 환경변수 설정 (2)

그 다음 시스템 변수 'Path'를 선택한 후 '편집' 버튼을 클릭한다. 이후 C:\Program Files\Java\jdk1.8.0_73\jre\bin 경로를 그림 2-9처럼 추가한다.

그림 2-9 환경변수 설정 (3)

이로써 자바 다운로드 및 설정이 완료되었다. 정상적으로 설치가 완료되었는지 확인 하기 위하여 커맨드 창에 각각 'java', 'javac'명령어를 입력해보면 각각 그림 2-10, 2-11과 같이 출력될 것이다.

그림 2-10 커맨드 창에서 'java' 입력

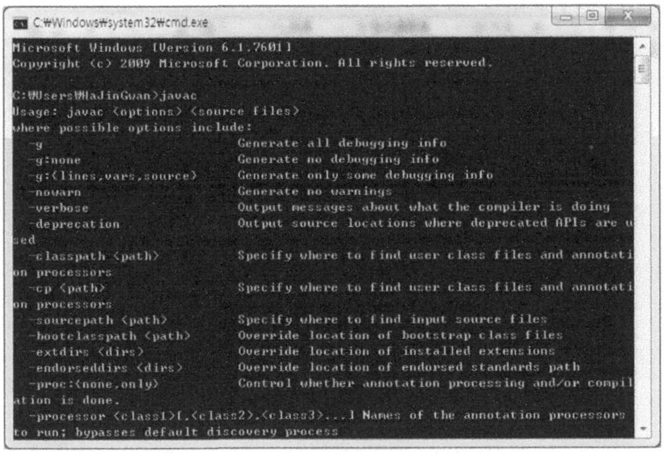

그림 2-11 커맨드 창에서 'Javac' 입력

2.2.3 안드로이드 스튜디오 설치

안드로이드 개발자 사이트에서는 '안드로이드 스튜디오'라는 번들 설치 프로그램을 제공한다. 본 교재에서는 '안드로이드 스튜디오'를 이용하여 프로그램을 개발하고 간단한 어플리케이션을 구현 할 것이다.

2.2.4 안드로이드 스튜디오 다운로드

http://developer.android.com/ 다음의 사이트를 접속하면 그림 2-12와 같은 화면이 나타 날 것이다. 그림 2-12의 화면에서 'Get the SDK' 항목을 클릭하면 그림 2-13과 같은 화면이 나타날 것이다.

그림 2-12 안드로이드 스튜디오 다운로드 (1)

그림 2-13 안드로이드 스튜디오 다운로드 (2)

그림 2-13의 화면에서 'DOWNLOAD ANDROID STUDIO FOR WINDOWS'의 초록색 버튼을 클릭하면 그림 2-14의 화면이 나타나고 동의버튼을 클릭하고 안드로이드 스튜디오를 다운로드 받는다.

그림 2-14 안드로이드 스튜디오 다운로드 (3)

다운로드 완료 후 다운로드 파일을 실행하면 그림 2-15와 같은 화면이 출력 될 것이다. 이 후 계속 Next 버튼을 클릭하여 설치를 진행한다. 각 단계별 화면은 아래의 그림과 같다.

그림 2-15 안드로이드 스튜디오 설치 (1)

그림 2-16 안드로이드 스튜디오 설치 (2)

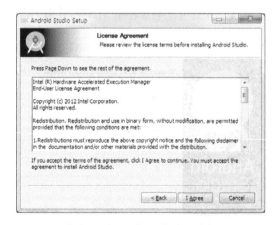

그림 2-17 안드로이드 스튜디오 설치 (3)

그림 2-18 안드로이드 스튜디오 설치 (4)

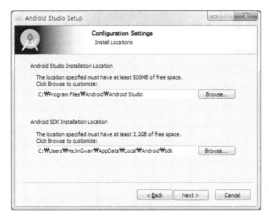

그림 2-19 안드로이드 스튜디오 설치 (5)

그림 2-20 안드로이드 스튜디오 설치 (6)

그림 2-21 안드로이드 스튜디오 설치 (7)

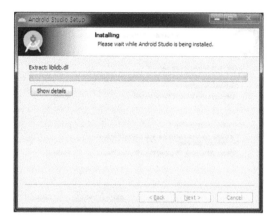

그림 2-22 안드로이드 스튜디오 설치 (8)

그림 2-23 안드로이드 스튜디오 설치 (9)

안드로이드 스튜디오를 설치 후 실행하면 다음 그림 2-24와 같은 화면이 나타 날 것이다. 이는 이전에 이미 안드로이드 스튜디오를 설치하여 사용하고 있을 경우 이전 설정을 가져올 것인지를 물어보는 것이다. 하지만 지금은 처음 설치하는 것이므로 아래쪽의 버튼이 선택된 상태 그대로 두고 'OK'버튼을 클릭하여 다음 과정으로 넘어간다.

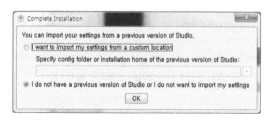

그림 2-24 안드로이드 스튜디오 설정 (1)

프로그램이 실행될 때까지 기다리면 그림 2-25와 같이 'Finish' 버튼이 활성화 된다. 'Finish'버튼을 클릭하면 다음 그림 2-26과 같은 화면이 보일 것 이다.

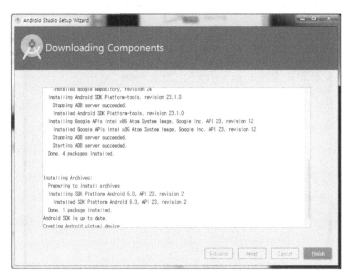

그림 2-25 안드로이드 스튜디오 설정 (2)

그림 2-26 안드로이드 스튜디오 설정 (3)

그림 2-26 화면에서 Configure 버튼을 클릭하면 그림 2-27처럼 SDK Manager 항목이 보일 것이다. 안드로이드 개발을 위해서는 사용하는 플랫폼에 맞는 SDK가 설치되어 있어야 한다. SDK Manager 버튼을 클릭하면 그림 2-28과 같은 화면이 보일 것이다.

그림 2-27 안드로이드 스튜디오 설정 (4)

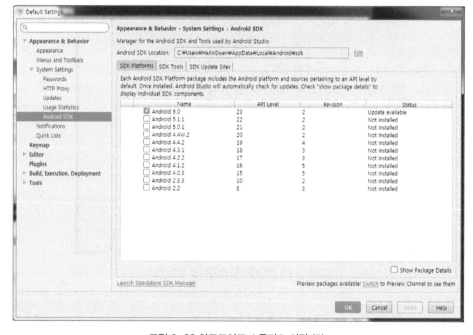

그림 2-28 안드로이드 스튜디오 설정 (5)

그림 2-28을 통해서 사용가능한 버전의 플랫폼 정보들과 함께 이미 설치되어 있는 플랫폼들을 볼 수 있다. v6. 이전의 가장 최신 버전인 Android 5.1.1, Android 5.0.1 버전을 선택 한 후 'Apply'버튼을 클릭 한다. 이로써 안드로이드 스튜디오 다운로드 및 설정이 모두 완료 되었다.

2.2.5 'Hello World' 애플리케이션

C:\Program Files\Android\Android Studio\bin 폴더에 있는 studio64.exe를 실행하면 그림 2-29와 같은 화면이 보일 것이다. 다음의 화면에서 'Start a new Android Studio project' 항목을 클릭한다. 다음 그림 2-30과 같은 화면이 나타날 것이다.

그림 2-29 Hello World 애플리케이션 제작 (1)

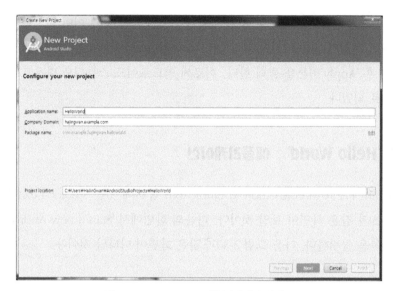

그림 2-30 Hello World 애플리케이션 제작 (2)

우선 프로젝트의 의미는 어플리케이션을 만드는 하나의 단위라고 생각하면 된다. 'Application name'은 프로젝트 이름 즉, 어플리케이션의 이름을 나타내고 'Package name'은 안드로이드에서 어플리케이션을 구분하는 구분자 역할을 하고 절대로 중복되어서는 안 된다. Project name은 'Company Domain'을 이용하여 만들어지는데 Edit 버튼을 클릭하여 변경하여 사용 가능하지만 본 교재에서는 기본 값을 이용하여 프로젝트

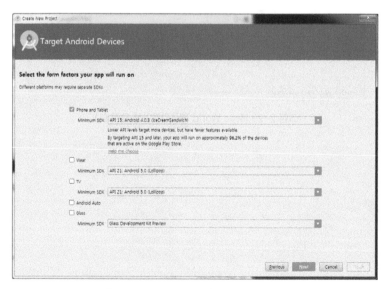

그림 2-31 Hello World 애플리케이션 제작 (3)

를 생성 할 것이다. 그림 2-30과 같이 Application name을 입력하고 Next 버튼을 클릭한다. 그림 2-31과 같은 화면이 보일 것이다.

그림 2-31의 화면은 어떤 종류의 안드로이드 프로젝트를 만들 것인지 물어보는 화면이다. 우리는 모바일 기반의 어플리케이션을 제작할 것이기 때문에 Phone and Tablet 박스에 체크 한 후 Next 버튼을 클릭한다. 버튼을 클릭하면 그림 2-32와 같은 화면이 보일 것이다.

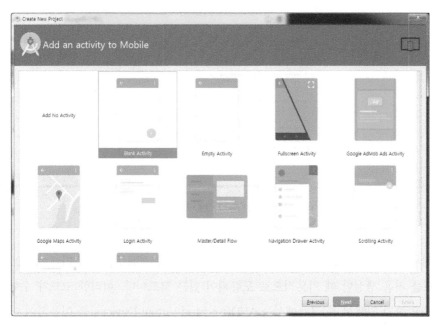

그림 2-32 Hello World 애플리케이션 제작 (4)

그림 2-32는 어플리케이션을 실행했을 때 처음 보이는 화면의 모양을 선택하는 화면이다. 본 교재에서는 'Empty Activity'를 더블 클릭하고 Finish 버튼을 선택한다. Finish 버튼을 클릭하면 그림 2-33과 같은 화면이 나타날 것이고 이는 어느 정도 소요시간이 걸린다. PC의 환경에 따라 많은 소요시간이 걸리는 경우도 있다.

그림 2-33 Hello World 애플리케이션 제작 (5)

앞에서 생성한 프로젝트는 'Hello World!'를 화면에 출력해주는 어플리케이션으로 프로젝트를 처음 생성할 때 기본적으로 포함되어 있는 코드이다. 이러한 코드가 수행되는 것을 확인하기 위해서 본 교재에서는 AVD(Andriod Virtual Devices)를 이용하여 어플리케이션이 정상적으로 동작하는지 확인 해 볼 것이다. AVD는 다양한 해상도를 가지는 기기를 테스트 해볼 수 있다는 장점이 있다. 하지만 AVD는 느리다는 단점이 있기 때문에 안드로이드 기기를 가지고 있다면, 이를 직접 연결하여 확인하는 것을 권장한다.

2.2.6 AVD(Android Virtual Devices) 설정

안드로이드 스튜디오 위쪽의 메뉴 바에서 그림 2-34의 빨간 상자에 해당하는 AVD 설정 버튼을 클릭한다. 버튼을 클릭하면 그림 2-35와 같이 가상 기기를 설정하는 화면이 나타날 것이다.

그림 2-34 안드로이드 스튜디오 메뉴 바

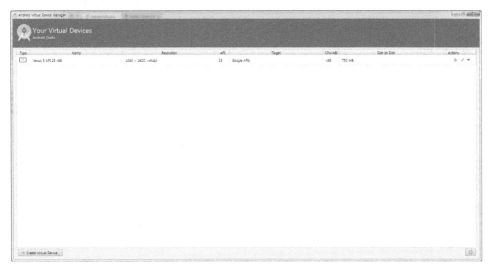

그림 2-35 가상 기기 설정 (1)

그림 2-35의 화면은 기존에 만들어 진 가상 기기들을 보여준다. 본 교재에서는 새로운 가상 기기를 만들어 사용 할 것이므로 왼쪽 하단에 있는 Create Virtual Device 버튼을 클릭하여 새로운 가상 기기를 생성한다. 버튼을 클릭하면 그림 2-36과 같은 화면이 나타날 것이다.

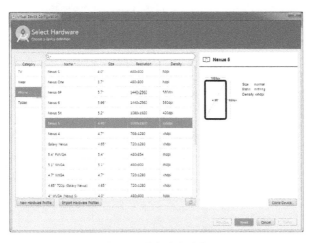

그림 2-36 가상 기기 설정 (2)

그림 2-36화면에서 Category를 보면 TV, Wear, Phone, Tablet등 다양한 종류의 가상 기기를 생성 할 수 있다. 본 교재에서는 Phone Category에서 Nexus 5를 선택하고 Next 버튼을 클릭한다. 버튼을 클릭하면 그림 2-37과 같은 화면이 나타날 것이다. 그림 2-37에서 Marshmallow 플랫폼을 선택하고 Next 버튼을 클릭하면 그림 2-38과 같은 화면이 나타 날 것이다.

그림 2-37 가상 기기 설정 (3)

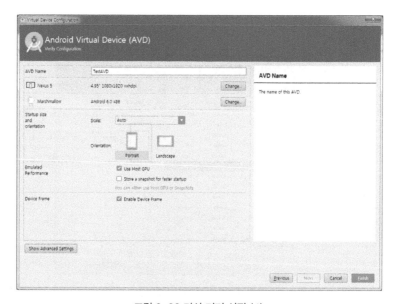

그림 2-38 가상 기기 설정 (4)

그림 2-38에서 가상기기의 이름을 'TestAVD'로 설정하고 Finish 버튼을 클릭한다. 기존의 가상머신에서 새롭게 만든 'TestAVD'라는 가상머신이 추가된 것을 그림 2-39를 통해 확인 할 수 있다.

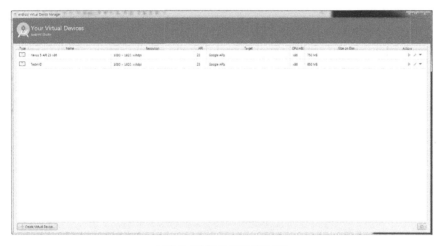

그림 2-39 가상 기기 설정 (5)

그림 2-39에서 오른쪽에 있는 초록색 화살표를 클릭하면 그림 2-40과 같이 가상 기기가 실행 될 것이다.

그림 2-40 가상 기기 설정 (6)

다시 프로젝트 화면으로 돌아와서 앞에서 생성한 프로젝트를 실행할 것이다. 그림 2-41의 메뉴 바에서 빨간 색 상자 안에 있는 버튼(run)을 클릭한다.

그림 2-41 안드로이드 스튜디오 메뉴 바

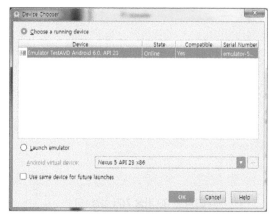

그림 2-42 프로젝트 실행 (1)

그림 2-42의 Device 항목을 보면 앞에서 생성한 TestAVD가 화면에 보일 것이다. 앞에서 생성한 가상 기기를 선택한 후 OK 버튼을 클릭하면 그림 2-43처럼 가상기기에 'Hello World!' 메시지가 출력된 것을 확인 할 수 있다.

그림 2-43 프로젝트 실행 (2)

이로써 안드로이드로 만드는 첫 번째 어플리케이션이 완성되었다. 앞으로도 해당 가상 기기를 이용하여 안드로이드 어플리케이션을 테스트 하고 프로그래밍을 진행 할 것이다.

다음 장에서는 어떠한 과정을 거쳐 화면에 'Hello World'가 출력되었는지 살펴보고 안드로이드의 기초 문법에 대해서 배울 것이다.

2.3 기본 위젯과 레이아웃

안드로이드에서는 눈에 보이는 화면을 '액티비티'라는 것으로 만들고 그 안의 구성요소를 '뷰'라고 한다. 화면을 구성하기 위해 이번 장에서는 뷰의 속성과 사용법 대하여 알아보고, 뷰를 배치하기 위해 사용하는 레이아웃에 대하여 알아볼 것이다.

2.3.1 뷰와 뷰 그룹

뷰는 UI(User Interface)의 기본 구성요소이며 컨트롤이나 위젯이라고도 불린다. 이러한 뷰들을 여러 개 포함하고 있는 것을 뷰 그룹이라고 하며 뷰 그룹을 이용하여 그 안에 들어있는 뷰들의 위치를 지정 할 수 있다. 뷰 그룹은 뷰와 다른 것이라 할 수 있지만, 뷰 그룹이 뷰에서 상속받으면 뷰 그룹도 뷰의 기능을 갖게 되므로 다른 뷰 그룹이 뷰처럼 다룰 수 있게 된다.

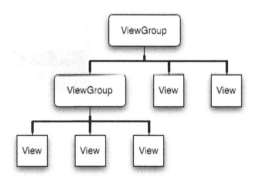

그림 2-44 뷰와 뷰 그룹의 관계

상속이란 상속하는 것에 모든 기능을 상속받는 것에 넘겨주는 것인데 뷰 그룹이 뷰의
상속을 받으면 뷰로서의 기능과 뷰 그룹의 기능을 둘 다 사용 할 수 있다는 것이다. 이처
럼 상속을 이용한 뛰어난 확장성을 가지기에 안드로이드는 UI를 매우 쉽고 자연스럽게
구성할 수 있다.

버튼을 예로 들어보면 버튼은 텍스트 뷰의 속성을 그대로 가지고 있다. 글자만 보여주
는 텍스트 뷰와 눌림과 같은 이벤트 컨트롤 기능이 필요한 버튼은 다른 것처럼 보일 수도
있지만, 프로젝트를 처음 만들 때 기본으로 들어가 있는 텍스트 뷰는 〈TextView〉 태그 이
름을 〈Button〉이라는 이름으로 바꾸는 작업만으로 버튼 형태로 변경된다. 버튼이 텍스트
뷰를 상속하여 정의됨으로써 그 속성을 그대로 사용할 수 있기 때문이다. 이런 특성 때문에
복사와 붙여넣기만으로 손쉽게 텍스트 뷰를 버튼으로 바꾸거나 새로 추가할 수 있다. 앞서
만든 'HelloWorld' 어플리케이션의 HelloWorld\app\src\main\res\layout\ activity_
main.xml의 'TextView'를 'Button' 으로 바꿨을 때 변화를 살펴보자.

그림 2-45 TextView를 Button으로 변경

안드로이드에서는 화면을 구성하는 뷰와 뷰 그룹들의 역할을 구분하기 위해 뷰의 종
류에 따라 다른 이름으로 부르기도 한다. 뷰 중에서 일반적인 컨트롤의 역할을 하고 있
는 것들을 '위젯(Widget)'이라고 부르며, 뷰 그룹 중에서 내부에 뷰들을 포함하고 있으면
서 그것들을 배치하는 역할을 하는 것을 '레이아웃(Layout)'이라고 한다.

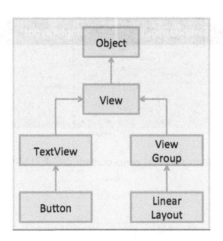

그림 2-46 버튼과 리니어 레이아웃의 계층도

계층도에서 알 수 있듯이 뷰를 배치하는 레이아웃도 뷰를 상속받았으므로 뷰를 사용할 때 설정하는 속성을 그대로 사용할 수 있다. 버튼의 경우에는 텍스트 뷰를 상속받아 정의하였으므로 버튼에 표시되는 글자를 텍스트 뷰에 보여주는 글자처럼 다룰 수 있다는 것도 알 수 있다.

다음으로 텍스트 뷰나 버튼과 같은 위젯에서 공통적으로 사용할 수 있는 속성에 대해 알아보도록 하자. 자주 사용되는 대표적인 뷰의 속성은 다음과 같다.

표 2-1 텍스트 뷰 속성

속성	설명
layout_width, layout_height	뷰의 폭과 높이 설정
id	뷰의 ID를 지정
background	뷰의 배경 설정

뷰는 뷰를 포함하고 있는 뷰 그룹이 가지는 여유 공간 중의 일부 또는 전체에 놓이게 되는데 이 두 가지 속성에 따라 크기가 결정된다. 그 값은 match_parent, wrap_content 그리고 정수 중 하나의 값을 가집니다. 단어의 의미 그대로 match_parent는 무조건 남아 있는 여유 공간을 채우고 wrap_content는 뷰에 들어 있는 내용물의 크기에 따라 뷰의 크기를 결정한다. 정수 값은 크기를 고정된 값으로 만들고 싶을 때 사용한다.

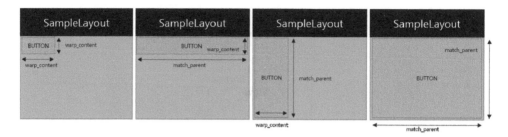

그림 2-47 match_parent와 wrap_content 값을 폭과 넓이에 적용한 예

표 2-2 뷰의 크기 단위

단위	단위 표현	설명
px	픽셀	화면 픽셀
dp 또는 dip	밀도 독립적 픽셀 (density independent pixel)	160dip 화면을 기준으로 한 픽셀 ⓒ 1인치 당 160개의 점이 있는 디스플레이 화면에서 1dp 는 1px과 같음 1인치당 320개의 점이 있는 디스플레이 화면에서는 1dp는 2px와 같음.
sp 또는 sip	축척 독립적 픽셀 (scale independet pixel)	가변 글꼴을 기준으로 한 픽셀로 dp와 유사하나 글꼴의 설정에 따라 달라짐
in	인치	1인치로 된 물리적 길이
mm	밀리미터	1밀리미터로 된 물리적 길이
em	텍스트 크기	글꼴과 상관없이 동일한 텍스트 크기 표시

이 단위들은 뷰의 크기뿐만 아니라 텍스트의 크기를 지정하는 데도 사용된다. 'sp'는 글꼴을 기준으로 한 텍스트 크기를 나타내므로 뷰의 크기에는 사용되지 않는다. 뷰의 크기를 해상도에 비례하여 비슷한 크기로 보이게 하려면 'dp'를 단위로 사용할 수 있다. 이 단위를 사용하면 해상도가 160dpi인 작은 화면에서는 20픽셀이던 버튼의 크기를 320dpi 인 약간 큰 화면에서는 40픽셀의 버튼으로 보이게 하므로 해상도에 따라 일일이 크기를 지정하지 않아도 비슷한 크기로 보이게 된다.

예를 들어, 일반적인 스마트폰 크기(3-4인치)의 단말과 태블릿 크기(7-10인치)의 단말은 화면 크기와 해상도가 다르지만 이 화면의 중앙에 화면의 절반 크기의 사각형을 동일하게 보여주고 싶은 경우, dp단위를 쓰면 안드로이드에서 화면의 절반 크기로 비슷하게 보일 수 있게 크기를 자동으로 맞추게 된다.

눈에 보이지는 않지만 프로젝트 파일이 빌드될 때 XML 레이아웃에 정의된 정보는 내부적으로 해석되어 자바 코드에서 new 연산자로 객체를 마드는 것처럼 동일하게 객체를 만들게 된다. 이렇게 메모리에 객체로 만드는 객체화 과장은 '인플레이션(Inflation)'이라 하는데 자바 코드에서는 메모리의 어느 위치에 객체가 만들어져 있는지 알 수 없으므로 ID를 지정한 후 이 ID를 이용해 자바 코드에서 객체를 찾는다.

XML 레이아웃에 정의된 뷰의 id 속성은 자바 코드 상에서 참조될 수 있으며 R.id.[ID]와 같은 형태로 참조한다. 즉, ID는 각 뷰 객체의 메모리 상 포인터와 같은 개념으로 생각할 수 있는데 이때 XML 레이아웃에서 사용하는 형식은 '@+id/...'가 된다. '+'기호는 새로운 ID를 추가하는 의미로 사용되지만 복잡하게 생각할 것 없이 여러분이 새로 정의하는 뷰 ID 값은 항상 이런 형식을 사용한다고 생각해도 무방하다. 단, 나중에 이 ID 값을 참조할 경우에는 '@id/...'형식으로 참조할 수도 있다. XML레이아웃에 정의 한 버튼에 ID 속성을 추가한 예는 다음과 같다.

```
<Button
    android:id="@+id/button01"
    android:layout_width="wrap_content"
    android:layout_height="wrap_content"
    android:text="Hello World!" />
```

코드 2-1 버튼에 아이디 속성을 추가

2.3.2 레이아웃

앞 단락에서 뷰들이 담고 있는 그릇이 뷰그룹이며 이러한 뷰그룹이 뷰들을 배치하는 역할도 할 수 있다고 설명하였다. 또한 이러한 뷰그룹 중에서 자주 사용하는 뷰의 배치 방식을 정의한 것이 레이아웃이라고 했는데, 그 중에 가장 많이 사용되는 기본 레이아웃이 리니어 레이아웃이나. 이 레이아웃은 프로젝트를 처음 만들었을 때 자동으로 만들어지는 /res/layout/activity_main.xml 파일 안에서 볼 수 있는 것과는 약간 다르지만 앞으로 자주 접하게 될 것이다. 이 레이아웃에는 그 안에 포함된 뷰들을 배치하기 위한 속성들을 지정할 수 있는데 그 중 대표적인 속성들은 다음과 같다.

표 2-3 레이아웃의 대표적인 속성

속성	설명
채우기 : fill model	뷰를 부모 뷰의 여유 공간을 어떻게 채울 것인지를 설정한다.
방향 : orientation	뷰를 추가하는 방향을 설정한다.
정렬 방향 : gravity	뷰의 정렬 방향을 설정한다.
여유 공간 : padding	뷰의 여유 공간을 설정한다.
공간가중치 : weight	뷰가 차지하는 공간의 가중치 값을 설정한다.

이러한 대표적 속성들은 안드로이드 SDK에서 제공하는 기본 레이아웃들을 사용할 때도 대부분 공통 속성으로 적용된다.

안드로이드에서 제공하는 기본 레이아웃은 다음과 같이 크게 다섯 가지로 나눌 수 있다.

표 2-4 안드로이드에서 제공하는 대표 레이아웃

레이아웃 이름	설명
리니어 레이아웃	**박스 모델** 사각형 영역들을 이용해 화면을 구성하는 방법 표준 자바의 BoxLayout과 유사
상대 레이아웃	**규칙 기반 모델** 부모 컨테이너나 다른 뷰와의 상대적 위치를 이용해 화면을 구성하는 방법
프레임 레이아웃	**기본 단위 모델** 하나의 뷰만 보여주는 방법 가장 단순하지만 여러 개의 뷰를 추가하는 경우 중첩시킬 수 있으므로 뷰를 중첩한 후 각 뷰를 전환하여 보여주는 방식으로 사용할 때 유용함
테이블 레이아웃	**격자 모델** 격자 모양의 배열을 이용하여 화면을 구성하는 방법 HTML에서 많이 사용하는 정렬 방식과 유사하여 실용적임
스크롤 뷰	**스크롤이 가능한 컨테이너** 뷰 또는 뷰그룹이 들어갈 수 있으며 화면 영역을 넘어갈 때 스크롤 기능 제공

그림 2-48 대표적인 레이아웃 형식

앞에서 설명한 다섯 가지 대표적인 레이아웃 중에서 리니어 레이아웃을 대하여 알아
보겠다. 이유는 이 레이아웃을 이해하는 것이 가장 중요하기 때문이다. 간단히 말하면
리니어 레이아웃만으로도 웬만한 레이아웃을 구성할 수 있으며, 다른 사람이 만든 레이
아웃 코드를 이해하기 위해서라도 리니어 레이아웃을 구성할 때 필요한 속성들을 잘 알
아두어야 한다.

이제 앞에서 얘기했던 리니어 레이아웃의 다섯 가지 대표적 속성들에 중 채우기를 제
외한 네 가지 속성에 대해 하나씩 살펴보도록 한다.

(1) 방향 설정하기

방향 설정은 리니어 레이아웃에 꼭 필요한 속성으로, 뷰를 차례대로 추가할 때 가로
방향으로 할 것인지 또는 세로 방향으로 할 것인지를 지정할 수 있다. 리니어 레이아웃
을 처음 추가했을 때는 기본 값이 세로 방향으로 되어 있다. 리니어 레이아웃 안에 세
개의 버튼을 순서대로 추가할 경우에 XML과 자바 코드를 구성하는 방법은 각각 다음과
같다.

```xml
<LinearLayout xmlns:android="http://schemas.android.com/apk/res/android"
    xmlns:tools="http://schemas.android.com/tools"
    android:orientation="vertical"
    android:layout_width="match_parent"
    android:layout_height="match_parent"
    >
    <Button
        android:id="@+id/button01"
        android:layout_width="match_parent"
        android:layout_height="wrap_content"
        android:text="Button01"
        />
    <Button
        android:id="@+id/button02"
        android:layout_width="match_parent"
        android:layout_height="wrap_content"
        android:text="Button02"
        />
    <Button
        android:id="@+id/button03"
        android:layout_width="match_parent"
        android:layout_height="wrap_content"
        android:text="Button03"
        />
</LinearLayout>
```

코드 2-2 방향 설정

프로젝트를 실행하면 다음과 같은 화면이 보이게 된다.

그림 2-49 세로 방향 실행 예

가로 방향으로 바꾸고 싶다면 리니어 레이아웃의 orientation 속성 값을 'horizontal'f로
바꾸고 layout_width 속성을 wrap_content로 바꾸면 된다.

그림 2-50 가로 방향 실행 예

⑵ 정렬 방향 설정하기

일반적인 프로그래밍 언어에서 화면 컨트롤을 배치할 때 제공하는 정렬 기능을 안드
로이드에서도 그대로 사용할 수 있다. 이때 사용하는 용어가 안드로이드에서는 조금 다
른 것을 볼 수 있는데 일반적인 정렬(align)은 순서대로 놓인다는 의미로 이해할 수 있으
며, 안드로이드에서 사용하는 배치(gravity)는 어느 쪽에서 무게 중심을 놓을 것인가의
의미로 이해할 수 있습니다. 하지만 똑같이 생각해도 상관없다. 레이아웃에서 정렬 기능
이 필요한 경우는 다음과 같이 두 가지로 나눌 수 있다.

표 2-5 정렬 속성이 필요할 때

정렬 속성	설명
layout_gravity	부모 컨테이너의 여유 공간에 뷰가 모두 채워지지 않아 여유 공간 안에서 뷰를 정렬할 때
gravity	뷰에서 화면에 표시하는 내용물을 정렬할 때(텍스트 뷰의 경우, 내용물은 글자가 되고 이미지 뷰의 경우 내용물은 이미지가 됨)

먼저 부모 컨테이너의 여유 공간에 뷰가 모두 채워지지 않을 경우에 사용하는 layout_gravity는 뷰의 layout_width나 layout_height 속성을 warp_content 할 경우에 같이 사용할 수 있다. 예를 들어, 세로 방향으로 설정된 리니어 레이아웃에 추가된 버튼들의 layout_width 속성을 warp_content로 하게 되면 각각의 버튼들은 한 줄에 한 개씩 추가되면서 글자가 보이는 만큼의 크기로만 보이므로 나머지 가로 공간은 여유 공간으로 남게 된다. 안드로이드는 이렇게 여유 공간이 있을 경우 디폴트로 왼쪽 정렬을 하게 되는데 layout_gravity 속성을 직접 설정하게 되면 중앙 또는 오른쪽 정렬을 할 수 있다.

다음은 세 개의 버튼이 갖는 정렬 속성 값을 각각 왼쪽, 중앙, 오른쪽으로 지정한 레이아웃이다.

```
<LinearLayout xmlns:android="http://schemas.android.com/apk/res/android"
    xmlns:tools="http://schemas.android.com/tools"
    android:orientation="vertical"
    android:layout_width="match_parent"
    android:layout_height="match_parent"
    >
    <Button
        android:id="@+id/button01"
        android:layout_width="wrap_content"
        android:layout_height="wrap_content"
        android:layout_gravity="left"
        android:text="left"
        />
    <Button
        android:id="@+id/button02"
        android:layout_width="wrap_content"
        android:layout_height="wrap_content"
        android:layout_gravity="center"
        android:text="center"
        />
    <Button
        android:id="@+id/button03"
        android:layout_width="wrap_content"
        android:layout_height="wrap_content"
        android:layout_gravity="right"
        android:text="right"
        />
</LinearLayout>
```

코드 2-3 정렬 방향 설정

그림 2-51 정렬 방향설정 실행 예

(3) 여유 공간 설정하기

부모 컨테이너의 여유 공간에 뷰를 배치할 때 뷰가 그 여유 공간에 딱 맞게 놓이는 것은 아니므로 뷰의 크기를 늘려 여유 공간을 모두 채우거나 정렬을 이용해 여유 공간의 어느 곳에 둘 것인가를 지정한다는 것에 대하여 앞에서 설명하였다. 그러나 뷰가 부모 컨테이너의 여유 공간을 모두 채우는 경우에 뷰가 서로 붙어 있거나 그 안에 표시된 텍스트가 너무 꽉 차 보이는 경우에는 화면의 구성이 복잡하게 보이거나 답답해 보인다. 일반적으로 문서 편집기의 경우에 사용하는 여백은 이런 경우에 유용하게 사용될 수 있는데 안드로이드에서도 이와 유사하게 여백을 줄 수 있는 속성을 제공한다.

부모 컨테이너의 여유 공간과 뷰 사이의 여백을 줄 수 있는 속성은 'layout_margin'이며 뷰 안의 내용물인 텍스트나 이미지와 뷰 외각선 사이의 여백을 줄 수 있는 속성은 'padding' 이다. 보통 버튼이나 텍스트 뷰와 같이 화면을 구성하는 컨트롤 뷰 중에서도 '위젯' 이라고 부르는데 이 위젯이나 뷰들은 부모 컨테이너로부터 할당된 공간을 차지하게 되며 이를 '위젯 셀'이라고 부릅니다. 이 위젯 셀이라 여유 공간은 공간 안에서 보이는 뷰는 padding 속성에 따라 안쪽으로 여백을 가지게 되며 그 방향에 따라 각각 paddingTop, paddingBottom, paddingLeft, paddingRight 속성으로 지정할 수 있다.

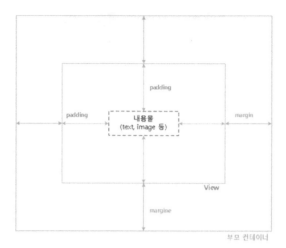

그림 2-52 여유 공간

다음은 여유 공간을 설정한 예시다.

```xml
<LinearLayout xmlns:android="http://schemas.android.com/apk/res/android"
    xmlns:tools="http://schemas.android.com/tools"
    android:orientation="horizontal"
    android:layout_width="wrap_content"
    android:layout_height="wrap_content"
    >
    <TextView
        android:id="@+id/button01"
        android:layout_width="wrap_content"
        android:layout_height="wrap_content"
        android:background="#ffffff00"
        android:text="텍스트"
        android:textColor="#ffff0000"
        android:textSize="24dp"
        android:padding="20dp"
        />
    <TextView
        android:id="@+id/button02"
        android:layout_width="wrap_content"
        android:layout_height="wrap_content"
        android:background="#ff00ffff"
        android:text="텍스트"
        android:textColor="#ffff0000"
        android:textSize="24dp"
        android:layout_margin="10dp"
        />
    <Button
        android:id="@+id/button03"
        android:layout_width="wrap_content"
        android:layout_height="wrap_content"
        android:background="#ffff00ff"
        android:text="텍스트"
        android:textColor="#ffff0000"
        android:textSize="24dp"
        android:padding="20dp"
        />
</LinearLayout>
```

코드 2-4 여유 공간 설정

그림 2-53 여유 공간 설정 예

⑷ 공간가중치 설정하기

공간가중치는 부모 컨테이너에서 남아 있는 여유 공간을 여러 개의 뷰들에게 어떻게 분할할 것인가를 결정합니다. 공간가중치는 layout_weight 속성으로 지정하는데 공간 가중치란 뷰의 중요도를 의미하는 것으로 그 값의 비율만큼 뷰에게 여유 공간을 할당해 준다.

공간가중치라는 말이 조금 어렵게 들릴 수도 있지만, 단순히 여유 공간을 분할한다고 생각하면 좀 더 쉽게 이해할 수 있다. 다음과 같이 레이아웃을 구성해 보면 이런 특징을 더욱 쉽게 이해할 수 있다. 이번 레이아웃에서는 리니어 레이아웃 안에 다시 리니어 레이아웃을 추가하는 방식으로 구성해 보았다. 리니어 레이아웃은 수식 방향과 수평 방향을 지정할 수 있으므로 격자 모양으로 구성하기 위해서는 최상위가 되는 레이아웃은 수직방향으로 하고 한 줄씩 추가 되는 뷰들은 수평 방향으로 지정하여 각 줄마다 뷰들을 추가한다. 앞에서 사용했던 텍스트 뷰들을 복사하여 넣은 후 첫 번째 줄에 추가된 세 개의 뷰들은 가중치를 똑같이 '1'로 주고 두 번째 줄에 추가 된 두 개의 버튼들에는 각각 '2'와 '1'을 지정합니다.

```xml
<LinearLayout xmlns:android="http://schemas.android.com/apk/res/android"
    xmlns:tools="http://schemas.android.com/tools"
    android:orientation="vertical"
    android:layout_width="match_parent"
    android:layout_height="match_parent"
    >
    <LinearLayout
        android:orientation="horizontal"
        android:layout_width="match_parent"
        android:layout_height="wrap_content"
        android:background="#ffffffff"
        >
        <TextView
            android:id="@+id/button01"
            android:layout_width="wrap_content"
            android:layout_height="wrap_content"
            android:background="#ffffff00"
            android:text="텍스트"
            android:textColor="#ffff0000"
            android:textSize="16dp"
            android:layout_weight="1"
            />
        <TextView
            android:id="@+id/button02"
            android:layout_width="wrap_content"
            android:layout_height="wrap_content"
            android:background="#ff00ffff"
            android:text="텍스트"
            android:textColor="#ffff0000"
            android:textSize="16dp"
            android:layout_weight="1"
            />
        <Button
            android:id="@+id/button03"
            android:layout_width="wrap_content"
            android:layout_height="wrap_content"
            android:background="#ffff00ff"
            android:text="텍스트"
            android:textColor="#ffff0000"
            android:textSize="16dp"
            android:layout_weight="1"
            />
    </LinearLayout>
```

```
<LinearLayout
    android:orientation="horizontal"
    android:layout_width="match_parent"
    android:layout_height="wrap_content"
    android:background="#ffffffff"
    >
    <Button
        android:id="@+id/button04"
        android:layout_width="wrap_content"
        android:layout_height="wrap_content"
        android:background="#ff00ffff"
        android:text="텍스트"
        android:textColor="#ffff0000"
        android:textSize="24dp"
        android:layout_weight="2"
        />
    <Button
        android:id="@+id/button05"
        android:layout_width="wrap_content"
        android:layout_height="wrap_content"
        android:background="#ffff00ff"
        android:text="텍스트"
        android:textColor="#ffff0000"
        android:textSize="24dp"
        android:layout_weight="1"
        />
    </LinearLayout>
</LinearLayout>
```

코드 2-5 공간가중치 설정

그림 2-54 공간가중치 설정 실행 예

2.3.3 기본 위젯들

지금까지는 안드로이드 애플리케이션을 만들 때 가장 먼저 부딪치게 되는 화면 구성 방법에 대해 알아보았습니다. 화면 구성에 사용되는 XML 레이아웃을 어떻게 만드는지 살펴보았으며 자바 코드에서 직접 화면을 구성하는 방법도 어느 정도 알 수 있었을 것이다. 그 과정에서 텍스트 뷰나 버튼과 같은 기본 위젯들에 대한 내용들을 다루었지만 아직 간단한 몇 개의 속성들만 사용해 보았습니다. 이번 단락에서는 기본 위젯들에 대해 좀 더 상세한 내용을 설명하면서 다양한 속성의 사용 방법까지 살펴본다.

(1) 텍스트 뷰

안드로이드 스튜디오에서 프로젝트를 처음 만들었을 때부터 볼 수 있었던 XML 레이아웃 안의 텍스트 뷰는 화면을 구성할 때 가장 많이 사용되는 기본 위젯이라고 할 수 있습니다. 이 텍스트 뷰는 'Hello World'와 같은 텍스트를 화면에 보여주는 역할을 하는 것으로 다음과 같은 여러 가지 속성을 제공한다.

① text

텍스트 뷰에 보이는 문자열을 설정할 수 있습니다. 텍스트 뷰는 표시될 문자열이 없으면 텍스트 뷰가 차지하는 영역도 알 수 없게 되므로 문자열은 반드시 지정해야 한다. 프로젝트를 처음 만들었을 때 문자열이 /res/values/strings.xml 파일 안에 정의된 것을 볼 수 있었는데 이런 방법으로 문자열을 정의해 두면 국가마다 다른 언어를 사용하거나 단말에서 다른 언어로 지정되어 있을 때도 쉽게 여러 나라의 문자열을 표시할 수 있다.

② textColor

텍스트 뷰에서 표시하는 문자열의 색상을 설정한다. 색상 설정은 '#AARRGGBB' 포맷을 일반적으로 사용하며 각각 Alpha, Red, Green, Blue를 의미한다. 투명도를 나타내는 Alpha 값의 경우에는 투명하지 않게 생상만 표현할 때 'FF', 완전한 투명한 경우에 '00' 그리고 반투명인 경우에는 값을 사용한다.

③ textSize

텍스트 뷰에서 표시하는 문자열의 크기를 설정합니다. 폰트 크기라고 생각할 수 있으며 크기의 단위인 'dp' 나 'sp' 또는 'px' 등의 단위 값을 사용할 수 있다. 폰트 크기대로 표시할 때는 'sp'단위를 일반적으로 사용한다.

④ textStyle

텍스트 뷰에서 표시하는 문자열의 스타일 속성을 설정합니다. 'normal', 'bold', 'italic'등의 값을 지정할 수 있으며, '|' 기호를 사용하는 경우에는 여러 개의 속성 값을 함께 지정할 수 있습니다. 이 앞뒤에 공백이 있어서는 안 된다.

⑤ typeFace

텍스트 뷰에서 표시하는 문자열의 폰트를 설정합니다. 안드로이드에 내장된 폰트 가 많지 않으므로 그 중 하나를 설정할 수 있는데, 일반적으로는 'normal', 'sans', 'serif','monospace'중의 하나를 지정한다.

⑥ singleLine

텍스트 뷰에서 표시하는 문자열이 한 줄로만 표시되도록 설정한다. 여러 줄을 표 시할 수 있는 멀티라인의 반대되는 속성이며, 한 줄의 영역을 넘어가면 '...' 표시가 뒤에 붙게 됩니다. 디폴트값은 'false'이므로 이 속성을 'true'로 설정하지 않으면 여 러 줄로 표시하게 된다.

다음 예제는 다양한 속성을 연습하기 위한 레이아웃이다.

```xml
<LinearLayout xmlns:android="http://schemas.android.com/apk/res/android"
    xmlns:tools="http://schemas.android.com/tools"
    android:layout_width="match_parent"
    android:layout_height="match_parent"
    android:orientation="vertical" >

    <TextView
        android:id="@+id/TextView01"
        android:layout_width="match_parent"
        android:layout_height="wrap_content"
        android:background="#ff000055"
        android:padding="4dp"
        android:text="여기에 사용자 이름을 입력하세요."
        android:textSize="22dp"
        android:textStyle="bold"
        android:textColor="#88ff8888"
        android:singleLine="true"
        android:gravity="center" />

</LinearLayout>
```

코드 2-6 다양한 속성의 텍스트 뷰

그림 2-55 텍스트 뷰 실행 예

(2) 버튼

앞에서 봤던 것처럼 버튼은 텍스트 뷰 태그의 이름을 바꾸는 간단한 작업만으로도 화면에 버튼이 표시된다. 이처럼 안드로이드에서는 버튼이 텍스트 뷰를 상속하여 정의되었기 때문에 훨씬 더 확장성이 뛰어난 버튼을 구성할 수 있다.

안드로이드는 다른 언어들과 마찬가지로 다양한 유형의 버튼들을 제공한다. 체크 박스나 라디오 버튼의 경우에도 버튼의 속성을 그대로 가지고 있으면서 동시에 사용자가 설정한 상태 값을 저장하도록 정의되어 있습니다. 버튼은 사용자의 이벤트를 받아 처리할 수 있는 가장 단순한 형태의 위젯이라는 것은 잘 알고 있을 것이다. 이 버튼 위젯에 발생하는 이벤트를 처리하기 위한 가장 간단한 방법이 OnclickListener를 정의하여 버튼에 설정하는 것이라는 것도 미리 연습해 보았다. 그래서 여기에서는 체크 박스와 라디오 버튼에 대해서만 간단하게 설명한다.

체크 박스와 라디오 버튼의 경우에는 단순히 클릭 이벤트만 처리하는 것이 아니라 상태 값을 저장하고 선택/해제 상태를 표시 한다 이를 위해 CompoundButton 클래스가 정의되어 있는데 이 클래스는 다음과 같은 메서드를 포함하고 있다.

■ Reference

```
public boolean isCheked()
public void set Checked (boolean checked)
public void toggle()
```

체크 박스나 라디오 버튼이 선택외어 있는지를 확인하는 메서드가 isChecked()이며 코드 상에서 상태 값을 지정할 경우에는 setchecked() 메서드를 사용합니다. 만약 상태 가 바뀔 경우에는 다음과 같은 메서드가 호출된다.

■ Reference

```
void onCheckedChanged(CompoundButton buttonView, boolean is Checked)
```

라디오 버튼의 경우에는 하나를 선택하면 다른 것들은 선택이 해제되는 동작을 수행 하여야 하므로 radioGroup을 이용해 하나의 그룹으로 묶어주게 된다. XML 레이아웃에 서 정의할 때는 RadioGroup 태그 안에 포함된 RadioButton은 모두 같은 그룹 안에 있는 라디오 버튼으로 인식되므로 쉽고 직관적인 방법으로 그룹을 지정할 수 있다. 재미있는 것은 check() 메서드를 이용해 라디오 버튼의 ID 값을 파라미터로 전달하면 해당 라디오 버튼이 선택되며 ID값이 아닌 -1 값이 전달되면 모든 버튼의 선택이 해제된다는 것입니 다. 간단하게 clearcheck() 메서드를 사용해서 라디오 버튼들의 선택 상태를 모두 해제 할 수 있다. 라디오 버튼의 선택 상태가 변경될 때 이벤트를 받아 처리하고자 한다면

- OnCheckedChangeListener 인터페이스를 구현하고
- setOnCheckedChangeListener() 메서드를 이용해 설정한다.

```xml
<LinearLayout xmlns:android="http://schemas.android.com/apk/res/android"
    xmlns:tools="http://schemas.android.com/tools"
    android:layout_width="match_parent"
    android:layout_height="match_parent"
    android:orientation="vertical" >

    <Button
        android:id="@+id/selectButton"
        android:layout_width="wrap_content"
        android:layout_height="wrap_content"
        android:text="선택 "
        android:textSize="24dp"
        android:textStyle="bold"
    />

    <RadioGroup
        android:id="@+id/radioGroup01"
        android:layout_width="wrap_content"
        android:layout_height="wrap_content"
        android:orientation="horizontal"
        android:layout_margin="10dp"
        >
        <RadioButton
            android:id="@+id/radio01"
            android:layout_width="wrap_content"
            android:layout_height="wrap_content"
            android:text="남성"
            android:textColor="#ffaaff10"
            android:textStyle="bold"
            android:textSize="24dp"
            />
        <RadioButton
            android:id="@+id/radio02"
            android:layout_width="wrap_content"
            android:layout_height="wrap_content"
            android:layout_marginLeft="10dp"
            android:text="여성"
            android:textColor="#ffaaff10"
            android:textStyle="bold"
            android:textSize="24dp"
            />
    </RadioGroup>

    <LinearLayout
        android:layout_width="match_parent"
        android:layout_height="match_parent"
        android:gravity="center_vertical|center_horizontal"
        android:paddingTop="10dp"
        >
```

```
        <TextView
            android:layout_width="wrap_content"
            android:layout_height="wrap_content"
            android:text="하루종일"
            android:textSize="24dp"
            android:paddingRight="10dp"
            android:textColor="#ffaaff10"
            />
        <CheckBox
            android:id="@+id/allDay"
            android:layout_width="wrap_content"
            android:layout_height="wrap_content"
            />
    </LinearLayout>

</LinearLayout>
```

코드 2-7 다양한 버튼

다음은 기본 버튼과 라디오 버튼 그리고 체크 박스를 적용한 XML레이아웃이다.

라디오 버튼 두 개는 RadioGroup 태그 안에 들어가 있으므로 '남성'을 선택하면 '여성'
이 해제되는 것을 볼 수 있다.

이 레이아웃을 실행한 화면은 다음과 같다.

그림 2-56 다양한 버튼 실행 예

(3) 에디트 텍스트

입력상자의 역할을 하는 에디트 텍스트(EditText)는 사용자의 입력을 받고자 할 때 일반적으로 사용됩니다. 사용하기는 쉽지만 사용자가 글자를 입력하기 위해 포커스를 둘 때마다 소프트 키패드가 화면에 나타나기도 하고 한글, 영문, 숫자 등 입력하는 문자의 유형도 다양할 수 있으므로 때로 신경이 쓰이는 위젯이기도 한다.

다음은 간단한 입력상자를 포함하고 있는 XML 레이아웃으로 에디트 텍스트의 속성 중에 기본 안내 글을 표시하는 hint 속성이 추가되어 있는 것을 볼 수 있다.

```xml
<LinearLayout xmlns:android="http://schemas.android.com/apk/res/android"
    xmlns:tools="http://schemas.android.com/tools"
    android:layout_width="match_parent"
    android:layout_height="match_parent"
    android:orientation="vertical" >

    <EditText
        android:id="@+id/usernameInput"
        android:layout_width="match_parent"
        android:layout_height="wrap_content"
        android:textSize="18dp"
        android:inputType="textCapWords"
        android:hint="이름을 입력하세요."
        >
    </EditText>

</LinearLayout>
```

코드 2-8 에디트 텍스트

hint 속성을 적용하면 글자를 입력하기 전에 간단한 안내 글이 입력상자에 표시되게 되는데 이 글자는 사용자의 입력이 진행되면 사라진다.

inputType 속성을 이용하면 입력되는 글자의 유형을 정할 수 있으며 글자를 입력할 때 보이는 키패드도 그 유형에 맞추어 보이게 된다. 예를 들어 inputType을 숫자만 입력할 수 있는 'number' 값으로 지정하면 키패드도 숫자를 입력할 때 사용하는 것이 보이게 된다. 다음은 메인 엑티비티에 적용한 후 실행한 화면으로 ;이름을 입력하세요.; 라는 글자가 표시되어 있는 것을 알 수 있다.

입력 상자에 들어 있는 글자를 복사하거나 붙여넣기를 하고 싶은 경우에는 안드로이드에서 지원하는 기본 기능을 그대로 사용할 수 있다. 이런 기능들은 프로그래머가 손댈 필요가 없도록 기본적으로 제공되며, 글자 위를 길게 누르고 있으면 일정 영역을 복사할 수 있도록 팝업으로 메뉴가 나타나는 것을 볼 수 있다.

(4) 이미지 뷰

이미지 뷰는 의미 그대로 이미지를 화면에 표기하기 위해 제공되는 가장 간단한 위젯 중의 하나다. 이미지를 로딩 하여 설정하기 위해서는 [/res/drawable-xxxx]폴더 (xxxx는 dpi의 종류) 밑에 이미지 파일을 복사하여 넣은 후 리소스에서 가져오는 방법을 사용할 수도 있고 이 파일을 직접 로딩 하여 비트맵으로 만든 후 설정할 수도 있습니다. 이미지 뷰의 대표적인 속성들은 다음과 같다.

① src

원본 이미지를 설정합니다. 텍스트 뷰에서 text 속성을 설정하지 않으면 뷰를 위한 영역을 확인할 수 없는 것처럼 이미지 뷰의 경우에도 이 속성을 설정하지 않으면 영역을 확인할 수 없으므로 반드시 설정해야 한다.

② maxWidth, maxHeight

이미지가 표현되는 최대 크기를 설정한다. 이 속성을 설정하지 않으면 원본 이미지의 크기대로 보이게 되므로 너무 큰 이미지의 경우에는 이 속성을 이용해 최대 크기를 제한할 수 있다.

③ tint

이미지 뷰에 보이는 이미지 위에 색상을 적용하고 싶을 때 설정한다. 일반적인 색상 설정의 경우와 마찬가지로 ;#AARRGGBB' 포맷으로 적용하여 반투명의 색상 값을 적용할 경우 원본 이미지의 느낌을 다르게 줄 수 있다.

④ scale Type

이미지가 원본 이미지의 크기와 다르게 화면에 보이는 경우 확대/축소를 어떤 방식으로 적용할 것인지 설정한다. fitXY, centerGrop, centerInside 등 여러 가지 값이 미리 정의되어 있으며 이 값들은 이미지 변환 알고리즘으로 필요에 따라 적절하게 적용할 수 있다.

이미지 뷰에 추가될 이미지는 보통 JPG나 PNG 확장자를 가진 이미지가 사용된다. 안드로이드는 오픈소스를 지향하므로 이중에서도 PNG 포맷을 더 권장하긴 하지만 필요에 따라 여러 가지 이미지 포맷 중에서 선택적으로 사용할 수 있다

다음은 이미지 버튼과 이미지 뷰를 이용해 두 개의 다른 이미지를 하나의 화면에 보여주는 XML 레이아웃이다. 사용된 위젯은 다르지만 보이는 방식은 동일한 것을 알 수 있다.

```xml
<LinearLayout xmlns:android="http://schemas.android.com/apk/res/android"
    xmlns:tools="http://schemas.android.com/tools"
    android:layout_width="match_parent"
    android:layout_height="match_parent"
    android:orientation="vertical" >

    <ImageButton
        android:id="@+id/ImageButton01"
        android:layout_width="24dp"
        android:layout_height="24dp"
        android:layout_marginTop="40dp"
        android:layout_marginLeft="40dp"
        android:background="@drawable/ok_btn"
        android:contentDescription="ok button"
        >
    </ImageButton>

    <ImageView
        android:id="@+id/ImageView01"
        android:layout_width="32dp"
        android:layout_height="32dp"
        android:layout_marginTop="160dp"
        android:layout_marginLeft="160dp"
        android:background="@drawable/person"
        android:contentDescription="person button"
        >
    </ImageView>

</LinearLayout>
```

코드 2-8 이미지 뷰

다음은 이 레이아웃을 적용한 메인 액티비티를 실행한 화면이다.

그림 2-58 이미지 뷰 실행 예

이미지를 화면에 보여주는 것은 간단 하지만 이 중에서 버튼처럼 이미지를 만들고 싶은 경우에는 이미지 버튼을 사용한다. 그런데 이 위젯을 사용해도 사용자가 눌렀을 때 버튼의 이미지가 눌린 상태로 변경되지 않는다는 문제에 부딪치는 경우가 많다. 이 문제를 해결하기 위해서는 직접 비트맵 버튼을 만들어 사용하는 것이 좋다.

2.4 안드로이드 어플리케이션 개발

2.4.1 한 화면에 두 개의 이미지 뷰 배치하기

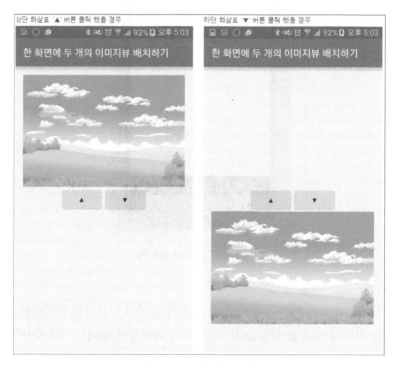

그림 2-59 한 화면에 두 개의 이미지 뷰 배치하기

① 화면을 위와 아래 두 영역으로 나누고 그 영역에 각각 이미지 뷰를 배치한다.

② 각각의 이미지 뷰는 스크롤이 생길 수 있도록 한다.

③ 상단의 이미지 뷰에 하나의 이미지가 보이도록 한다.

④ 두 개의 이미지 뷰 사이에 버튼을 하나 만들고 그 버튼을 누르면 상단의 이미지가
   하단으로 옮겨져 보이고 다시 누르면 상단으로 다시 옮겨지는 기능을 추가 한다.

※ 주의 : 프로젝트 위치/app/src/main/res/drawable 에 사용할 그림을 넣어야 한다.
   예제는 dream01.png 이미지를 사용하였다.

그림 2-59 이미지 파일 준비

■ Java 파일 소스

```java
package com.example.helloworld.myapplication;

import android.support.v7.app.AppCompatActivity;
import android.os.Bundle;
import android.view.View;
import android.widget.ImageView;
import android.widget.Toast;

public class MainActivity extends AppCompatActivity {

    //이미지뷰 객체 선언
    ImageView imageView01;
    ImageView imageView02;

    @Override
    protected void onCreate(Bundle savedInstanceState) {
        //activity_main.xml 레이아웃 실행
        super.onCreate(savedInstanceState);
        setContentView(R.layout.activity_main);

        //이미지뷰 객체 찾기
        imageView01 = (ImageView) findViewById(R.id.imageView01);
        imageView02 = (ImageView) findViewById(R.id.imageView02);
    }
```

```java
/**
 * 상단 화살표 '▲' 버튼 클릭 시 수행
 * @param view
 */
public void onButton1Clicked(View view){
    //상단 이미지 표시
    changeImage("U");
}


/**
 * 하단 화살표 '▼' 버튼 클릭 시 수행
 * @param view
 */
public void onButton2Clicked(View view){
    //하단 이미지 표시
    changeImage("D");
}


/**
 * 선택된 이미지 영역에 이미지 표시
 * <pre>
 *     상단 이미지 변경 시 파라메터 : U
 *     하단 이미지 변경 시 파라메터 : D
 * </pre>
 *
 * @param str
 */
public void changeImage(String str){

    if( "U".equals( str ) ){ //상단 이미지 표시, 하단 이미지 숨김
        imageView01.setVisibility(View.VISIBLE);
        imageView02.setVisibility(View.INVISIBLE);
    }else if( "D".equals( str ) ){ //상단 이미지 숨김, 하단 이미지 표시
        imageView01.setVisibility(View.INVISIBLE);
        imageView02.setVisibility(View.VISIBLE);
    }else{ //예외발생
        Toast.makeText(getApplicationContext(), "예외가 발생했습니다.", Toast.LENGTH_SHORT).show();
    }
}
}
```

코드 2-9 한 화면에 두 개의 이미지 뷰 배치하기 Java 소스

■ XML 파일 소스

```xml
<?xml version="1.0" encoding="utf-8"?>
<LinearLayout
    xmlns:android="http://schemas.android.com/apk/res/android"
    xmlns:tools="http://schemas.android.com/tools"
    android:layout_width="match_parent"
    android:layout_height="match_parent"
    android:orientation="vertical"
    android:paddingLeft="@dimen/activity_horizontal_margin"
    android:paddingRight="@dimen/activity_horizontal_margin"
    android:paddingTop="@dimen/activity_vertical_margin"
    android:paddingBottom="@dimen/activity_vertical_margin"
tools:context="com.example.helloworld.myapplication.MainActivity">

    <!-- 상단 이미지 영역 : 프레임레이아웃 사용했을 경우 - 스크롤뷰로 변경하여 주석처리 함.
        <FrameLayout
            android:layout_width="match_parent"
            android:layout_height="wrap_content">

            <ImageView
                android:id="@+id/imageView01"
                android:layout_width="wrap_content"
                android:layout_height="wrap_content"
                android:src="@drawable/dream01"
                android:visibility="visible"/>
        </FrameLayout>
        -->

    <!-- 상단 이미지 영역 -->
    <HorizontalScrollView
        android:id="@+id/horScrollView01"
        android:layout_width="wrap_content"
        android:layout_height="wrap_content">
        <ScrollView
            android:id="@+id/scrollView01"
            android:layout_width="wrap_content"
            android:layout_height="wrap_content">
            <ImageView
                android:id="@+id/imageView01"
                android:layout_width="wrap_content"
                android:layout_height="wrap_content"
                android:src="@drawable/dream01"
                android:visibility="visible"/>
        </ScrollView>
    </HorizontalScrollView>
```

```xml
<!-- 상,하 버튼 영역 -->
<LinearLayout
    android:layout_width="wrap_content"
    android:layout_height="wrap_content"
    android:orientation="horizontal"
    android:layout_gravity="center">
    <Button
        android:id="@+id/button01"
        android:layout_width="wrap_content"
        android:layout_height="wrap_content"
        android:text="▲"
        android:onClick="onButton1Clicked"/>
    <Button
        android:id="@+id/button02"
        android:layout_width="wrap_content"
        android:layout_height="wrap_content"
        android:text="▼"
        android:onClick="onButton2Clicked"/>
</LinearLayout>

<!-- 하단 이미지 영역 -->
<HorizontalScrollView
    android:id="@+id/horScrollView02"
    android:layout_width="wrap_content"
    android:layout_height="wrap_content">

    <ScrollView
        android:id="@+id/scrollView02"
        android:layout_width="wrap_content"
        android:layout_height="wrap_content">

        <ImageView
            android:id="@+id/imageView02"
            android:layout_width="wrap_content"
            android:layout_height="wrap_content"
            android:src="@drawable/dream01"
            android:visibility="invisible"/>
    </ScrollView>
</HorizontalScrollView>
</LinearLayout>
```

코드 2-10 한 화면에 두 개의 이미지 뷰 배치하기 XML 소스

2.4.2 SMS 입력 화면 만들고 글자 수 표시하기

그림 2-60 SMS 입력화면 만들고 글자 수 표현하기

① SMS로 문자를 전송하는 화면은 위쪽에 텍스트 입력상자, 아래쪽에 [SEND]와 [CLOSE] 버튼을 수평으로 배치하도록 구성한다.

② 텍스트 입력 상자 바로 아래에는 입력되는 글자의 바이트 수를 "12/80 바이트"와 같은 포맷으로 표시하되 우측 정렬로 한다.

③ [SEND] 버튼을 누르면 입력된 글자를 화면에 토스트로 표시하여 내용을 확인할 수 있도록 한다.

■ Java 파일 소스

```
package com.example.helloworld.myapplication;

import android.os.Bundle;
import android.support.v7.app.AppCompatActivity;
import android.text.Editable;
import android.text.TextWatcher;
import android.view.View;
import android.widget.EditText;
import android.widget.TextView;
import android.widget.Toast;
import java.io.UnsupportedEncodingException;

public class MainActivity extends AppCompatActivity {

    TextView m_textView;
    EditText m_editView;
    boolean text_str_length = true;

    private static byte[] string = null;
    @Override
    protected void onCreate(Bundle savedInstanceState) {
        super.onCreate(savedInstanceState);
        setContentView(R.layout.activity_main);

        m_textView = (TextView)findViewById(R.id.textview);
        m_editView = (EditText)findViewById(R.id.editText);


        m_editView.addTextChangedListener(new TextWatcher() {
            @Override
            public void beforeTextChanged(CharSequence charSequence, int i, int i1, int i2) {

            }

            @Override
            public void onTextChanged(CharSequence charSequence, int i, int i1, int i2) {
                byte[] bytes = null;

                try {
                    bytes = charSequence.toString().getBytes("KSC5601");
                    int strCount = bytes.length;
                    m_textView.setText(strCount + "/80 바이트");

                } catch (UnsupportedEncodingException ex) {
                    ex.printStackTrace();
                }

            }
```

```
        @Override
        public void afterTextChanged(Editable editable) {

            String str = editable.toString();

            try{
                byte[] str_byte = str.getBytes("KSC5601");
                if (str_byte.length > 80){
                    editable.delete(editable.length()-1, editable.length());
                }
            }catch (Exception ex){
                ex.printStackTrace();
            }

        }
    });
}


public void sendbutton(View v){
    Toast.makeText(getApplicationContext(),m_editView.getText().toString(),Toast.LENGTH_LONG).show();
}

public void closebutton(View v){
    m_editView.setText("");
}
}
```

코드 2-11 SMS 입력 화면 만들고 글자 수 표시하기 Java 소스

■ XML 파일 소스

```xml
<?xml version="1.0" encoding="utf-8"?>
<RelativeLayout xmlns:android="http://schemas.android.com/apk/res/android"
    xmlns:tools="http://schemas.android.com/tools"
    android:layout_width="match_parent"
    android:layout_height="match_parent"
    android:paddingBottom="@dimen/activity_vertical_margin"
    android:paddingLeft="@dimen/activity_horizontal_margin"
    android:paddingRight="@dimen/activity_horizontal_margin"
    android:paddingTop="@dimen/activity_vertical_margin"
    tools:context="com.example.helloworld.myapplication.MainActivity">


        <EditText
            android:layout_width="match_parent"
            android:layout_height="250dp"
            android:id="@+id/editText"
            android:gravity="top"
            android:layout_alignParentLeft="true"
            android:layout_alignParentStart="true"
            android:layout_alignParentTop="true"
            android:textSize="20dp"
            android:lineSpacingExtra="10dp"
            />

        <TextView
            android:layout_width="wrap_content"
            android:layout_height="wrap_content"
            android:layout_below="@+id/editText"
            android:layout_alignParentRight="true"
            android:layout_alignParentEnd="true"
            android:id="@+id/textview"
            android:textSize="30dp"
            android:gravity="right"
            android:textColor="#5e0020d6"
            android:text="0/80 Byte" />

        <LinearLayout
            android:orientation="horizontal"
            android:layout_width="match_parent"
            android:layout_height="match_parent"
            android:layout_below="@+id/textview"
            android:layout_alignParentLeft="true"
            android:layout_alignParentStart="true"
            android:gravity="center_vertical|center_horizontal">
```

```
    <Button
        android:layout_width="wrap_content"
        android:layout_height="wrap_content"
        android:text="Send"
        android:id="@+id/button"
        android:textSize="30dp"
        android:padding="30dp"
        android:onClick="sendbutton" />

    <Button
        android:layout_width="wrap_content"
        android:layout_height="wrap_content"
        android:text="Close"
        android:id="@+id/button2"
        android:textSize="30dp"
        android:padding="30dp"
        android:onClick="closebutton" />
</LinearLayout>

</RelativeLayout>
```

코드 2-12 SMS 입력 화면 만들고 글자 수 표시하기 Java 소스

C H A P T E R

3

iOS

3.1 iOS 개발환경 구축

iOS 앱 프로그래밍을 수행하기 위해서는 개발 환경을 구축해야 한다. 이번 장에서는 iOS 개발환경 구축에 대해서 알아보도록 하자.

3.1.1 Xcode 설치

바탕화면의 하단을 보면 그림 3-1과 같은 아이콘들이 있을 것이다. 아이콘 중에서 [App Store]를 클릭한다. 앱 스토어가 실행되면 그림 3-2와 같은 화면이 나올 것이다. 화면 상단에 있는 검색 창에서 'xcode'를 검색한다.

그림 3-1 화면 하단에 있는 Dock

검색을 하게 되면 그림 3-3과 같은 화면이 나올 것이다. 검색 결과 중에 [Xcode]를 클릭하여 상세 정보를 클릭한다.

그림 3-2 앱스토어 화면

그림 3-3 검색결과 화면

그림 3-4와 같은 화면이 나오면, 업데이트, 요구사항 등 세부 정보를 확인한 후 [받기] 버튼을 클릭해 설치한다.

그림 3-4 상세정보 화면

[받기] 버튼을 클릭하게 되면 그림 3-5와 같은 화면이 나올 것이다. 애플 아이디와 암호를 입력 후 로그인 버튼을 클릭한다.

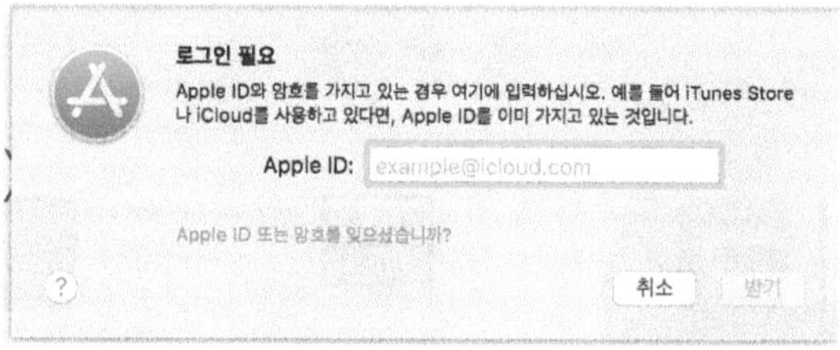

그림 3-5 Apple ID 로그인 화면

설치가 완료되면 Xcode를 실행시킨다. Xcode를 실행하면 추가 기능에 대한 업데이트 안내 메시지가 나타나기도 한다. 만약, 메시지가 나타날 경우 [Install] 버튼을 클릭해 설치하면 된다.

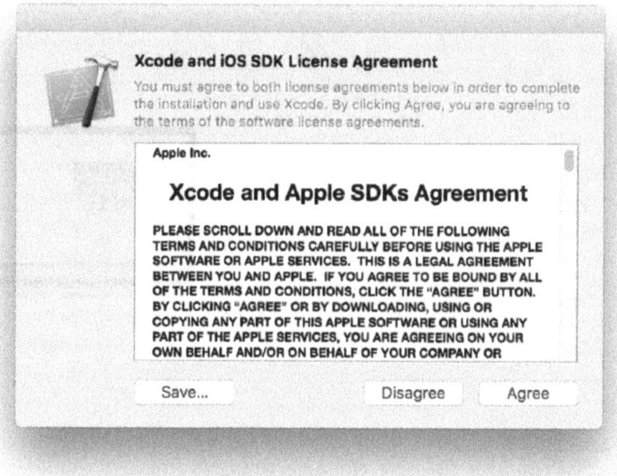

그림 3-6 Xcode 실행 시 나타나는 SDK Agreement

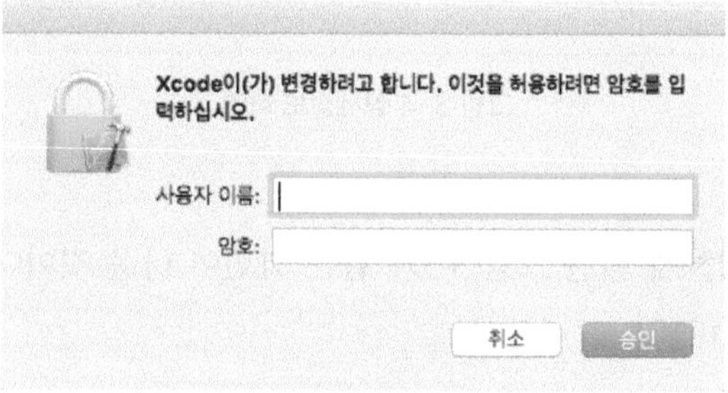

그림 3-7 Xcode 실행 시 추가 기능에 대한 업데이트(1)

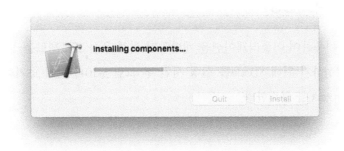

그림 3-8 Xcode 실행 시 추가 기능에 대한 업데이트(2)

설치가 완료되면 그림 3-9와 같은 화면이 보일 것이다.

그림 3-9 Xcode 초기화면

3.1.2 프로젝트 생성

iOS SDK를 이용하여 어플리케이션을 개발하기 위해 우선 프로젝트를 생성해야 한다. 프로젝트를 생성하기 위해 Xcode를 실행 시킨 후 그림 3-10과 같이 초기화면 'Create a new Xcode project'를 클릭한다.

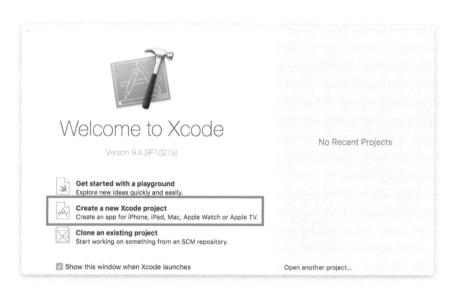

그림 3-10 Xcode 초기화면(2)

'Create a new Xcode project'를 클릭하면 그림 3-11과 같은 화면이 나오게 된다. 이 화면에서는 어플리케이션을 만들기 위해 필요한 템플릿을 결정한다. 각 템플릿에는 프로젝트를 구성하는 데 필요한 뼈대가 제공되며 개발자는 이 뼈대에 필요한 기능을 추가하여 앱을 만들게 되는 것이다. 템플릿의 종류는 아래 그림과 같다. 개발자가 만들고자 하는 어플리케이션의 성격에 따라 알맞은 템플릿을 선택하면 된다. 우리는 그 중 'Single View Application'을 선택하고 [Next]버튼을 클릭한다.

CHAPTER 3 iOS **89**

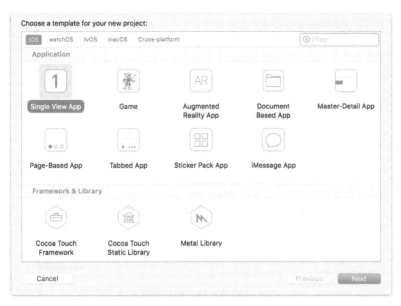

그림 3-11 템플릿 선택화면

다음으로 프로젝트명 등을 지정하는 화면이 나타난다. 표를 참조하여 작성한다.

표 3-1 프로젝트 정보 입력화면

옵션	내용
Product Name	프로젝트의 이름을 입력한다.
Organization Name	관리하는 사람의 이름을 입력한다.
Organization identifier	회사의 식별자이다. 보통 회사의 URL을 역순으로 입력하는 경우가 많다.
Bundle Identifier	Company Identifier.Product Name으로, 프로그램의 식별자가 자동으로 생성된다.
Language	스위프트와 오브젝티브-C 중 개발에 사용할 언어를 선택한다.

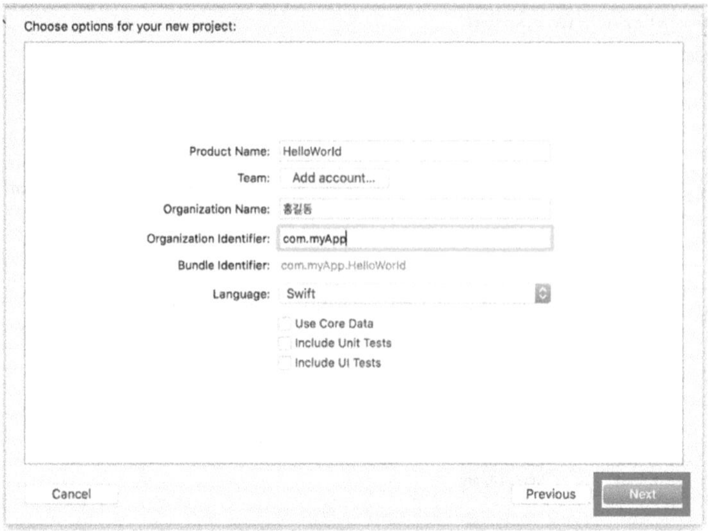

그림 3-12 프로젝트 정보 입력화면

다음으로, 저장할 폴더를 지정하는 화면이다. 저장할 폴더를 선택한 후 [Create] 버튼을 클릭하면 새로운 프로젝트가 생성된다.

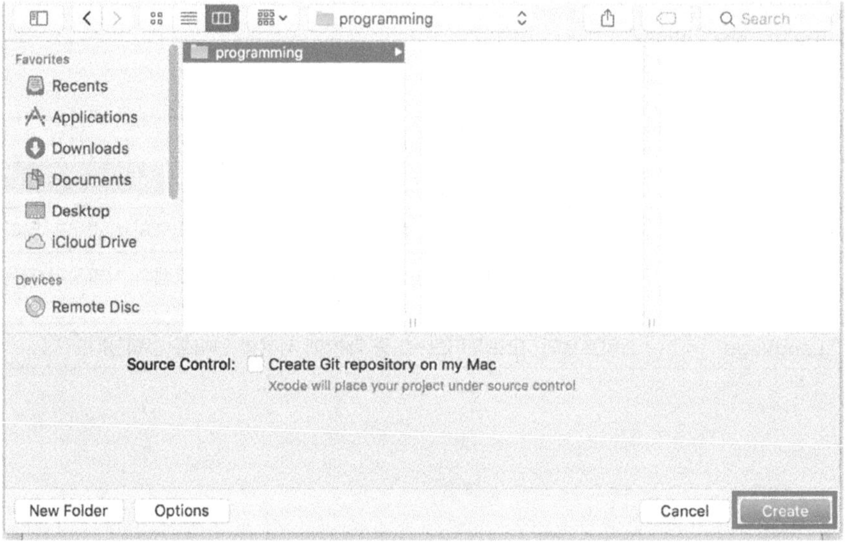

그림 3-13 저장 위치 지정

최종적으로 그림 3-14와 같이 프로젝트가 생성될 것이다.

그림 3-14 생성된 프로젝트 화면

3.2 Hello World 구현

간단한 프로그램을 구현하여 Xcode 사용에 적응해 보자. 앞장과 같이 "Hello World" 프로젝트를 생성하고, 라벨과 버튼을 이용한 문자열 전송 UI를 구현 해 볼 것이다.

3.2.1 레이블과 텍스트 서식

프로젝트를 생성하고 그림 3-15 화면 왼쪽의 파일 명들이 늘어서 있는 곳을 내비게이터 영역이라 하며 네비게이터 영역에서 Main.storyboard을 선택하면 그림 3-16과 같은 스토리 보드 화면이 보인다.

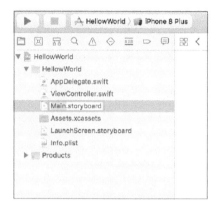

그림 3-15 내비게이터 영역

스토리보드란 앱의 화면 구성을 시각적이고 직관적으로 구성할수 있게 지원하는 기능이다. 스토리보드라는 이름에서 알 수 있듯이 Xcode에서 만들고자 하는 앱이 어떤 모양으로 화면에 구성되어 있고, 버튼을 누르거나 화면을 스와이프하는 등의 특정액션을 취했을 때 어떤 방식으로 화면 간 전환이 이루어지는지를 보여준다.

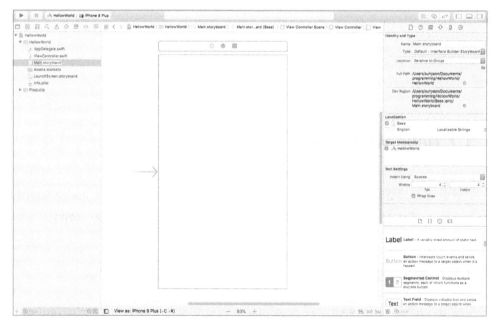

그림 3-16 스토리보드

다음은 레이블과 텍스트필드, 버튼을 이용하여 Hello World 앱의 화면을 꾸며보자. 레이블은 앱에서 텍스트를 보여주고, 텍스트 필드는 텍스트를 입력 받을 수 있으며 버튼은 앱이 동작을 취할수 있도록 하는 기능이 있다. 그림 3-18과 같이 화면 오른쪽 아래의 라이브러리 영역에서 객체 라이브러리를 선택하고 Label을 찾아서 드래그 하여 앱 화면 위에 놓는다.

그림 3-17 라이브러리 영역의 객채 라이브러리

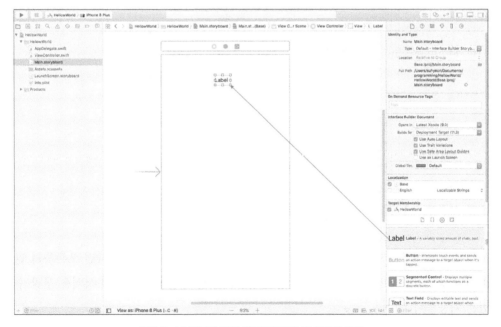

그림 3-18 레이블 객체 라이브러리를 앱 화면에 추가

그림 3-19와 같이 레이블의 크기를 늘리고 더블 클릭 한 후 그림 2-6과 같이 "Hello"를 입력합니다.

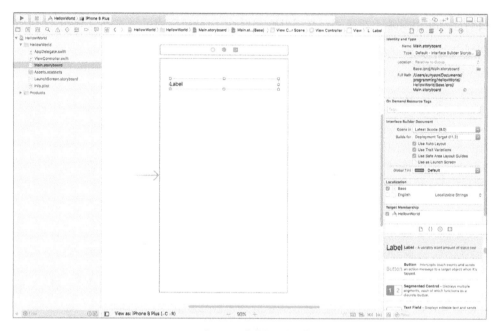

그림 3-19 레이블 크기조절

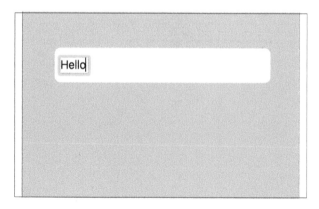

그림 3-20 "Hello" 입력

다음은 레이블의 텍스트를 꾸며 보겠다. 레이블을 선택한 상태에서 화면 오른쪽의 인스펙터 영역의 [Attributes inspector]버튼을 클릭 한다. 그림 3-21과 같이 서식을 꾸밀 수 있는 기능들이 보인다.

그림 3-21 Attributes inspector 기능들

정렬(Alignment)에서 가운데 정렬을 선택한다. 그림 3-22와 같이 레이블 안의 문자열이 가운데 정렬이 되었다.

그림 3-22 가운데 정렬

다음은 문자열의 색상을 변경해 보겠다. 인스펙터 영역에서 [Color]의 오른쪽 화살표를 선택하면 3-23의 오른쪽 그림과 같이 다양한 색상 패턴 설정이 가능하다. 가장 밑의 [Other]를 선택한다.

그림 3-23 레이블 글자 색 변경 (1)

[Other]을 선택하면 그림 3-24와 같은 창이 생성되며 원하는 색을 선택할 수 있다. 예제에서는 [Red] 색상을 선택하였다. 색상을 선택하면 즉시 적용되어 앱 화면에서 확인이 가능하다.

그림 3-24 레이블 글자 색 변경 (2)

다음은 폰트를 변경할 것이다. 인스펙터 영역에서 [Font]의 오른쪽으 [T] 버튼을 선택하면 그림 3-25와 같은 옵션들이 보인다. [Font]의 오른쪽 화살표를 클릭하면 그림 3-26과 같은 옵션이 보이며 예제에서는[System Italic]을 선택하였다.

그림 3-25 레이블 글자 폰트 변경 (1)

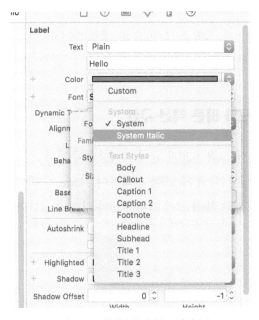

그림 3-26 레이블 글자 폰트 변경 (2)

폰트를 변경하면 그림 3-27과 같이 앱 화면의 "Hello"가 변경 된 것을 확인할 수 있다. 같은 방법으로 레이블을 하나 더 생성한다.

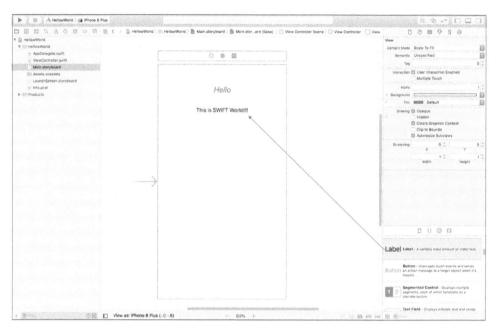

그림 3-27 레이블 글자 폰트 변경 (3)

3.2.2 텍스트 필드와 버튼 액션 구현

앞서 작성한 앱 화면에 그림 3-28과 같이 레이블을 추가하고 "Name :"를 입력한다. 그리고 객체 라이브러리에서 [Text Field]를 선택하여 "Name :" 레이블 옆에 위치시키고 텍스트 필드의 흰 점을 드래그 하여 크기 그림 3-29와 같이 조절한다.

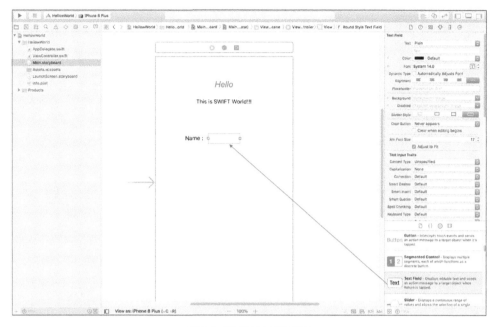

그림 3-28 텍스트 필드 추가

그림 3-29 텍스트 필트 크기 조절

다음 객체 라이브러리 중 [Button]을 드래그 하여 그림 3-30 같이 앱 화면으로 위치시 킨다.

그 후 그림 3-31과 같이 버튼에 "Send"를 입력하여 수정한다.

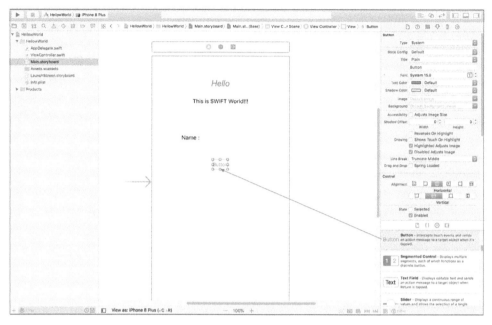

그림 3-30 버튼 추가

그림 3-31 버튼에 "Send" 입력

　　오른쪽 위에 보조 편집기(Assistant editor) 버튼을 누르면 그림 3-32과 같이 스토리 보드 우측에 보초 편집기 영역이 보인다. 스토리보드에 추가한 객체를 선택하고 내용을 변경하거나 특정 동작을 수행하도록 하기 위해서는 해당 객체에 접근할 수 있는 변수인 "아웃렛 변수"와 동작을 정의한 함수인 "액션함수"가 필요하다. 예를 들어 앞에서 만든 텍스트 필드에 사용자가 이름을 입력하면 입력한 텍스트를 받아 저장할 변수를 만들고 만든 변수와 텍스트 필드를 연결시켜 주어야 한다.

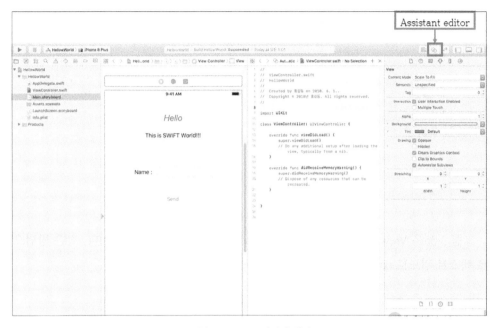

그림 3-32 보조 편집기 영역

스토리 보드의 객체들을 "아웃렛 변수"로 선언 하는 방법은 그림 3-33과 같이 "Hello" 레이블을 우클릭으로 드래그 하여 클래스 선언부 하단에 드롭한다. 그러면 그림 3-34와 같은 창이 생성되며 [Name]에 변수 명을 입력하고 [Connect]를 선택하여 선언을 마친다.

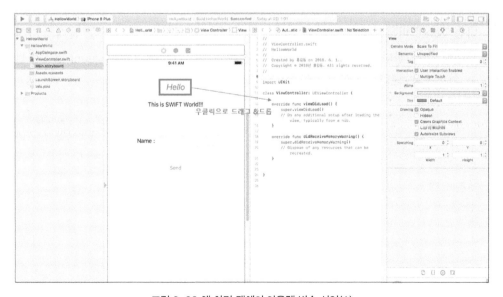

그림 3-33 앱 화면 객체의 아웃렛 변수 선언(1)

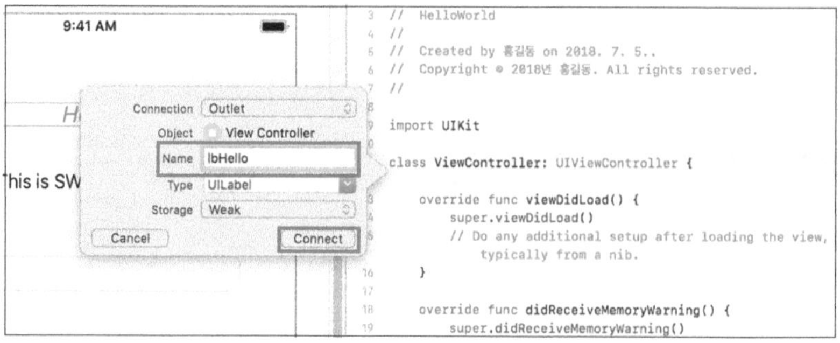

그림 3-34 앱 화면 객체의 아웃렛 변수 선언(2)

그림 3-35은 ViewController 클스에 lbHello 변수가에 추가 된 모습이다. 같은 방법으로 텍스트 필드도 txtNAme란 변수명으로 등록을 한다.

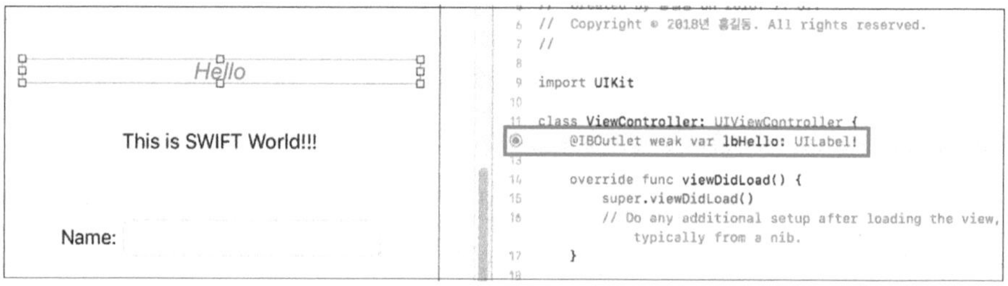

그림 3-35 앱 화면 객체의 아웃렛 변수 선언(3)

다음 "Send" 버튼을 액션 함수로 추가 할 것이다. 일반적으로 액션함수는 클래스 마지막부분에 추가 한다. 버튼을 보조 편집기 창에 드래그 한 후 [Connection] 옵션에서 [Action]을 선택한다.

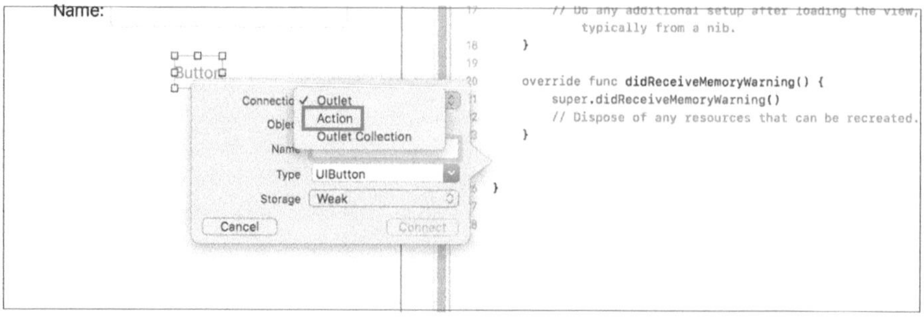

그림 3-36 앱 화면 객체의 액션 함수 선언(1)

그림 3-37과 같이 [Tpye] 옵션에서 UIButton을 선택한다. [Connect]를 선택하여 액션 함수를 선언한다. 그림 3-38과 같이 코드가 추가된다.

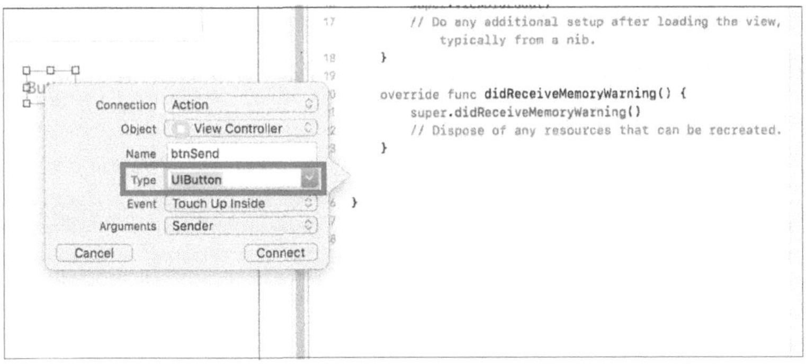

그림 3-37 앱 화면 객체의 액션 함수 선언(2)

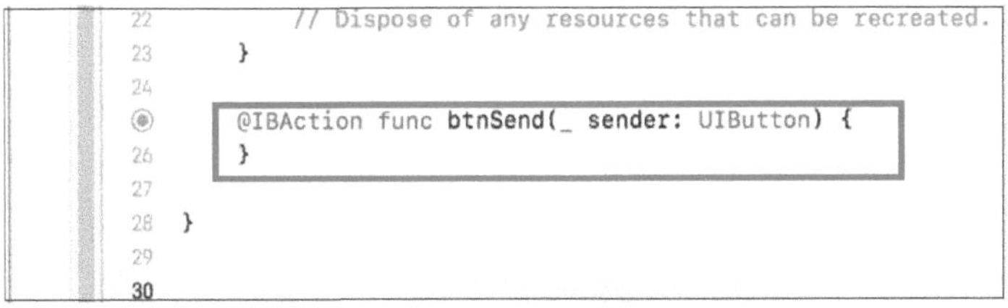

그림 3-38 앱 화면 객체의 액션 함수 선언(3)

선언된 함수에 "lbHello.text = "hello, " + txtNAme.text!를 추가한다. 이 코드는 버튼을 눌렀을씨 lbHello 레이블의 텍스트가 "hello, " 와 txtNAme 텍스트 필드의 내용을 합친 내용으로 변경된다는 의미이다. 이로써 코드 구현은 완성되었고 시뮬레이터로 결과를 확인해 볼 것이다.

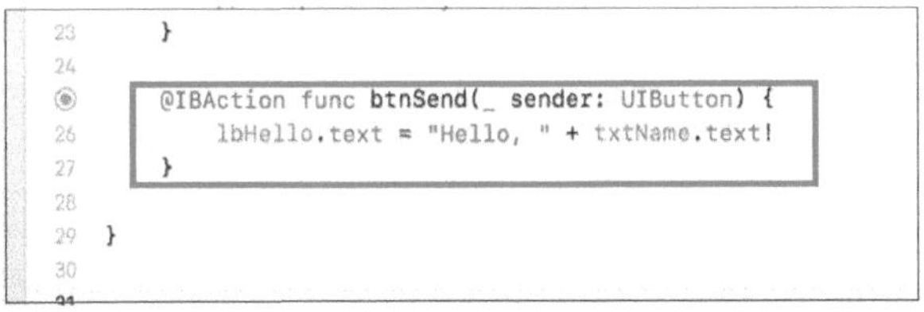

그림 3-39 앱 화면 객체의 액션 함수 선언(4)

3.2.3 시뮬레이터에서 확인하기

Xcode에서는 작성한 프로그램이 실제 iOS기기에서 어떻게 동작하는지 시뮬레이션 해 볼 수 있는 기능을 제공한다. 먼저 시뮬레이션에 사용할 기기를 설정한다. 그림 3-40과 같이 Xcode 화면에서 왼쪽 위의 기기 선택을 누르면 그림 3-41과 같이 선택할 수 있는 기기 목록이 보인다.

그림 3-40 시뮬레이션 기기 선택

Xcode 9.4.1 버전에서 사용가능한 기기는 그림 3-41과 같다. 예제에서는 iPhone8을 선택하였다.

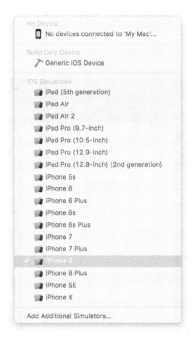

그림 3-41 시뮬레이션 가능한 기기 종류

기기 그림 3-42와 같이 실행(Run)버튼을 선택하면 잠시 후 그림 3-43과 같이 실제 기기에서 동작하는 것과 같이 시뮬레이션 된다.

그림 3-42 시뮬레이션 실행

시뮬레이션 창은 실제 기기 화면과 같은 결과를 보여주며 기기에 있는 버튼들도 클릭
하여 사용할 수 있다.

그림 3-43 시뮬레이션 결과 확인(1)

그림 3-44와 같이 텍스트 필드에 이름을 입력하고 "Send" 버튼을 눌러보자

그림 3-44 시뮬레이션 결과 확인(2)

그림 3-45에서 "Hello" 레이블의 내용 액션 함수에서 구현한대로 텍스트 필드에 입력한 이름 추가되었다. 이로서 문자열을 입력받고 액션함수를 통해 레이블의 문자열을 변경하는 간단한 프로그램을 작성해 보았다.

그림 3-45 시뮬레이션 결과 확인(3)

3.3 이미지 뷰어 구현

그림이나 사진이 없는 앱은 찾아보기 힘들 정도로 어플리케이션 내의 이미지는 기본 요소 중 하나이다. 텍스트로만 된 표현 보다는 이지미와 함께 표현하는 것이 직관적이며, 전달력과 편의성이 증가한다. Swift에서는 앱 화면위에 이미지 뷰(Image View)를 구현하여 이미지를 나타낸다. 이미지를 버튼과 스위치를 통하여 이미지 및 크기 변경을 할 수 있는 앱을 만들어 보겠다.

3.3.1 스토리보드로 앱 화면 꾸미기

다음 그림을 따라 이미지 뷰어를 만들 새로운 프로젝트를 생성한다.

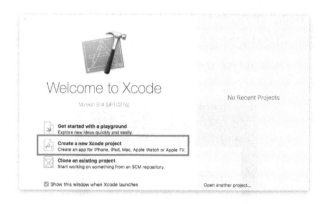

그림 3-46 프로젝트 생성(1)

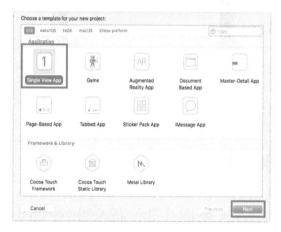

그림 3-47 프로젝트 생성(2)

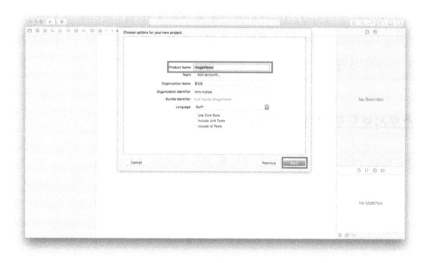

그림 3-48 프로젝트 생성(3)

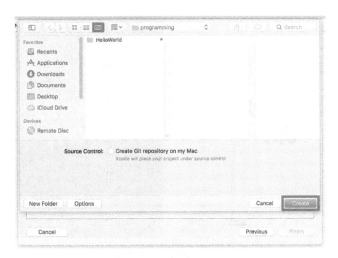

그림 3-49 프로젝트 생성(4)

그림 3-50 프로젝트 생성(5)

소유하고 있는 사진, 그림이나 인터넷에서 다운 받아 프로그램 구현에 사용할 이미지 2
장을 선택한다. 예제에서는 그림 3-51 의 이미지를 사용한다 파일명은 "Ligth on.png",
"Ligth off.png" dlek 그림 3-52와 같이 사용할 이미지를 내비게이터 영역의 "ImageViewer"
폴더 하단에 드래그엔 드롭 하여 복사한다.

그림 3-51 예제에서 사용할 그림들

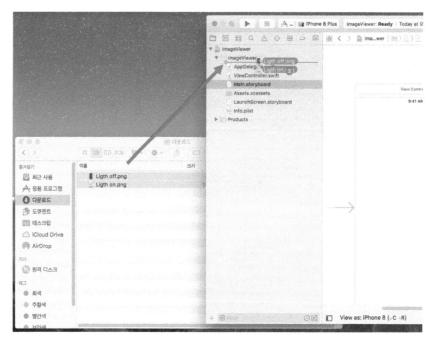

그림 3-52 사용할 이미지 복사(1)

이미지 파일들을 내비게이터 영역에 내려 놓으면 그림 3-53과 같은 창이 생성 되며 [Finsh]를 선택한다. 그림 3-54와 같이 내비게이션 영역에서 사용할 이미지들이 추가 된 것을 확인 할 수 있다.

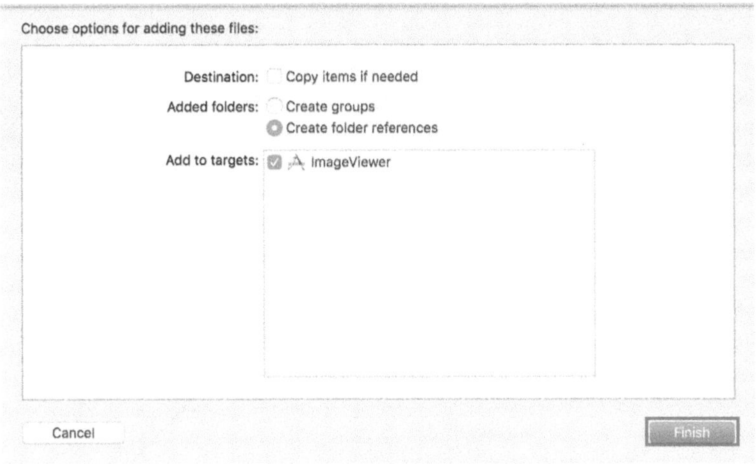

Choose options for adding these files:
Destination:
Copy items if needed
Added folders:
Create groups
Create folder references
Add to targets:
ImageViewer
Cancel
Finish

그림 3-53 사용할 이미지 복사(2)

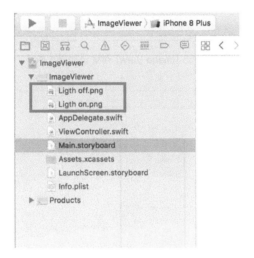

ImageViewer
iPhone 8 Plus
ImageViewer
ImageViewer
Ligth off.png
Ligth on.png
AppDelegate.swift
ViewController.swift
Main.storyboard
Assets.xcassets
LaunchScreen.storyboard
Info.plist
Products

그림 3-54 사용할 이미지 복사(3)

라이브러리에서 [Image View] 객체를 찾아 그림 3-55와 같이 앱 화면으로 드래그 앤 드롭 하여 앱 화면에 추가 한다. 그 후 그림 3-56과 같이 [Image View] 객체 크기를 늘린다.

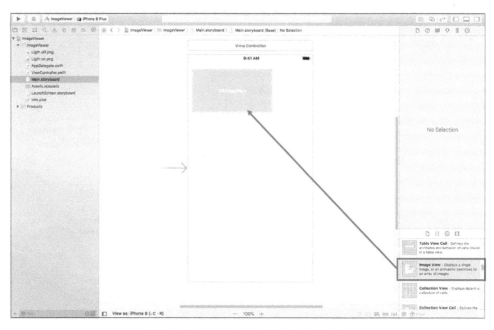

그림 3-55 [Image View] 객체 앱 화면에 추가

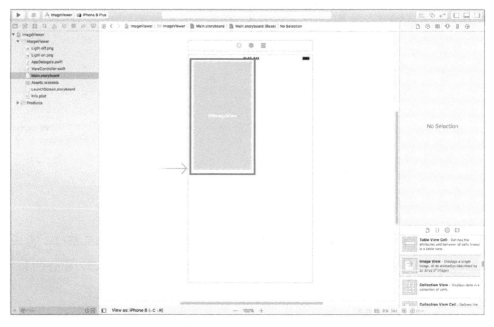

그림 3-56 [Image View] 크기 조절

그림 3-57과 같이 인스펙터 영역의 [Attributes inspector]에서 [View]-[Content Mode]에서 [Aspect Fit]로 설정한다. [Aspect Fit]는 이미지의 가로 세율 비율은 유지하면서 이미지 뷰의 크기에 맞게 이미지 크기를 설정한다. 그 다음 그림 3-58과 같이 버튼 객체를 앱 화면에 추가하고 텍스트를 "확대"로 변경한다.

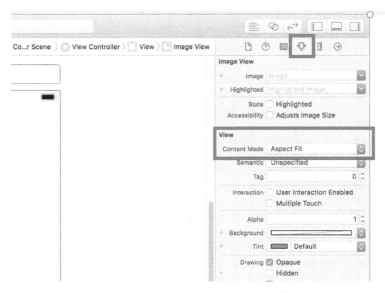

그림 3-57 [Content Mode] 모드 설정

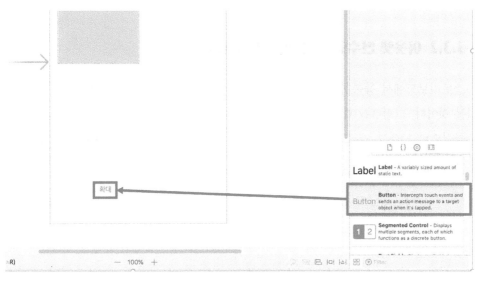

그림 3-58 앱 화면에 레이블 추가

같은 방법으로 그림 3-14와 같이 객체 라이브러리에서 [Switch] 객체를 앱 화면 위에 추가한다.

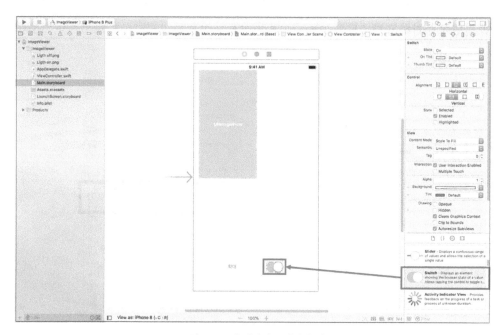

그림 3-59 앱 화면에 스위치 추가

3.3.2 아웃렛 변수와 액션 함수 추가하기

스토리보드에서 등록한 객체들을 동작시키기 위해 아웃렛 변수와 액션 함수를 추가 해볼 것이다. 그림 3-60과 같이 오른쪽 위의 보조 편집기를 선택 후 [Image View] 객체를 우클릭으로 드래그 앤 드롭 하면 그림 3-61과 같은 창이 생성되며 변수명을 입력하고 Connect를 클릭한다.

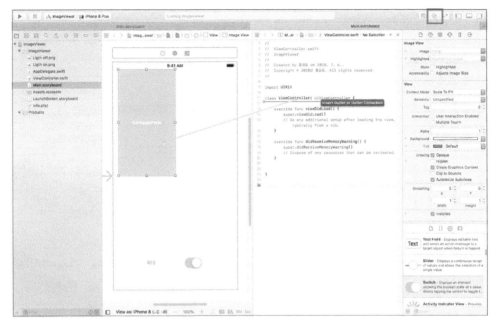

그림 3-60 이미지 뷰어 아웃렛 변수 선언(1)

그림 3-61 이미지 뷰어 아웃렛 변수 선언(2)

마찬가지로 그림 3-62와 같이 "확대"버튼을 보조 편집기 영역에 드래그 앤 드롭 하고
그림 3-63과 같이 변수명을 입력하여 아웃렛 변수로 등록한다.

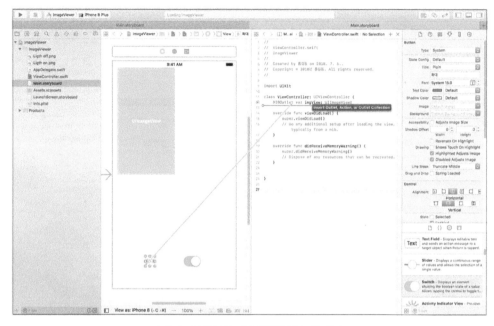

그림 3-62 "확대" 버튼 아웃렛 변수 선언(1)

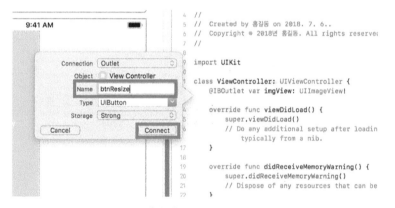

그림 3-63 "확대" 버튼 아웃렛 변수 선언(2)

다음은 그림 3-64와 같이 "확대"버튼을 보조 편집기 영역에 하단에 드래그 앤 드롭 하고, 그림 3-65와 같이 [Connection], [Name], [Type]를 설정하고 Connect를 눌러 "확대" 버튼의 액션 함수를 선언 한다.

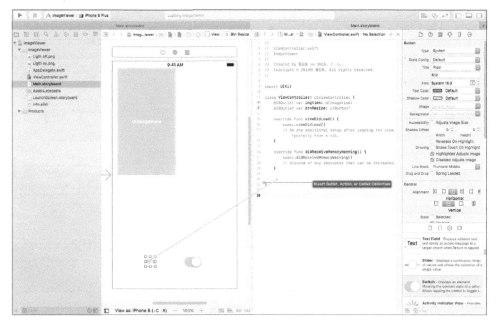

그림 3-64 "확대" 버튼 액션 함수 선언(1)

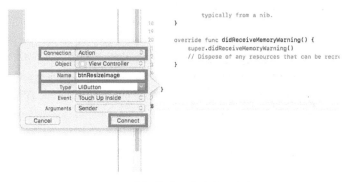

그림 3-65 "확대" 버튼 액션 함수 선언(2)

마지막으로 그림 3-66과 같이 스위치 보조 편집기 영역에 하단에 드래그 앤 드롭 하고, 그림 3-67과 같이 [Connection], [Name], [Type]를 설정하고 Connect를 눌러 스위치의 액션 함수를 선언 한다.

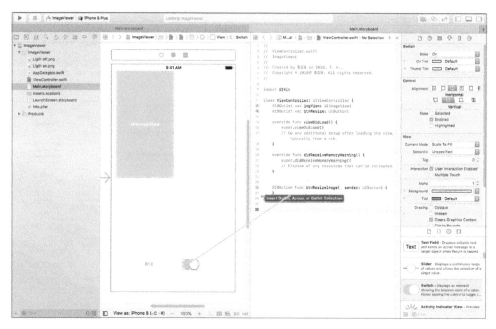

그림 3-66 스위치의 액션 함수 선언(1)

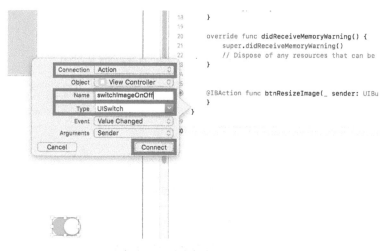

그림 3-67 스위치의 액션 함수 선언(2)

3.3.3 액션 함수 기능 구현

앱의 동작을 위하여 액션 함수의 기능을 구현 할 것이다. 오른쪽 위의 [Show the standard editor] 버튼을 누르고 내비게이터 영역에서 "ViewController.swift"를 선택한다.

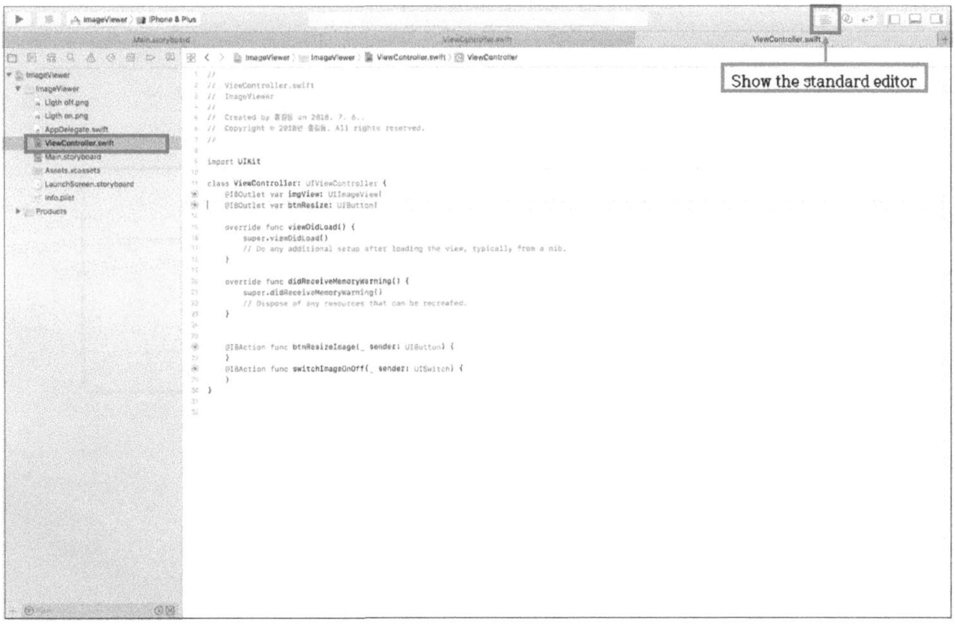

그림 3-68 [Show the standard editor] 모드

class 선언 부 하단에 함수 구현을 위한 변수 3개를 선언한다. "isZoom"은 확대 여부를 나타내는 부울(Boolean) 타입 변수이며 "imgOn", "imgOff"는 2개의 이미지를 담기 위한 변수 있다.

그림 3-69 "isZoom", "imgOn", "imgOff" 변수 선언

다음은 그림 3-70과 같이 "viewDidLoad" 함수 내 UIImage 타입의 변수에 이미지를 지정하기 위한 코드를 추가하겠습니다. "viewDidLoad" 함수란 뷰를 호출했을 때 실행하고자 하는 기능이 필요할 때 이 함수 내에 코드를 입력 한다. 예제에서는 프로그램 시작 시 imgOn변수에는 "Ligth on.png"파일이, imgOff변수에는 "Ligth off.png"파일이 할당 되며, imgView에는 imgOn 변수의 이미지가 할당된다.

```swift
13    var imgOn: UIImage?
14    var imgOff: UIImage?
15
      @IBOutlet var imgView: UIImageView!
      @IBOutlet var btnResize: UIButton!
18
19    override func viewDidLoad() {
20        super.viewDidLoad()
21        // Do any additional setup after loading the view, typically from a nib.
22
23        imgOn = UIImage(named: "Ligth on.png")
24        imgOff = UIImage(named: "Ligth off.png")
25
26        imgView.image = imgOn
27    }
28
29    override func didReceiveMemoryWarning() {
30        super.didReceiveMemoryWarning()
31        // Dispose of any resources that can be recreated.
32    }
33
```

그림 3-70 viewDidLoad 함수 구현

다음은 확대 버튼의 액션 함수를 구현할 것이다. 그림 3-71과 같이 함수 사용될 변수를 선언 하자. "scale"는 앞에 let으로 선언하여 상수이며 확대 배률을 뜻한다. CGFloat은 swift에서 사용되는 Float 자료형이다. "newWidth"와 newHeight"는 이미지의 크기를 담을 변수이며 크기가 변할시 이 변수들의 값이 변한다.

```swift
30        super.didReceiveMemoryWarning()
31        // Dispose of any resources that can be recreated.
32    }
33
34
      @IBAction func btnResizeImage(_ sender: UIButton) {
36        let scale:CGFloat = 2.0
37        var newWidth:CGFloat, newHeight:CGFloat
38    }
      @IBAction func switchImageOnOff(_ sender: UISwitch) {
40    }
41 }
42
43
```

그림 3-71 확대 버튼 액션 함수 내 "scale", "newWidth", newHeight" 선언

다음 if문을 활용한 조건문을 구현한다. "isZoom" 변수 값이 true일 경우 if의 코드가, 변수값이 false일 경우 else의 코드가 실행 되고, 실행후 !isZoom에 의해 true와 false가 바뀐다.

```
30        super.didReceiveMemoryWarning()
31        // Dispose of any resources that can be recreated.
32      }
33
34
◉       @IBAction func btnResizeImage(_ sender: UIButton) {
36          let scale:CGFloat = 2.0
37          var newWidth:CGFloat, newHeight:CGFloat
38
39          if (isZoom) { //true
40
41          }
42          else{ //false
43
44          }
45          isZoom = !isZoom
46      }
◉       @IBAction func switchImageOnOff(_ sender: UISwitch) {
48      }
49   }
50
51
```

그림 3-72 확대 버튼 액션 함수의 조건문 프레임 구현

if문을 그림 3-73과 같이 구현 한다. 확대 버튼을 눌렀을 시 isZoom이 true일 경우 newWidth변수 값이 imgView의 프레임의 넓이(width)의 1/2, newHeight에는 imgView의 프레임 높이(height)의 1/2이 입력 되고, imgView의 크기가 변경 되며 버튼에 "확대"라는 텍스트가 입력된다.

확대 버튼을 눌렀을 시 isZoom이 false일 경우 else문의 코드가 실행되며 newWidth 변수에는 imgView의 프레임의 넓이(width)의 2배, newHeight 변수에는 imgView의 프레임 높이(height)의 2배 값이 입력 되고, imgView의 크기가 변경 되며 버튼에 "축소"라는 텍스트가 입력된다.

```
    ◉        @IBAction func btnResizeImage(_ sender: UIButton) {
36               let scale:CGFloat = 2.0
37               var newWidth:CGFloat, newHeight:CGFloat
38
39               if (isZoom) { //true
40                   newWidth = imgView.frame.width/scale
41                   newHeight = imgView.frame.height/scale
42                   imgView.frame.size = CGSize(width: newWidth, height: newHeight)
43                   btnResize.setTitle("확대", for: .normal)
44               }
45               else{ //false
46                   newWidth = imgView.frame.width*scale
47                   newHeight = imgView.frame.height*scale
48                   imgView.frame.size = CGSize(width: newWidth, height: newHeight)
49                   btnResize.setTitle("축소", for: .normal)
50               }
51               isZoom = !isZoom
52           }
    ◉        @IBAction func switchImageOnOff(_ sender: UISwitch) {
54           }
```

그림 3-73 확대 버튼 액션 함수의 조건문 코드 구현

마지막으로 스위치의 액션함수를 구현한다. 그림 3-74와 같이 if문을 사용하여 스위치가 on일 경우에는 imgView에 imgOn 이미지를 출력하며 스위치가 off일 경우 imgOff를 출력한다.

```
50               }
51               isZoom = !isZoom
52           }
    ◉        @IBAction func switchImageOnOff(_ sender: UISwitch) {
54               if sender.isOn {
55                   imgView.image = imgOn
56               }
57               else {
58                   imgView.image = imgOff
59               }
60           }
61      }
62
```

그림 3-74 스위치의 액션 함수 구현

코드는 완성이 되었고 시뮬레이터를 통해 결과를 확인해 보자. 시뮬레이터를 실행하면 그림 3-75와 같은 LigthOn 이미지가 출력 된 초기 화면이 실행된다. 확대 버튼을 눌러보자.

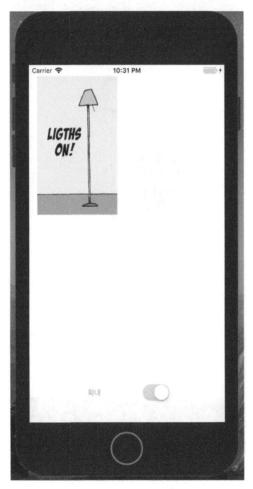

그림 3-75 이미지 뷰어 시뮬레이션(1)

그림 3-76과 같이 그림이 2배로 확대 되었으며 확대 버튼의 텍스트가 "축소"로 변경 되었다. 다음은 스위치를 클릭하여 Off시켜보자.

그림 3-76 이미지 뷰어 시뮬레이션(2)

그림 3-77과 같이 스위치가 왼쪽으로 향했으며, 이미지의 크기는 유지 되면서 이미지가 LigthOff로 변경 되었다. 다음은 축소 버튼을 클릭하여 보자.

그림 3-77 이미지 뷰어 시뮬레이션(3)

그림 3-78과 같이 LigthOff 이미지가 1/2으로 축소 되었으며 축소 버튼은 다시 "확대"
로 변경 되었다.

그림 3-78 이미지 뷰어 시뮬레이션(2)

이처럼 이번 장에서는 Xcode 설치하는 방법과 Swift를 통해 텍스트와 이미지를 출력
하는 프로그램을 만들어 보았으며, 버튼과 스위치를 통해 문자와 이미지를 변경하는 간
단한 기능을 구현해 보았다.

CHAPTER

4

Python

이번 장에서는 Python 언어의 특징과 장점 그리고 문법에 대하여 공부할 것 이다. 또한 Python을 윈도우 환경에서 설치하고 코드를 통한 실습을 진행 할 것이다.

4.1 Python 개요

위키피디아에 정의된 Python 언어에 대한 설명은 다음과 같다. 파이썬은 1991년 프로그래머인 귀도 반 로섬이 발표한 고급 프로그래밍 언어로, 플랫폼에 독립적이며 인터프리터식, 객체지향적, 동적 타이밍 대화형 언어이다. Python이라는 이름은 귀도가 좋아하는 코미디에서 따온 것이다. Python은 비영리의 Python 소프트웨어 재단이 관리하는 개방형, 공동체 기반 개발 모델을 가지고 있다. C언어로 구현된 CPython 구현이 사실상의 표준이다. 다음 그림 4-1은 파이썬 공식 홈페이지이다(https://www.python.org/). 홈페이지에서는 파이썬 언어에 대한 다양한 소식과 튜토리얼, 파이썬 설치를 위한 실행파일 등 다양한 정보를 제공한다. 파이썬에 관심이 많고 공부를 시작하는 학생이라면 해당 홈페이지를 자주 방문하여 많은 파이썬에 관한 정보를 얻기를 바란다.

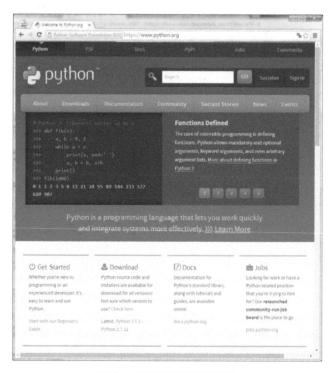

그림 4 -1 파이썬 공식 홈페이지

4.1.1 Python의 특징

Python은 초보자부터 전문가까지 두터운 사용자층을 보유하고 있다. 다양한 플랫폼에서 쓸 수 있고, 라이브러리가 풍부하여 다양한 곳에서의 이용이 증가하고 있다. 실제 Python은 많은 상용 응용 프로그램에서 스크립트 언어로 채용되고 있다. Python의 주요 특징은 다음과 같다.

① 실행 시간에 자료형을 검사하는 동적 타이밍 형식이다.

② 객체의 멤버에 무제한으로 접근할 수 있다.(속성이나 전용의 메서드 혹을 만들어 제한할 수는 있음)

③ 모듈, 클래스, 객체와 같은 언어의 요소가 내부에서 접근할 수 있고 리플렉션을 이용한 기술을 사용 할 수 있다.

또한 Python 언어를 이용하여 할 수 있는 것들은 다음과 같다.

(1) 시스템 유틸리티

Python은 운영체제(윈도우즈, 리눅스등)의 시스템 명령어들을 이용할 수 있는 도구들을 갖추고 있기 때문에 이러한 것들을 바탕으로 갖가지 시스템 관련한 유틸리티를 만드는 데 유리하다.

(2) GUI(Graphic User Interface) 프로그램

Python으로 GUI프로그램을 작성하는 것은 다른 언어로 하는 것보다 훨씬 쉽다.

(3) C/C++ 과의 결합

Python은 접착(glue)언어라고도 불린다. 그 이유는 다른 언어와 함께 잘 어울릴 수 있기 때문이다. C로 만든 프로그램을 Python에서 쓸 수 있으며, Python으로 만든 프로그램을 C에서 역시 사용할 수 있다.

(4) 웹 프로그래밍

Python은 웹 프로그램을 작성하기에 매우 적합한 도구이며 실제로 Python으로 제작된 웹 사이트는 셀 수 없을 정도로 많다.

(5) 수치연산 프로그래밍

Python에서는 Numeric Python이라는 수치 연산 모듈을 제공한다. 이 Numeric Python은 C로 작성되었기 때문에 매우 빠르게 수학연산을 수행한다.

(6) 데이터베이스 프로그래밍

Python은 Sybase, Infomix, Oracle, MySQL, Postgresql등의 데이터베이스에 접근할 수 있게 해주는 도구들을 제공한다.

(7) 데이터 분석, 사물인터넷

파이썬으로 만들어진 판다스(Pandas)라는 모듈을 이용하면 데이터 분석을 더 쉽고 효과적으로 할 수 있다. 또한 사물 인터넷 분야에서도 활용도가 높다. 리눅스 기반의 아주 작은 컴퓨터인 라즈베리파이를 제어하는 도구로 파이썬이 사용되는 것이 대표적인 예이다.

4.1.2 Python 언어의 장점

① 간결하다.

Python 언어는 다른 프로그래밍 언어와 비교했을 때 간결하다. 이는 파이썬의 가장 큰 장점으로써, 만약 어떤 언어가 하나의 일을하기 위한 방법이 100가지라면 파이썬은 가장 좋은 방법 1가지를 선호한다. 파이썬의 간결함은 다른 사람들이 작성한 소스 코드를 한 눈에 파악 하고 이해 할 수 있도록 해준다. 때문에 공동 작업을 할 때 유리하다는 이점이 있다. 다음 표 4-1은 각각 C언어와 Python언어로 제작된 같은 프로그램이다. 표 4-1을 통해서 Python이 다른 언어에 비해 간결하다는 것을 느낄 수 있을 것이다. C언어의 경우는 괄호를 이용하여 단락을 구분하지만, 표 4-1에서처럼 Python언어는 블록(들여쓰기)을 이용하여 단락을 구분한다. 이러한 특징이 코드의 가독성을 향상시켜 준다.

표 4-1 C코드와 Python코드의 비교

| C코드 | ```c
#include <stdio.h>
int i,j;
int main()
{
    for(i=2;i<=9;i++)
    {
        for(j=1;j<=9;j++)
            printf( "%d * %d = %d\n", i, j, i*j );
    }

    return 0;
}
``` |
|---|---|
| Python 코드 | ```python
for i in range(2,10):
    for j in range(1,10):
        print i + ' * ' + j + = i*j + '\n'
``` |

② 해석하기 쉽다.

많은 사람들이 Python 언어를 '인간다운 언어'라고 한다. 이는 우리가 흔히 사용하는 언어처럼 쉽게 이해하고 해석 할 수 있다는 것을 뜻한다. 표 4-2는 "1,2,3,4 중에 4가 있으면 "4가 있습니다"를 출력한다."를 프로그래밍 언어로 구현 한 것이다. C 언어로 구현된 것은 프로그래밍 언어에 익숙하지 않은 사람이라면 쉽게 해석하지 못할 것 이다. 하지만 Python 언어로 구현된 코드는 프로그래밍 언어에 익숙하지 않은 사람이라도 직관적으로 1,2,3,4 중에 4가 있으면 "4가 있습니다"를 출력한다." 라고 이해 할 수 있을 것이다. 이러한 특징 때문에 본인이 구상한 프로그램을 생각한 대로 쉽게 작성할 수 있도록 해준다.

표 4-2 C코드와 Python코드의 비교

| C코드 | ```c
int array[4] = {1,2,3,4};

    for(int i=0; i<4; i++){
        if(array[i] == 4)
            printf("4가 있습니다.\n");
    }
``` |
|---|---|
| Python 코드 | ```python
if 4 in [1,2,3,4]: print ("4가 있습니다")
``` |

③ 확장성이 좋다.

Python 언어를 '접착제 언어(Glue Language)'라고도 한다. 다른 언어나 라이브러리에 쉽게 접근해 그 들을 사용 할 수 있기 때문이다. 소스가 없는 라이브러리도 Wrapper 함수를 이용하면 Python에서 사용할 수 있다. 또한 기본적으로 Python은 많은 표준 라이브러리가 기본으로 제공되므로 손쉽게 확장이 가능하다.

④ 기타 장점들

Python 언어의 문법이 간결하고 해석하기 쉽기 때문에 초보자들도 배우기 쉽고, 리눅스, 유닉스, Windows등 플랫폼에 독립적이라는 장점이 있다. 마지막으로 Python은 무료로 사용이 가능하고 많은 소스들이 공개되어 있다는 장점이 있다.

앞에서 Python언어가 가지는 다양한 장점들에 대해서 살펴보았다. 하지만 이는 Python언어가 다른 언어에 비해 무조건 적으로 좋다는 것을 뜻하지는 않는다. 언어를 선택하는 기준은 본인이 구상한 프로그램에 따라 최적화된 언어를 선택하는 것이 일반적이다.

4.1.3 Python 2.7v과 Python 3v

현재 Python언어는 2.x 버전과 3.x 버전이 공존한다. 2008년 12월에 배포된 Python3은 언어 자체의 완성도를 높인다는 명목으로 하위 호환성을 포기하였다. 이로 인해 Python 2.x 버전을 이용하여 작성한 코드가 Python 3.x 버전에서는 동작하지 않는다는 문제가 발생하였다. 또한 일부 오픈소스 프로젝트나 써드파티 라이브러리들이 Python3.x 버전에서 동작하지 않는 다는 문제가 있었다. 때문에 Python의 버전을 선택할 때 본인이 사용하고자 하는 라이브러리나 오픈소스가 Python3.x 버전에서 동작하는지를 반드시 확인하여야 한다. 본 교재는 버전에 상관없이 책을 이해 할 수 있도록 작성되었다. 때문에 아래의 변경된 몇 가지 문법 사항만 숙지한다면 본 교재의 예제를 수행하는 데 큰 무리가 없을 것이다. 만약 프로그래밍 언어를 처음 접하는 사람이라면 아래의 문법의 차이를 바로 이해하는 것이 힘들 수 있다. 때문에 프로그래밍 언어에 익숙하지 않은 사람이라면 Python Chapter를 모두 공부하고 마지막에 다시 이 부분을 공부하는 것을 권장한다.

① print

표 4-3 Python 2.7 과 Python 3.의 차이점 (1)

Python 2.7	`print "Hello Python"`
Python 3	`print ("Hello Python")`

Python 2.7 버전인 경우 Python3 버전처럼 괄호를 사용해도 동일하게 동작한다. (python 2.7 버전 이하에서는 오류가 발생 할 수 있다.) 하지만 python3의 경우 반드시 출력할 문자열을 표 2-4처럼 괄호로 표시하여야 한다.

② 자동 형 변환

표 4-4 Python 2.7 과 Python 3.의 차이점 (2)

Python 2.7	`>>> 3 / 4`
	`0`
	
	`>>> 3 / 4.0`
	`0.75`

Python 3	`>>> 3 / 4` `0.75`

Python3 버전의 경우 숫자연산 시 자동으로 형 변환이 된다.

③ input

표 4-5 Python 2.7 과 Python 3.의 차이점 (3)

Python 2.7	`>>> name = input("이름을 입력하세요:")`
Python 3	`>>> name = raw_input("이름을 입력하세요:")`

Python3 버전의 'input' 내장함수와 python 2.7 버전의 'raw_input' 내장함수는 동일하지만, 기존 파이썬 2.7의 'input' 내장함수는 python3 버전부터는 더 이상 지원되지 않는다.

④ 에러처리

표 4-6 Python 2.7 과 Python 3.의 차이점 (4)

| Python 2.7 | ```
try:
    4 / 0
except ZeroDivisionError, e:
    print e
``` |
|------------|-----|
| Python 3 | ```
try:
    4 / 0
except ZeroDivisionError as e:
    print(e)
``` |

에러처리 시 에러 변수 명을 표기하는 방식이 Python3 버전과 Python 2.7 버전이 서로 다르다.

⑤ 소스코드 인코딩

Python 3 버전부터는 utf-8이 기본 소스코드 인코딩이므로 다음과 같은 문자열을 소스코드 첫줄에서 생략할 수 있다.

```
# -*- coding: utf-8 -*-
```

하지만 utf-8 이 아닌 다른 형태의 소스코드 인코딩을 사용해야 할 경우에는 해당 인코딩을 명시해야 한다. 하지만 Python 2.7 버전은 무조건 위와 같은 문자열을 소스코드 첫 줄에 명시해야만 인코딩 오류가 발생하지 않는다.

4.2 윈도우 환경에서 Python 설치

앞에서는 Python 언어의 특징과 장점에 대하여 공부하였다. 이번 장에서는 윈도우 환경에서 Python을 설치하고 Python 언어를 이용하여 화면에 'Hello World'를 출력하는 프로그램을 작성 할 것이다.

4.2.1 Python 다운로드 및 환경설정

파이썬을 설치하기 위해서 그림 4-1의 파이썬 공식홈페이지(https://www.python.org/) 에 접속하여 원하는 파이썬 버전의 패키지를 다운로드한다.

(1) Python 설치

홈페이지에서 'Downloads' 항목을 클릭하면 그림 4-2처럼 다양한 버전의 파이썬 패키지를 확인 할 수 있다. 본 교재에서는 최근에 배포되고 안정화 된 Python 3.4.4 버전을 다운로드 하여 설치 할 것 이다.

Release version	Release date		Click for more	
Python 3.4.4	2015-12-21	Download	Release Notes	
Python 3.5.1	2015-12-07	Download	Release Notes	
Python 2.7.11	2015-12-05	Download	Release Notes	
Python 3.5.0	2015-09-13	Download	Release Notes	
Python 2.7.10	2015-05-23	Download	Release Notes	
Python 3.4.3	2015-02-25	Download	Release Notes	
Python 2.7.9	2014-12-10	Download	Release Notes	

View older releases

그림 4-1 파이썬 버전 별 패키지 다운로드

그림 4-2에서 Python 3.4.4 버전 오른쪽에 있는 Download 버튼을 클릭하면 Python 3.4.4 버전에 대한 설명 페이지로 이동하게 된다. 페이지의 하단 부를 보면 다음 그림 4-3과 같은 화면이 보일 것이다. 여기서 본인의 운영체제에 해당하는 파일을 다운로드 하여 설치하면 된다. 본 교제에서는 Windows-64bit 환경에서 설치를 진행하므로 'Windows x86-64 MSI installer'를 클릭하여 다운로드 한다.

Version	Operating System	Description	MD5 Sum	File Size	GPG
Gzipped source tarball	Source release		e80a0c1c71763ff6b5a81f8cc9bb3d50	19435166	SIG
XZ compressed source tarball	Source release		8d526b7128affed5fbe72ceac8d2fc63	14307620	SIG
Mac OS X 32-bit i386/PPC installer	Mac OS X	for Mac OS X 10.5 and later	8491d013826252228ffcdeda0d9348d6	24829047	SIG
Mac OS X 64-bit/32-bit installer	Mac OS X	for Mac OS X 10.6 and later	349c61e374f6aeb44ca85481ee14d2f5	23170139	SIG
Windows debug information files	Windows		d6ffcb8cdabd93ed7f2feff661816511	37743788	SIG
Windows debug information files for 64-bit binaries	Windows		a0eea5b3742954c1ed02bddf30d07101	25038530	SIG
Windows help file	Windows		5fa4e75dd4edc25e33e56f3c7486cd15	7461732	SIG
Windows x86-64 MSI installer	Windows	for AMD64/EM64T/x64, not itanium processors	963f6711693544 7fad73e09cc561c713	26054656	SIG
Windows x86 MSI installer	Windows		e96268f7042d2a3d14f7e23b2535738b	24932352	SIG

그림 4-2 Python 3.4.4 버전의 다운로드 파일

다운로드가 완료되면 다운로드 경로에 'python-3.4.4.amd64.msi' 파일이 생성되어 있을 것이다. 확장자를 보면 알 수 있듯이 Windows 버전은 MSI 패키지 형태로 제공된다. 해당 파일을 더블클릭하여 실행시키면 그림 4-3과 같은 화면을 얻을 것이다.

그림 4-3 python-3.4.4.amd64.msi 실행화면(1)

다음 Next 버튼을 클릭하면 그림 4-4와 같이 파이썬을 설치 할 경로를 선택하게 된다. 본 교제에서는 기본 경로인 C:₩ 하위경로에 저장하였다. 'Python'뒤의 숫자는 버전을 의미한다.

그림 4-4 python-3.4.4.amd64.msi 실행화면(2)

다음 Next 버튼을 클릭하면 그림 4-5처럼 설치환경 및 다운로드 할 라이브러리를 선택하는 화면이 나온다. 해당 항목은 본인이 원하는 항목을 클릭하여 설치하면 된다. 본 교재에서는 기본 값으로 설치를 진행하였다.

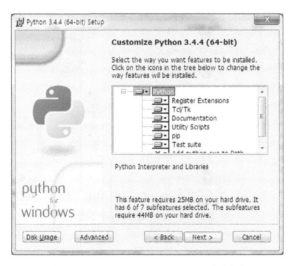

그림 4-5 python-3.4.4.amd64.msi 실행화면(3)

다음 Next 버튼을 클릭하면 다운로드가 완료되고 그림 4-6과 같은 화면이 보이고 Finish 버튼을 클릭 하면 다운로드가 완료된 것을 확인 할 수 있다.

그림 4-6 python-3.4.4.amd64.msi 실행화면(4)

설치가 완료되면 그림 4-7처럼 Python 3.4 (command line −64bit)의 파일이 생성되고 실행시키면 그림 4-8처럼 설치된 파이썬의 버전을 출력해주는 화면이 나올 것이다. 이로써 파이썬 설치가 완료된 것이다.

그림 4-7 Python 3.4 실행파일

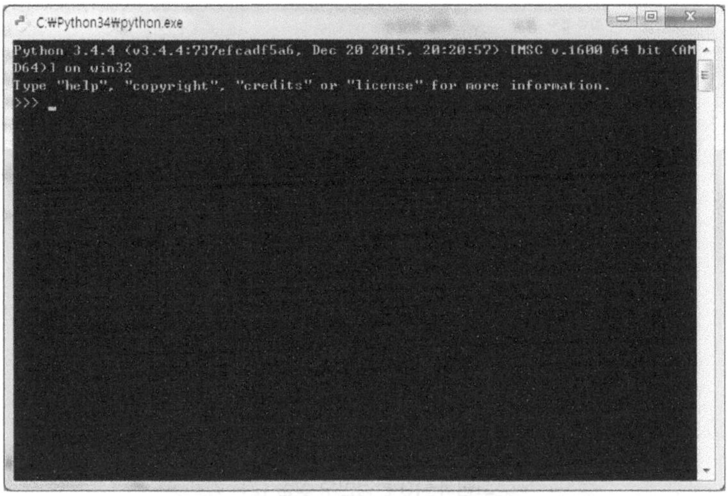

그림 4-8 설치된 Python 버전정보 출력 화면

(2) 환경변수 설정

Python 설치 이후에는 환경변수를 설정해야 한다. 앞에서 Python의 설치 경로를 C:₩ 하위경로로 설정하였고, 이 경로를 환경변수 Path에 추가해야 한다. 그림 4-9에서 환경 변수 버튼을 클릭 한다. 버튼을 클릭하면 그림 4-10에서 시스템 변수인 'Path'를 선택하고 편집 버튼을 클릭한다.

그림 4-9 환경변수 설정 (1)

그림 4-10 환경변수 설정 (2)

편집 버튼을 클릭하면 그림 4-11의 창이 보일 것이다. '변수 값' 부분에 Python이 설치된 경로를 추가하면 된다. 본 교재에서는 C:\\하위 경로에 Python을 설치하였으므로 C:\\Python34를 경로에 추가하였다. 환경변수 'Path'를 편집 할 때 기존의 변수 값들이 변경되지 않도록 조심해야 한다.

그림 4-11 환경변수 설정 (3)

마지막으로 커맨드 창에서 'python'을 입력하면 그림 4-12처럼 설치된 Python의 버전 정보가 출력되고 Python Command Shell이 실행된다. 이로써 Python 설치가 완료된 것을 확인 할 수 있다.

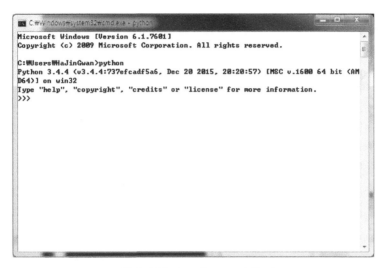

그림 4-12 Python Command Shell

4.2.2 Python 개발도구 설정

파이썬은 Visual Studio, Eclipse, Phycharm 등 다양한 통합개발환경(IDE)을 이용하여 프로그래밍이 가능하다. 해당 교재에는 Visual Studio 2012를 이용하여 개발환경을 설정하고 프로그램을 구현 할 것이다.

(1) Visual Studio 2012에서 Python Tool 설정

본 교재에서의 실습은 Visual Studio 2012 환경에서 진행 될 것 이다. 본인의 실습 환경에 Visual Studio 2012가 설치되어 있지 않으면 우선 Visual Studio를 설치하기 바란다. 본 교재에서는 Visual Studio 설치과정을 따로 포함하고 있지 않으므로 인터넷을 참고하여 설치하기를 바란다.

Visual Studio에서 Python을 실행하기 위해서는 PTVS를 설치하여야 한다. PTVS는 http://pytools.codeplex.com/ 에서 다운로드 가능하다. 홈페이지에 접속하면 그림 4-13의 화면이 나타날 것이다.

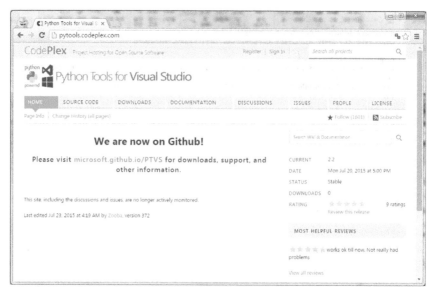

그림 4-13 PTVS 다운로드 및 설치 (1)

그림 4-13에서 'DOWNLOADS'버튼을 클릭하면 그림 4-14와 같은 화면이 보일 것이다. 화면 오른쪽의 'OTHER DOWNLOADS'의 2.1을 클릭한다(그림 4-15). 참고로 RC는 Release Candidate의 약자로 배포 직전의 버전을 뜻한다.

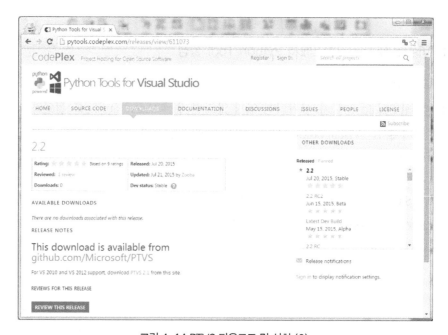

그림 4-14 PTVS 다운로드 및 설치 (2)

그림 4-15 PTVS 다운로드 및 설치 (3)

2.1 버전을 클릭하면 그림 4-16의 페이지로 이동하면 Visual Studio 환경에 맞는 msi 파일들을 볼 수 있다. 본 교재에서는 Visual Studio 2012를 사용하므로 PTVS 2.1 VS 2012.msi 파일을 선택하여 다운로드를 진행한다.

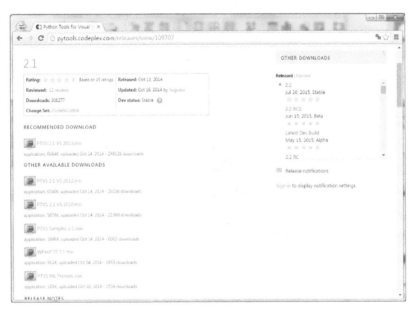

그림 4-16 PTVS 다운로드 및 설치 (4)

파일을 다운로드 하고 실행하면 그림 4-17과 같은 창이 실행 될 것이다. 라이선스에 동의하고 'Install' 버튼을 클릭하여 다운로드를 진행하면 설치가 완료되고 그림 4-18과 설치 완료 화면이 보일 것이다.

그림 4-17 PTVS 다운로드 및 설치 (5)

이로써 Visual Studio 환경에서 Python을 사용하기 위한 준비가 끝난 것이다.

(2) Visual Studio 2012에서 Python 실행

우선 Visual Studio를 실행하여 그림 4-18처럼 [새로 만들기] → [프로젝트] 버튼을 클릭한다.

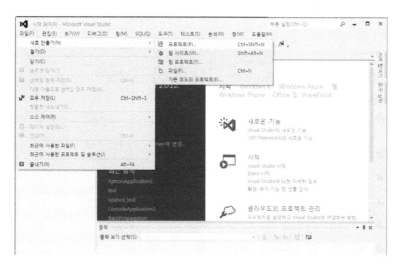

그림 4-18 Visual Studio에서 Python 실행하기 (1)

[프로젝트] 버튼을 클릭 한 후 그림 4-19에서처럼 왼쪽 항목에서 [다른 언어] → [Python] 항목을 선택하고 'Python Application' 프로젝트를 선택한다. 프로젝트의 이름을 'PythonEx01'로 설정하고 저장위치는 [C:\] → [PythonEX]의 하위경로로 설정하고 확인 버튼을 클릭한다.

그림 4-19 Visual Studio에서 Python 실행하기 (2)

확인 버튼을 클릭하면 그림 4-20과 같은 Python 프로젝트가 생성되고 기본으로 앞에서 설정한 PythonEx01.py의 소스코드가 생성이 된다. 해당 코드는 기본적으로 'Hello World'를 화면에 출력하는 코드가 작성되어 있다.

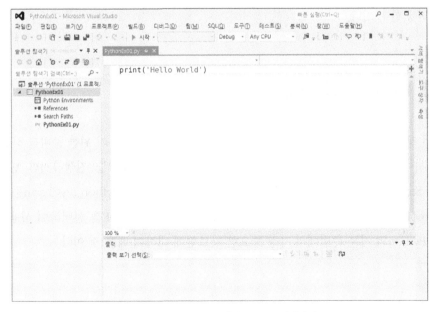

그림 4-20 Visual Studio에서 Python 실행하기 (3)

그림 4-20에서 생성한 프로젝트의 코드를 실행시키기 위해서 Ctrl+F5 버튼을 클릭하면 해당 프로젝트의 코드가 실행되고 그림 4-21처럼 'Hello World'가 화면에 출력 될 것이다.

그림 4-21 Visual Studio에서 Python 실행하기 (4)

이로써 Visual Studio에서 Python을 사용하기 위한 모든 준비가 끝났다. 다음 장에서는 Python 언어의 기본 문법들을 배우고 간단하게 예제를 통한 Python 프로그래밍의 실습을 진행 할 것이다.

4.3 Python 기본 문법

앞선 장에서는 Visual Studio에서 Python 프로그래밍을 사용하기 위한 준비를 하였다. 본 도서에서는 Visual Studio를 이용하여 Python 프로그래밍을 진행하지만 반드시 Visual Studio를 사용 할 필요는 없다. Visual Studio 이외에도 IPython, PyCharm등 다양한 Python IDE들이 존재한다. 때문에 본인이 사용하기 편한 IDE를 선택하여 사용하면 된다. Python의 기본 문법에서 가장 중요한 자료형에 대하여 배울 것 이다.

4.3.1 자료형

자료형이란, 프로그래밍을 할 때 사용하는 가장 기본적인 요소로 숫자, 문자열 등 자료 형태로 사용하는 모든 것을 뜻한다. 자료형은 프로그램의 기본이자 핵심 단위이다. 때문에 프로그래밍 언어와 관계없이 자료형을 이해하는 것은 기본적이면서도 매우 중요한 과정이다. 이번 장에서는 Python에서 사용하는 숫자형, 문자열, 리스트, 튜플, 딕셔너리, 집합 자료형에 대해서 알아보고 나아가 어떻게 활용하여 프로그래밍을 할 수 있는지 배울 것이다.

4.3.2 숫자형

숫자형 자료형은 말 그대로 숫자 형태로 이루어진 자료형을 뜻한다. 흔히 우리가 '숫자'를 생각하면 자연스럽게 정수, 실수 같은 것들을 떠올릴 것이다. Python에서는 정수, 실수뿐만 아니라, 복소수, 8진수, 16진수 등 다양한 형태로 숫자를 표현 할 수 있다. 아래의 코드는 Python에서 숫자 자료형을 사용하는 예를 보여준다.

```
1   #-*- coding: utf-8 -*-
2
3   #정수형
4   Integer_postive = 10
5   Integer_netative = -10
6   Integer_zero = 0
7
8   print '양의 정수 : ',Integer_postive
9   print '음의 정수 : ',Integer_netative
10  print '숫자 0 : ', Integer_zero, '\n'
11
12  #실수형
13  float_1 = 1.2
14  float_2 = 2.36E10
15  float_3 = 2.34e-10
16
17  print '실수형_1 : ', float_1
18  print '실수형_2 : ', float_2
19  print '실수형_3 : ', float_3 , '\n'
20
21  #8진수와 16진수
22  Octal_1 = 0o10
23  Octal_2 = -0o10
```

```
24    Hexa_1 = 0x16
25    Hexa_2 = 0xABC
26
27    print '8진수_1 : ',Octal_1
28    print '8진수_2 : ',Octal_2
29    print '16진수_1 : ',Hexa_1
30    print '16진수_1 : ',Hexa_2, '\n'
31
32    #복소수
33    Complex_1 = 5+2j
34
35    print '복소수 : ' ,Complex_1
36    print '복소수 실수부 : ' ,Complex_1.real
37    print '복소수 허수부 : ' ,Complex_1.imag
38    print '켤레복소수 : ' , Complex_1.conjugate()
```

코드 4-1 숫자 자료형

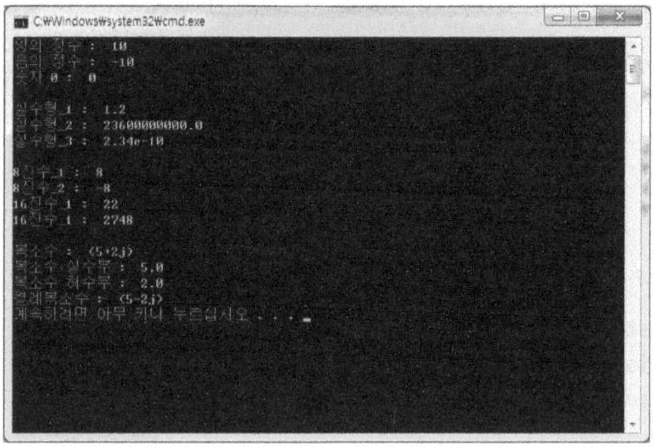

그림 4-22 : 코드 4-1 실행 결과

- line 1 : Python 2.7에서 한글을 사용하기 위해 문자열을 utf-8로 인코딩, 만약 line 1을 작성하지 않고 한글을 사용한다면(주석 포함) 프로그램이 실행되지 않고 오류가 발생한다.

- line 4 ~ 10 : 정수형 자료형을 사용하는 예시로서, 양의 정수, 음의 정수, 0을 각각의 변수에 대입하여 출력하는 코드이다.

- line 12 ~ 19 : 실수형 자료형을 사용하는 예시이다. 주로 실수형 자료형은 line 13처럼 변수에 대입을 하여 사용하지만 실수형의 크기가 큰 경우 line 14,15와 같이 사용하는 것도 가능하다. line14,15는 컴퓨터식 지수표현 방식으로 e,E는 곱셈을, 뒤

의 숫자는 10의 지수를 의미한다. 즉, $2.36E10 = 2.36*10^{10}$을 의미한다.

- `line21 ~ 30` : 8진수와 16진수 자료형을 사용하는 예시이다. 8진수의 자료형은 숫자 앞에 '0o', 16진수 자료형은 '0x'를 붙여 사용하면 된다. 그림 3-1의 실행 결과를 보면 10진수로 출력됨을 알 수 있다.

- `line 32 ~ 38` : 복소수 자료형을 사용하는 예시이다. 복소수의 허수부를 표현할 때, i를 사용하는 것이 일반적이지만, Python의 경우 j를 사용하여 복소수의 허수부를 표현한다. 또한 line 36,37처럼 복소수의 실수부, 허수부 출력이 가능하며, conjugate() 함수를 통하여 켤레복소수 또한 출력이 가능하다. 실행결과는 그림 4-22를 참조하기 바란다.

(1) 3.2.1 숫자형의 연산

흔히 연산이라고 하면 사칙연산을 떠올리게 된다. 하지만 프로그래밍에서는 사칙연산 뿐 아니라, 제곱, 나머지, 소수점 버림 연산이 가능하다. 아래 코드 4-2는 숫자형 자료형을 이용하여 다양한 연산을 수행하는 방법을 보여준다.

```python
1   #-*- coding: utf-8 -*-
2
3   Integer_1 = 7
4   Integer_2 = 4
5
6   #사칙연산(+,-,*,/)
7   print '덧셈 : ', Integer_1+Integer_2
8   print '뺄셈 : ', Integer_1 - Integer_2
9   print '곱셈 : ', Integer_1 * Integer_2
10  print '나눗셈 : ', Integer_1 / Integer_2
11  print '나눗셈2 : ', Integer_1 / (Integer_2*1.0),'\n'
12
13  #제곱 연산 (** 연산자)
14  print 'x의 y제곱 : ', Integer_1 ** Integer_2,'\n'
15
16  #나머지 연산(% 연산자)
17  print '나머지 연산', Integer_1 % Integer_2,'\n'
18
19  #소수점 버림 연산(// 연산)
20  print '소수점 버림 : ',Integer_1 // (Integer_2*1.0),'\n'
```

코드 4-2 숫자 자료형의 연산

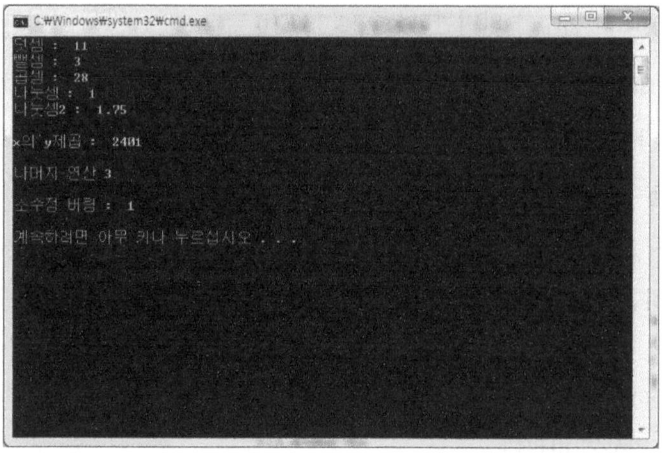

그림 4-23: 코드 4-2 실행 결과

- line 1 : Python 2.7에서 한글을 사용하기 위해 문자열을 utf-8로 인코딩, 만약 line 1을 작성하지 않고 한글을 사용한다면(주석 포함) 프로그램이 실행되지 않고 오류가 발생한다.

- line 2~ 3 : 연산에 사용될 정수형 변수 선언

- line 6 ~ 11 : 두 정수형 변수의 사친연산을 수행하는 과정이다. 여기서 주목해야 되는 것은 나눗셈의 결과이다. 7/4의 결과가 1.75가 될 것이라고 예상하지만 line10의 출력 결과를 보면 1이 출력된 것을 확인 할 수 있다. 이는 두 변수의 자료형이 정수형이기 때문에 출력결과 역시 정수로 출력되는 것이다. 우리가 원하는 것처럼 나눗셈의 결과로 1.75를 얻기 위해서는 line11처럼 정수형 변수를 실수형 변수로 강제로 변화시켜주는 것이다. (참고로 파이썬 3. 버전에서는 정수형 변수의 나눗셈 결과가 line11의 결과와 동일하게 출력된다. 자세한 내용은 앞 장을 참고하기 바란다.)

- line 14 : 두 정수형 변수의 제곱 연산을 수행하는 과정이다. 즉, 'Integer_1 ** Integer_2'는 Integer_1의 Integer_2 제곱을 의미하고 출력결과로 2401이 출력된 것을 확인 할 수 있다.

- line 17 : 두 정수형 변수의 나머지 연산을 수행하는 과정이다. 나머지 연산에 사용되는 연산자는 '%'연산자이며 7/4의 나머지인 3이 결과로 출력되는 것을 확인 할 수 있다. 나머지 연산은 프로그래밍에서 빈번히 사용되는 연산자로서 반드시 숙지하고 있어야 한다.

- `line 20` : 두 정수형 변수의 소수점 버림 연산을 수행하는 과정으로, '`//`' 연산자를 사용하였다. 출력결과를 통해 1이 출력된 것을 확인 할 수 있다.

4.3.3 문자열 자료형

문자열 자료형은 모든 프로그래밍에서 가장 빈번하게 사용되는 자료형 중에 하나이다. 때문에 문자열 자료형을 이해하는 것은 매우 중요하다. 문자열 자료형을 사용하는 방법을 배우기에 앞서 정확히 문자열이 무엇을 뜻하는지 살펴보자.

■ 문자열이란?

문자열(String)이란, 문자 단어 등으로 이루어진 문자들의 집합을 의미한다. 파이썬 프로그래밍 에서는 문자열을 큰따옴표(") 혹은 작은따옴표(')로 표시한다. 아래의 표는 파이썬에서 사용하는 문자열의 예시를 보여준다.

```
"Hello Python"
'I Love Python'
'4567'
```

표 4-7 파이썬 문자열 예시

여기서 혼동하지 말아야 할 것은 '4567'은 숫자형 자료형이 아니라 문자열 이라는 것이다. 즉, 4567과 '4567'은 서로 다른 자료형이며 쉽게 생각해서 따옴표로 둘러싸인 문자들은 문자열이라고 생각하면 된다. 즉 '4567'은 숫자 '사천오백육십칠'를 의미하는 것이 아니라 숫자 형태의 문자열이 되는 것이다.

```
1   #-*- coding:utf-8 -*-
2
3   print 'Hello Python'
4   print 'I Love Pytho'
5   print '4567'
```

코드 4-3 문자열 자료형 출력

그림 4-24 코드 4-3 실행 결과

코드 4-3은 파이썬에서 문자열을 출력하는 방법을 보여준다. 그림 4-24 실행결과를 보면 코드 4-3에서 따옴표 안의 문자열이 출력된 것을 확인 할 수 있다.

■ Escape sequence (탈출 문자열)

앞선, 실행결과를 통해 따옴표 안에 있는 문자들이 출력된 것을 확인 할 수 있을 것이다. 그렇다면 출력결과에 따옴표를 포함하고 싶은 경우는 어떻게 할 수 있을까? 가장 먼저 드는 생각은 ' 'Hello Python' ' 과 같이 문자열을 지정하는 따옴표 안에 따옴표를 삽입하여 출력할 수 있을 것처럼 보인다. 위의 방식처럼 문자열을 지정하고 출력을 하면 아래 그림 4-25와 같은 에러를 발견 할 수 있을 것이다.

그림 4-25 ' 'Hello Python' '문자열 출력 결과

그렇다면 어떻게 문자열에 따옴표를 포함하여 출력할 수 있을까? 이러한 경우에 사용하는 것이 바로 Escape sequence (탈출 문자열)이다. 탈출 문자열이란 프로그래밍 할 때 사용할 수 있도록 미리 정의해 둔 '문자 조합'이다. 주로 출력물을 보기 좋게 정렬하는 용도로 이용되고 아래의 표 4-8은 탈출 문자열의 종류를 나타낸다.

표 4-8 탈출 문자열의 종류

탈출 문자열	설명
\n	개행 (줄 바꿈)
\t	수평 탭
\\	문자 '\' 출력
\'	'(홑 따옴표) 출력
\"	"(쌍 따옴표) 출력
\000	널 문자

탈출 문자열은 표 4-8 이외에도 몇 가지가 더 존재하지만 가장 활용빈도가 높은 6개의 탈출 문자열만 정리하였다. 아래의 코드는 탈출 문자열을 활용하여 'Hello Python'을 다양한 방식으로 출력한 코드이다.

```
1   #-*- coding:utf-8 -*-
2
3   #개행 하여 출력
4   print 'Hello \nPython'
5
6   #수평 탭을 포함하여 출력
7   print 'Hello \t Python'
8
9   #문자 \를 포함하여 출력
10  print 'Hello \\ Python'
11
12  # 문자 ' 를 포함하여 출력
13  print ' llo Python\''
14
15  # 문자 " 를 포함하여 출력
16  print '\"Hello Python\"'
```

코드 4-4 탈출 문자열을 포함한 출력

그림 4-25: 코드 4-4의 실행 결과

- line 4 : 'Hello'와 'Python' 사이에 탈출 문자열인 개행문자('₩n')를 삽입하여 출력하는 코드이다. 실행결과를 보면 'Hello'와 'Python'이 서로 다른 라인에 출력된 것을 확인 할 수 있다.

- line 7 : Hello'와 'Python' 사이에 탈출 문자열인 수평 탭 문자('₩t')를 삽입하여 출력하는 코드이다. 실행결과를 보면 'Hello'와 'Python'이 탭만큼의 간격을 두고 출력된 것을 확인 할 수 있다.

- line 10 : Hello'와 'Python' 사이에 탈출 문자열인 역슬래쉬('₩') 문자를 삽입하여 출력하는 코드이다. 실행결과를 보면 'Hello'와 'Python' 사이에 역슬래쉬 문자(₩)가 포함되어 출력된 것을 확인 할 수 있다.

- line 13 : Hello Python 문자열을 홑 따옴표를 포함하여 출력하는 코드이다. 출력결과를 보면 홑 따옴표가 포함되어 같이 출력된 것을 확인 할 수 있다.

- line 16 : Hello Python 문자열을 쌍 따옴표를 포함하여 출력하는 코드이다. 출력결과를 보면 쌍 따옴표가 포함되어 같이 출력된 것을 확인 할 수 있다.

(1) 문자열 자료형의 연산

지금까지 문자열 자료형과 탈출 문자열에 대해서 알아보았다. 그렇다면 문자열도 숫자 자료형처럼 문자열을 더하거나 곱하는 연산이 가능할까?

이에 대한 정답은 문자열도 숫자 자료형처럼 덧셈과 곱셈이 가능하고 나아가 문자열을 자르거나 나누는 연산을 할 수 있다. 문자열을 더하거나 곱한다는 것이 쉽게 상상이 되지 않겠지만 아래의 코드를 보면 이해 할 수 있을 것이다.

```
1    #-*- coding:utf-8 -*-
2
3    str1 = 'Hello'
4    str2 = 'Python'
5
6    #문자열 덧셈
7    print str1+str2
8    print str1+' '+str2
9
10   #문자열 곱셈
11   print str1*2
12
13   #문자열 곱셈과 덧셈
14   print str1*2 +' '+str1*2
15   print '=='*20
```

코드 4-5 문자열 자료형 연산 코드

그림 4-26: 코드 4-5 실행결과

- line 3~4 : 문자열 연산에 사용될 변수 str1, str2 선언

- line 7 : 문자열 덧셈을 수행하는 코드. 문자열 Hello를 저장하고 있는 str1 변수와 , 문자열 Python을 저장하고 있는 str2 변수를 더해 출력하는 코드이다. 출력결과를 보면 두 문자열이 더해져 HelloPython 문자열이 출력된 것을 확인 할 수 있다.

- line 8 : str1과 str2문자열 사이에 공백문자를 더하여 출력하는 코드이다. 실행결과를 보면 line7과 다르게 Hello와 Python 문자열 사이에 공백 문자가 포함되어 출력된 것을 확인 할 수 있다.

- line 11 : 문자열의 곱셈을 수행하는 코드이다. str1*2의 결과로 str1에 저장되어 있는 Hello 문자열이 두 번 출력된 것을 실행결과를 통해 확인 할 수 있다.

- line 14 : str1의 문자열과 str2의 문자열에 2를 곱한 후 사이에 공백문자를 더하여 출력하는 코드이다. 각각 str1 문자열과 str2 문자열이 두 번씩 출력되었으며 가운데 공백이 포함되어 출력된 것을 실행결과를 통해 확인 할 수 있다.

- line 15 : line 15의 코드는 문자열의 곱셈연산이 주로 사용되는 경우이다. 만약 문자열의 곱셈 연산이 불가능 하다면 '=='문자열을 20번이나 직접 입력해야 되지만 곱셈 연산을 통해 간단히 긴 문자열을 만들어 출력할 수 있다.

앞서 말한 것처럼 문자열 자료형을 이용하여 덧셈연산과 곱셈연산을 할 수 있을 뿐 아니라 문자열을 자르거나 나누는 연산이 가능하다. 우선, 이러한 연산을 수행하기 위해서 문자열의 인덱싱을 이해하여야 한다. 아래 표 4-9는 Hello Python의 인덱싱을 보여준다.

표 4-9 탈출 문자열의 종류

	Hello Python											
인덱싱	H	e	l	l	o		P	h	y	t	h	o	n
인덱스	0	1	2	3	4	5	6	7	8	9	10	11	12

위의 4-9의 표처럼 문자 하나하나에 번호를 부여하는 것을 인덱싱이라고 한다. 중요한 점은 문자열의 공백문자에도 번호를 부여한다는 것이다. 이러한 문자열의 인덱스를 이용하여 원하는 문자열 혹은 문자를 출력할 수 있다. 아래의 코드는 문자열 인덱스를 이용하여 문자열을 출력하는 코드이다.

```
1    #-*- coding:utf-8 -*-
2
3    str = 'Hello Python'
4
5    #문자열 자르기
6    print str[0], str[1], str[5], str[6]
7    print str[0:5]
8    print str[2:]
9    print str[:8]
10   print str[:],'\n'
11
12   #문자열 자르기 사용예시
13   date = '20160801'
14   year = date[:4]
15   month = date[4:6]
16   day = date[6:]
17   print date
18   print year+'년 '+month+'월 '+day+'일\n'
```

코드 4-6 문자열 인덱스 이용한 물자열 출력 코드

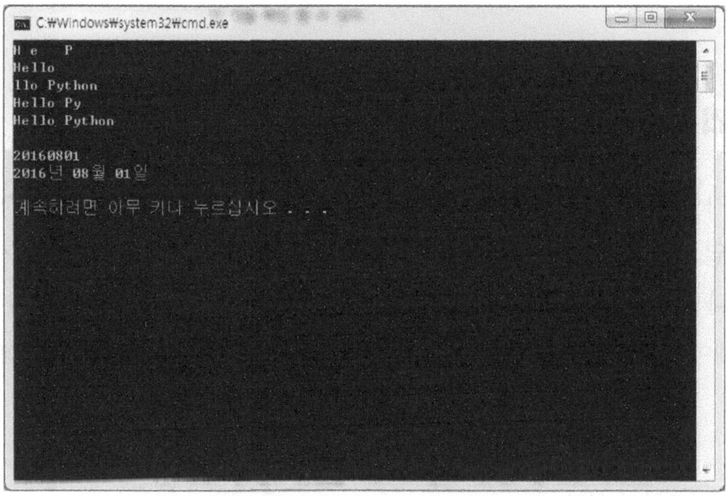

그림 4-27: 코드 4-6 실행결과

- line 6 : str 변수에 저장된 Hello Python의 문자열을 해당 인덱스의 문자를 출력하
  는 코드이다. 주목할 점은 공백문자도 인덱싱에 포함되고 결과로 출력된 것을 주목
  해야 한다. 즉, 실행결과를 보면 각각의 인덱스에 해당하는 H,e,공백문자,P가 차례
  대로 출력된 것을 확인 할 수 있다.

- line 7 : 문자열 0번째 인덱스 부터 5번째 인덱스까지 출력하는 코드이다. ':' 기호를 통하여 출력하고자 하는 인덱스의 범위를 선택 할 수 있다.

- line 8 : line7과 같이 ':' 기호를 이용하여 문자열을 출력하는 코드이다. 출력결과를 보면 2번째 인덱스 이후의 모든 문자열이 출력되었는데 ':'문자 이후에 인덱스 번호를 지정하지 않으면 마지막 인덱스의 번호까지 출력하게 된다. 즉, str[2:]는 str[2:11]과 같은 문자열을 나타낸다.

- line 9 : ':'기호를 이용하여 문자열을 출력하는 코드이다. line8과 마찬가지로 str[:8]은 str[0:8]과 같은 문자열을 나타낸다.

- line 10 : 문자열을 출력할 때 ':' 기호를 사용하는 경우 범위를 지정해주지 않으면 문자열의 시작부터 끝까지 출력을 하게 된다. 즉 str[:]는 str과 같은 문자열을 나타낸다.

- line 12~18 : date에 저장되어 있는 날짜 문자열을 연,월,일 단위로 나누어 출력하는 코드이다. date문자열의 인덱스를 이용하여 year에 연을, month에 달을, day에 일을 저장하여 출력하는 것을 실행결과를 통해 확인 할 수 있다.

4.3.4 리스트 자료형

앞서, 숫자형, 문자열 자료형에 대해서 알아보았다. 하지만 프로그래밍을 하다보면 숫자형, 문자열 자료형만으로는 내가 원하는 것을 전부 표현하는 것이 힘들 때가 있다. 예를 들어 하나의 변수에 문자열과 숫자를 동시에 저장한다거나 여러 개의 문자 혹은 숫자들을 저장해야 하는 경우가 생길 것 이다. 이러한 경우 사용 할 수 있는 자료형이 리스트 자료형이다.

■ 리스트 자료형의 선언

```
list = [요소1, 요소2, 요소3, ...]
```

리스트는 위에서 보는 것과 같이 대괄호로 감싸 주고 각 요소 값들은 쉼표로 구분해준다. 중요한 점은 리스트에 저장되는 요소들은 서로 같을 필요가 없다. 즉 요소1은 문자, 요소2는 숫자, 요소3은 문자열 등 다양한 자료형을 리스트에 저장할 수 있는 것이다.

당연히 리스트의 요소로 리스트를 저장하는 것 또한 가능하다.

아래의 표 4-10은 다양한 리스트의 선언을 보여준다.

표 4-10 리스트 선언 예시

리스트의 선언 예시	설명
list = []	비어있는 리스트 생성
list = [1,3,5,7,9]	홀수 숫자들을 저장하는 리스트 생성
list = [1,2,'Hello',Python']	숫자형과 문자열 자료형을 저장하는 리스트 생성
list = [1,2,['Hello','Python']]	list의 요소로 숫자와 리스트를 저장

■ 리스트의 인덱싱

앞서, 리스트를 선언하는 방법에 대하여 배웠다. 그렇다면 어떻게 리스트의 요소에 접근할 수 있을까? 리스트의 요소는 인덱스를 통해 접근할 수 있다. 문자열에서 인덱스를 통하 각각의 문자를 접근하였던 것처럼 리스트 역시 인덱스를 통해 각각의 요소에 접근할 수 있다. 아래의 표는 list = [1,2,['Hello','Python']]의 인덱스를 보여준다.

표 4-11 리스트의 인덱싱

	list = [1,2,['Hello','Python']]		
리스트 요소	1	2	['Hello', Python]
인덱스	0	1	2
리스트 요소			'Hello'	'Python'
인덱스			0	1

표 4-11을 통해 리스트가 어떻게 인덱싱이 되는지 이해할 수 있을 것이다. 리스트의 인덱스를 이용하여 리스트의 요소를 접근하거나 값을 변경 할 수 있다. 자세한 내용은 아래의 코드 4-7을 통해 이해할 수 있을 것이다.

```
1    #-*-coding:utf-8 -*-
2
3    list = [1,2,['Hello','Python']]
4
5    #리스트의 인덱스를 이용하여 요소값 출력
6    print list
7    print list[0]
8    print list[2]
9    print list[2][0],list[2][1]
10   print list[2][0][0],list[2][0][1],list[2][0][2],'\n\n'
11
12   #리스트의 인덱스를 이용하여 요소값 변경
13   list [0] = 5
14   list [1] = 'A'
15   list [2] = ['Happy','Programming']
16   print list
17   list[2][0] = 'Sad'
18   print list
```

코드 4-7 리스트의 인덱싱 (!)

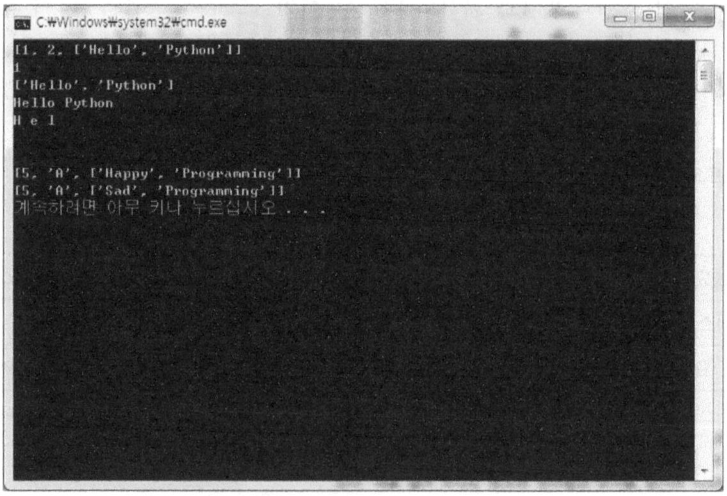

그림 4-28: 코드 4-7 실행결과

- line 3 : list = [1,2,['Hello','Python']] 선언.

- line 6 : list를 출력하는 코드이다. 실행결과를 보면 앞서 선언한 리스트 전체('[]'포
  함)가 출력된 것을 확인 할 수 있다.

- line 7 : 리스트의 인덱스를 이용하여 list의 첫 번째 요소인 1을 출력하는 코드이다. 인덱스의 시작은 0번부터 시작하고 이는 파이썬 언어에서 공통으로 적용된다.

- line 9 : list의 요소의 리스트를 출력하는 코드이다. 위의 코드에서 list[2]가 의미하는 것이 리스트 자료형이라는 것을 이해한다면 list[2][0]이 'Hello' 문자열을 가리키는 것을 알 수 있을 것이다. 이처럼 리스트의 요소로 리스트를 가지는 것을 이중 리스트 구조라고 한다.

- line 10 : 문자열을 요소로 가지는 리스트에 접근하여 문자를 하나씩 출력하는 코드이다.

- line 13~18 : 리스트의 인덱스를 이용하여 요소값에 접근하고 요소값을 변경하는 코드이다. line 14처럼 자료형의 관계없이 리스트의 요소값을 변경하는 것이 가능하고, line 15와 같이 요소값 리스트를 다른 리스트로 변경하는 것이 가능하다.

문자열에서 ':'문자를 이용하여 문자를 접근할 수 있다는 것을 배웠다. 당연히 리스트에서도 같은 방식으로 접근하는 것이 가능하다. 아래의 코드를 참조하면 쉽게 이해할 수 있을 것이다.

```
1   #-*-coding:utf-8 -*-
2
3   list = [1,2,['Hello','Python']]
4
5   #리스트의 인덱스를 이용하여 요소값 출력
6   print list
7   print list[1:2]
8   print list[:2]
9   print list[2:]
```

코느 4-8 리스트의 인덱싱 (2)

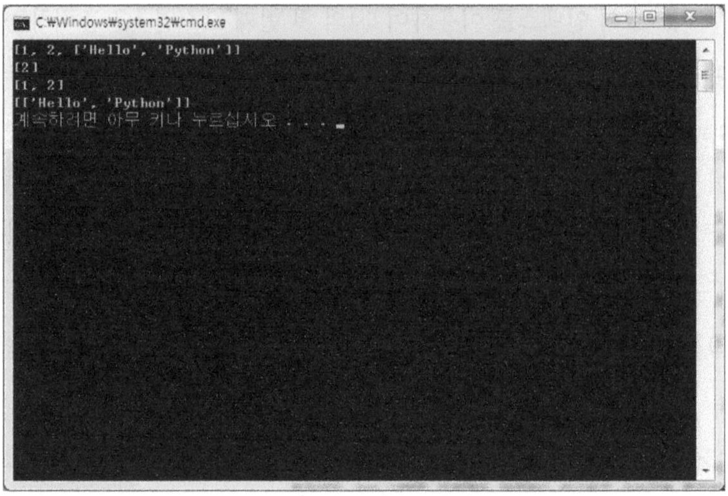

그림 4-29: 코드 4-8 실행결과

':'문자를 이용하여 리스트에 접근하는 방법은 ':'문자를 이용하여 문자열에 접근하는 방법과 완전히 동일하다. 때문에 코드 4-8 에 대한 해설은 생략하였다. 만약 이해가 되지 않는다면 코드 4-6 의 해설을 참조하기 바란다.

■ 리스트의 연산

리스트 역시 '+'연산자와 '*'연산자를 이용하여 연산을 수행할 수 있다. 연산의 결과는 문자열의 덧셈, 곱셈의 결과와 유사하다. 즉 리스트의 덧셈연산은 서로 다른 리스트의 요소를 합하여 하나의 리스트로 만들어주는 연산을 의미하고 곱셈연산의 경우 리스트의 반복을 의미한다. 아래의 코드는 리스트의 연산을 수행하는 코드를 보여준다.

```
1   #-*-coding:utf-8 -*-
2
3   list_1 = [1,2,3]
4   list_2 = ['A','Hello', 'Python']
5
6   #리스트 덧셈연산
7   print list_1+list_2,'\n'
8
9   #리스트 곱셈연산
10  print list_1*2
11  print list_2*2
```

코드 4-9 리스트의 연산

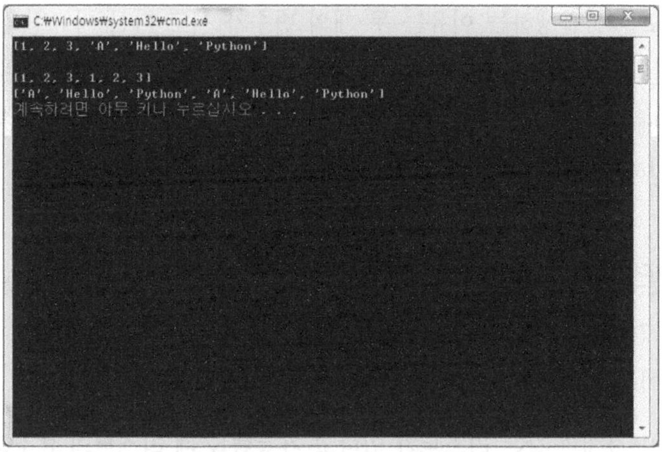

그림 4-30: 코드 4-9 실행결과

- **line 7** : 두 리스트의 덧셈연산이다. 결과를 보면 list_1과 list_2의 요소들이 하나의 리스트로 출력된 것을 알 수 있다.

- **line 10~11** : 두 리스트의 곱셈연산이다. 결과를 보면 각각의 리스트의 요소들이 두 번씩 반복되는 것을 알 수 있다.

코드 4-9 의 내용은 어렵지 않아서 이해하는데 큰 어려움은 없을 것이다. 하지만 연산을 수행할 때 가장 중요한 것은 자료형이 일치해야 한다는 것이다.

예를 들어 'list_1+1'과 같은 구문을 포함하여 실행하면 어떠한 결과를 얻을 수 있을까? 모든 리스트의 요소들의 값이 1씩 더해져 '[2,3,4]'와 같은 결과가 출력될 것 같지만 아래의 그림 4-31과 같은 오류가 발생하게 된다.

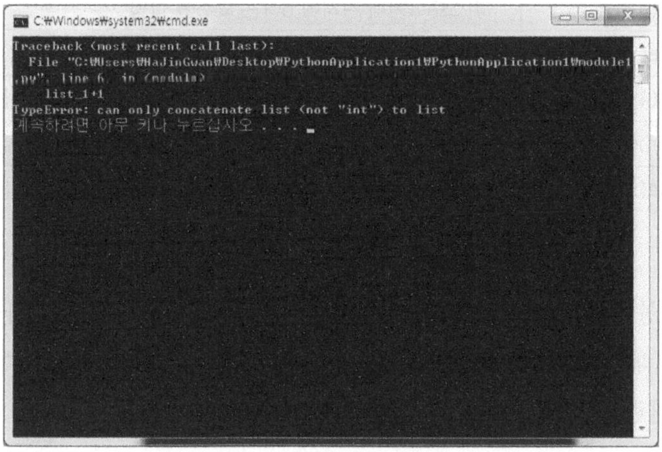

그림 4-31 list_1+1 구문 실행 결과

위와 같은 오류가 발생하는 이유는 두 개의 변수가 서로 다른 자료형을 가지고 있기 때문이다. list_1은 리스트 자료형, '1'은 숫자 자료형을 의미하기 때문에 위와 같은 오류가 발생한다. 때문에 파이썬 프로그래밍에서 연산을 수행할 때 자료형이 서로 일치하는지 반드시 확인해 보아야 한다.

■ 리스트 관련 함수

개인적인 의견이지만, 파이썬에서 가장 많이 사용되는 자료형은 리스트 자료형이라고 생각한다. 그 이유는 리스트 자료형이 사용하기 편리하기 때문이다.

만약, list= [1,5,9,3]과 같은 리스트가 있다고 가정했을 때 리스트의 요소값들을 오름차순 순으로 정력하고 싶다면 어떻게 해야 할까? 정렬알고리즘을 직접 구현하여 리스트의 요소들을 오름차순으로 정렬 할 수 있겠지만, 리스트에서는 'sort()' 함수를 이용하여 간단하게 리스트의 요소들을 정렬 할 수 있다. 이처럼 프로그래머가 자료형을 쉽게 컨트롤 할 수 있다는 것이 리스트의 가장 큰 장점일 것이다. 아래 표 4-12 는 리스트 자료형의 함수들을 나타낸 것으로 우선 어떠한 함수들이 있는지 살펴보자.

표 4-12 리스트 관련 함수

함수	설명
append(x)	리스트의 맨 마지막에 요소(x)를 추가
sort()	리스트의 요소를 순서대로 정렬
reverse()	리스트의 요소들을 역순으로 뒤집기
index(x)	리스트에 x라는 값이 있으면 x의 위치를 반환
insert(a,b)	리스트 a번째 위치에 b라는 요소를 삽입
remove(x)	리스트에서 첫 번째로 나오는 x를 삭제하는 함수
pop()	리스트의 맨 마지막 요소를 돌려주고 그 요소는 삭제하는 함수
count(x)	리스트 내에 x가 몇 개있는지 확인하여 개수를 반환하는 함수
extend(x)	x는 리스트만 올 수 있으며 원래의 리스트에 x를 더하는 함수

표 4-12를 통하여 어떠한 리스트 함수들이 존재하는지 알아보았다. 다음 코드 4-10, 4-11은 프로그래밍에서 리스트 관련 함수를 사용하는 방법을 보여준다. 아래의 코드를 통해 리스트 관련 함수를 더 잘 이해할 수 있을 것 이다.

```
1    #-*-coding:utf-8 -*-
2
3    #append
4    print 'append 함수'
5    list = [1,2,3]
6    list.append(4)
7    list.append(1)
8    list.append('A')
9    print list,'\n'
10
11   #sort
12   print 'sort 함수'
13   list = [1,5,9,3]
14   list.sort()
15   print list
16
17   list = ['d','c','b','a']
18   list.sort()
19   print list
20
21   list = ['banana', 'orange', 'melon', 'apple']
22   list.sort()
23   print list,'\n'
24
25   #reverse
26   print 'reverse 함수'
27   list = [1,2,3,4]
28   list.reverse()
29   print list
30
31   #index
32   print 'index 함수'
33   list = [1,2,3,4]
34   print list.index(1)
35   print list.index(3),'\n'
```

코드 4-10 리스트의 연산 (1/2)

```
36
37   #insert
38   print 'insert 함수'
39   list = ['a','b','c']
40   list.insert(0,'d')
41   print list
42   list.insert(4,'e')
43   print list,'\n'
44
45   #remove
46   print 'remove 함수'
47   list = [1,2,1,3]
48   list.remove(1)
49   print list
50   list.remove(3)
51   print list,'\n'
52
53   #pop
54   print 'pop 함수'
55   list = ['a','b','c','d']
56   list.pop()
57   print list
58   print list.pop(0)
59   print list
60
61   #count
62   print 'count 함수'
63   list = [1,2,1,3]
64   print list.count(1)
65   print list.count(2),'\n'
66
67   #extend
68   print 'extend 함수'
69   list = [1,2,3]
70   list2 = ['a','b']
71   list.extend(list2)
72   print list,'\n'
```

코드 4-11 리스트의 연산 (2/2)

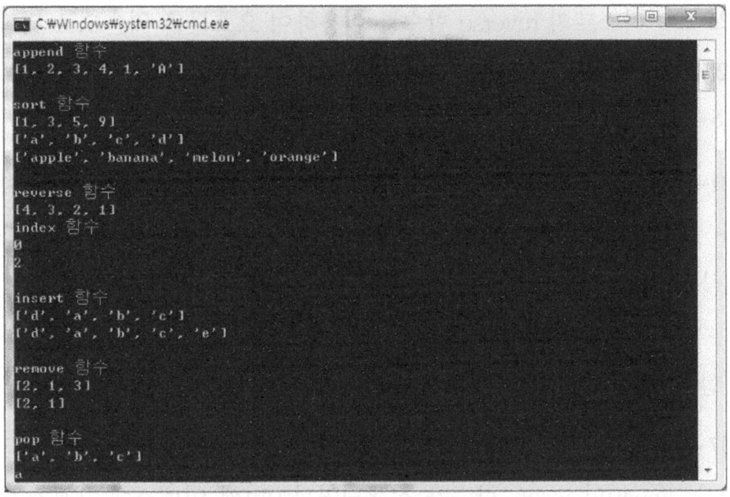

그림 4-32: 코드 4-10 실행결과 (1/2)

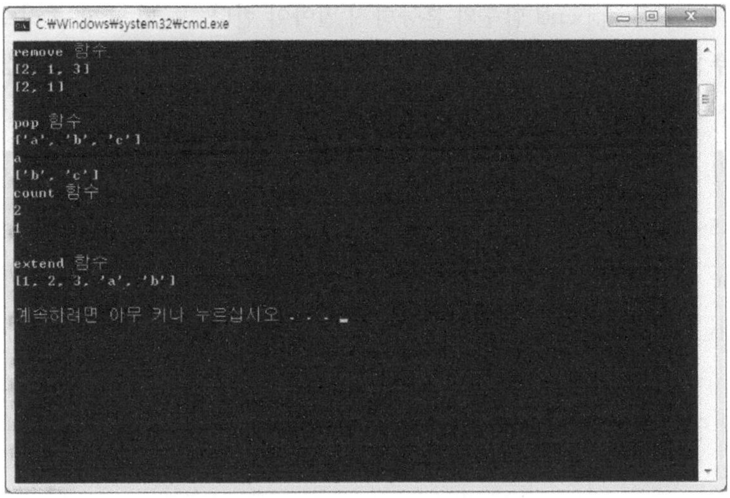

그림 4-33: 코드 4-11 실행결과 (2/2)

- line 4~9 : 리스트의 append 함수를 이용하여 요소를 추가하는 코드이다. 실행결과 를 보면 append 함수를 이용하여 요소를 추가하는 경우 추가되는 요소는 마지막 인 덱스에 위치하게 되고 추가하는 요소의 자료형, 중복에 관계없이 요소를 추가하는 것이 가능하다.

- line 12~23 : 리스트의 sort 함수를 이용하여 리스트에 저장된 요소를 오름차순으로 정렬하는 코드이다. 실행결과를 보면 숫자 자료형뿐만 아니라 문자, 문자열 역시 오 름차순으로 정렬되는 것을 확인 할 수 있다.

- line 25~29 : 리스트의 reverse 함수를 이용하여 요소들을 역순으로 뒤집는 코드이다. 1,2,3,4 순으로 저장된 리스트의 요소들이 reverse 실행 이후, 4,3,2,1 순으로 뒤집어 출력된 것을 알 수 있다.

- line 31~35 : 리스트의 index 함수를 이용하여 리스트의 요소의 위치를 확인하는 코드이다. 1은 리스트의 0번째 인덱스에 위치하고 3은 리스트에 2번째 인덱스에 위치한다. 실행결과로 1과 3의 인덱스의 위치가 출력된 것을 확인 할 수 있다. 만약 리스트의 존재하지 않는 요소를 함수의 입력으로 사용한다면, 오류가 발생하게 되므로 index 함수를 사용할 때 주의해야 한다.

- line 37~43 : 리스트의 insert 함수를 이용하여 원하는 인덱스에 요소값을 삽입하는 코드이다. line40의 insert 함수가 실행되면서 0번째 인덱스에 'd'요소가 추가되고 line42의 insert 함수에 의해서 4번째 인덱스에 'e'요소가 삽입된 것을 확인 할 수 있다. 추가적으로 append 함수와 혼동하지 말아야 한다. 두 함수 모두 리스트에 요소값을 추가한다는 공통점이 있지만 append 함수는 삽입하고자 하는 요소의 위치를 결정할 수 없지만 insert 함수는 삽입하고자 하는 요소의 인덱스를 결정 할 수 있다는 것이 차이점이다.

- line 45~51 : 리스트의 remove 함수를 이용하여 리스트의 요소를 삭제하는 코드이다. line 48을 보면 remove 함수를 이용하여 요소값 1을 삭제하게 되는데 요소값이 중복되는 경우 첫 번째 요소만 삭제된다. 실행결과를 보면 [2,1,3]이 출력된 것을 확인 할 수 있다. remove 함수도 index 함수와 마찬가지로 존재하지 않는 요소값을 함수의 입력으로 전달하는 경우 오류가 발생하므로 remove 함수 사용 시 주의가 필요하다.

- line 53~59 : 리스트의 pop 함수를 이용하여 리스트의 마지막 요소값을 삭제하는 코드이다. pop 함수는 리스트의 마지막 요소값을 삭제하고 삭제된 값을 출력하게 된다. 이는 remove 함수와의 차이점으로 pop 함수를 사용할 시 인덱스를 함수의 입력으로 전달하면 해당 인덱스의 요소가 삭제되고 삭제된 요소값을 함수의 출력으로 반환한다. 실행결과를 참고하면 쉽게 이해할 수 있을 것이다.

- line 61~65 : count 함수는 리스트의 요소의 값이 몇 개 있는지 계산하여 출력해주는 함수이다. line 63을 보면 리스트에 [1,2,1,3]의 요소가 들어있다. line 64의 코드에 의해서 리스트의 1의 요소값이 몇 개있는지 출력이 되고 결과로 2가 출력되는 것

을 실행결과를 통해 확인 할 수 있다.

- line 67~72 : extend 함수는 리스트의 덧셈(+)연산과 동일한 역할을 한다. [1,2,3]과 ['a','b'] 두 개의 리스트가 extend 함수에 의하여 [1,2,3,'a','b']로 합쳐진 것을 실행결과를 통해 확인 할 수 있다.

코드 4-10 과 4-11을 통해 알 수 있듯이 리스트의 함수를 이용하여 다양한 작업을 할 수 있다. 리스트의 함수들을 조합하여 본인이 원하는 내용을 쉽게 구현할 수 있을 것이다. 예를 들어, sort 함수는 오름차순으로 정렬해 주지만 경우에 따라 내림차순으로 요소들을 정렬해야 하는 경우가 있을 것이다. 이러한 경우 sort 함수를 이용하여 오름차순으로 정렬하고 reverse 함수를 이용하여 요소값을 뒤집는 다면 자연스럽게 요소들은 내림차순으로 정렬될 것이다. 이처럼 리스트의 함수들을 조합하여 사용 할 수 있다.

지금까지 리스트 자료형의 사용법, 연산, 함수들을 공부하였다. 리스트 자료형은 파이썬 프로그래밍에서 매우 빈번하게 사용되므로 리스트를 완벽히 이해될 때 까지 학습해야 한다.

4.3.5 튜플 자료형

튜플 자료형은 리스트의 자료형과 매우 유사하지만 몇 가지 주요한 차이점이 있다. 이러한 차이점만 이해한다면 튜플 자료형을 쉽게 이해할 수 있을 것이다.

튜플과 리스트의 주요한 차이점은 아래와 같은 두 가지 이다.

① 튜플은 '(요소1, 요소2)' 소괄호 안에 요소들을 선언한다.
② 튜플은 요소들의 생성, 삭제, 수정이 불가능하다.

첫 번째로 튜플은 소괄호 안에 요소들을 선언하여 사용한다. 아래의 표 4-13은 튜플 자료형의 다양한 선언 방법을 나타낸다. 리스트의 경우 대괄호 안에 요소 값들을 선언하여 리스트를 사용하였지만 튜플은 소괄호 안에 요소들을 선언하여 사용한다.

표 4-13 튜플 선언 예시

튜플 선언 예시	설명
t = ()	비어있는 튜플 생성
t = (1,3,5)	홀수 숫자들을 저장하는 튜플 생성
t = (1,2,'Hello',Python')	숫자형과 문자열 자료형을 저장하는 튜플 생성
t = (1,2,('Hello','Python'))	t의 요소로 숫자와 튜플을 저장

두 번째로 튜플의 요소들은 생성, 삭제, 수정이 불가능하다. 만약 튜플의 요소들을 아래의 코드 4-12처럼 변경하고자 한다면 어떻게 될까?(튜플의 요소들은 리스트와 같은 인덱싱 방법으로 접근할 수 있다.) 바로 그림 4-34, 4-35처럼 오류를 발생하게 된다.

```
1    #-*-coding:utf-8 -*-
2
3    #튜플 선언
4    t = (1,2,3)
5    #튜플의 요소 변경 (오류발생)
6    t[0] = 10
7    #튜플의 요소 값 삭제 (오류발생)
8    del t[0]
```

코드 4-12 튜플의 요소값 변경 및 삭제 (오류발생)

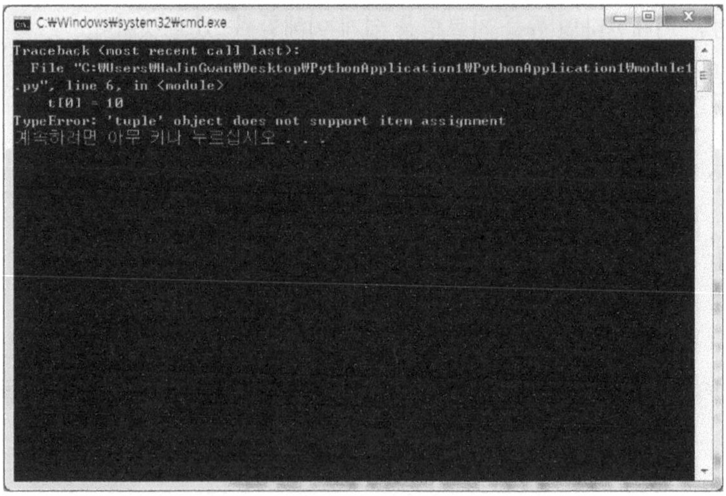

그림 4-34 튜플의 요소값 변경 시 발생하는 오류

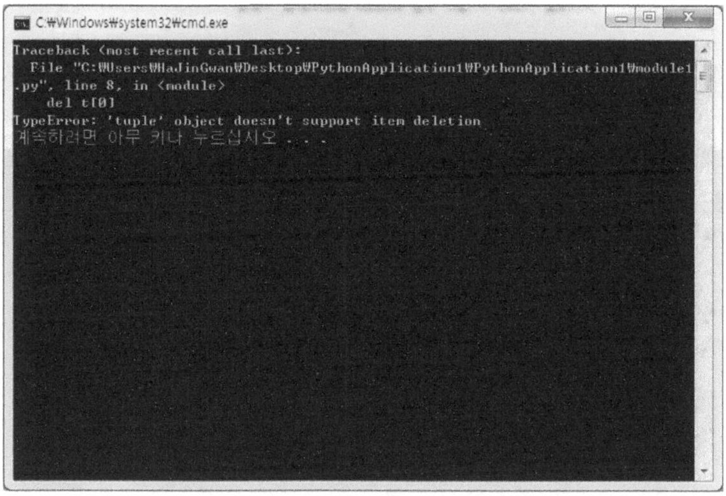

그림 4-35 튜플의 요소값 삭제 시 발생하는 오류

튜플과 리스트의 차이점을 살펴보았다. 그리 어려운 내용은 아니므로 쉽게 이해할 수 있었을 것이다. 앞서 튜플과 리스트는 상당히 유사하다고 했는데 그러한 이유는 튜플 역시 인덱싱을 통해 요소값에 접근 할 수 있고, 덧셈과 곱셈연산이 가능하기 때문이다. 아래의 코드 4-13은 튜플을 이용하여 인덱싱, 덧셈 곱셈 연산을 수행하는 코드이다. 아래의 코드를 통해서 튜플과 리스트의 유사함을 확인 할 수 있을 것이다.

```python
1    #-*-coding:utf-8 -*-
2
3    t1 = (1,2,3,4)
4    t2 = ('Hello','Python')
5
6    #튜플 인덱싱
7    print t1[0]
8    print t1[1:4]
9    print t1[:2],'\n'
10
11   #튜플 덧셈연산
12   print t1+t2
13   print t1[2:] + t2,'\n'
14
15   #튜플 곱셈연산
16   print t1*2
17   print t2*2,'\n'
```

코드 4-13 튜플 자료형의 인덱싱 및 연산

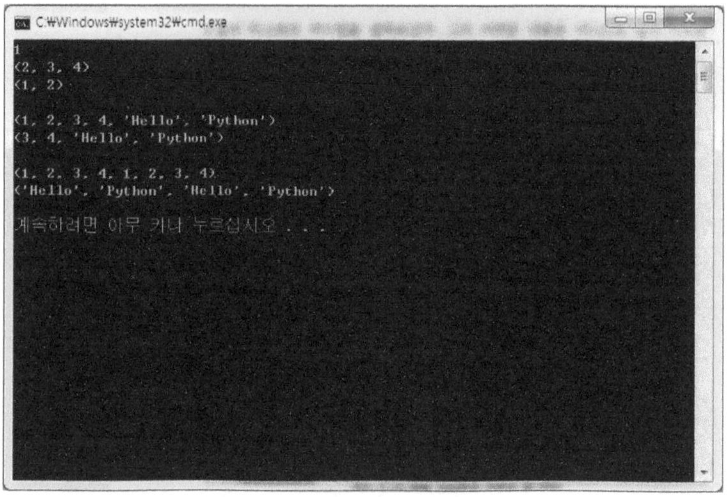

그림 4-36 코드 4-13 실행결과

코드 4-13은 별도의 설명이 없어도 쉽게 이해할 수 있을 것이다.

그렇다면 궁금증이 생길 것이다. 리스트에 비해서 튜플은 큰 이점이 없는 것처럼 보인다. 그렇다면 튜플은 어떤 경우에 사용을 하는지 궁금할 것이다. 예를 들어 프로그램에서 사용자들의 주민등록번호를 관리한다고 가정해보자. 이때, 사용자들의 주민등록번호를 리스트 자료형을 이용하여 관리하는 것이 효율적일까 아니면 튜플 자료형을 이용하여 관리하는 것이 효율적일까? 정답은 튜플 자료형이다. 가장 큰 이유는 주민등록번호는 변경 되선 안 되는 자료이기 때문이다. 예를 들어 리스트 자료를 이용하여 주민등록번호를 관리할 경우 프로그래머의 실수로 인하여 그 값이 변경될 가능성이 있다. 이러한 경우에 변경된 사실을 알아차리기 힘들지만 튜플 자료형의 경우 프로그래머의 실수로 값을 변경하면 오류를 발생하기 때문에 쉽게 주민등록번호가 변경된 사실을 발견 할 수 있을 것이다. 이처럼 튜플은 변경되지 않아야 하는 자료들을 관리할 때 매우 효율적으로 이용될 수 있다.

4.3.6 딕셔너리 자료형

개인적인 의견이지만 파이썬에서 가장 중요한 자료형 두 가지를 선택하라고 한다면, 아마도 많은 사람들이 리스트와 딕셔너리 자료형을 선택할 것이다. 딕셔너리 자료형은 'Key'와 'Value'의 구조로 이루어져 있다. 이러한 구조로 인해서 자료를 효율적으로 표현할 수 있어 리스트 자료형과 더불어 가장 중요한 자료형이라고 할 수 있다. 딕셔너리는 단어 그대로 해석하면 사전이라는 뜻이다. 즉, soccer에 '축구', baseball에 '야구'라는 뜻이 부합되듯이 딕셔너리는 Key와 Value를 한 쌍으로 가지는 것이다. 그럼 본격적으로 딕셔너리 자료형의 구조와 사용법에 대해서 알아보자.

▪ 딕셔너리 자료형 구조

딕셔너리 자료형은 'Key'와 'Value'가 쌍을 이루는 구조로 되어있다. 리스트와 튜플은 각각 대괄호와 소괄호를 이용하여 선언하였지만 딕셔너리 구조는 아래의 표 4-14와 같이 중괄호를 이용하여 딕셔너리 자료형을 선언한다.

표 4-14 딕셔너리 자료형 선언 예시

딕셔너리 선언	설명
dic = {key:value, key:value}	기본적인 딕셔너리 자료형 생성
dic = {1:'Hello'}	key 값이 1이고 value가 Hello인 딕셔너리 자료형 생성
dic = {'a':[1,2,3]}	key 값이 a이고 value가 리스트인 딕셔너리 자료형 생성

위의 표 4-14를 보면 알 수 있겠지만 value의 값은 숫자형, 정수형 리스트 등 자료형의 관계없이 value값을 선언 할 수 있다. key는 말 그대로 value의 값에 접근하기 위한 '키'로 사용된다. 딕셔너리가 어떻게 사용될 수 있는지 확인해보자.

▪ 딕셔너리 자료형 사용방법

앞서 딕셔너리 자료구조는 'key'와 'value'구조의 쌍으로 되어있다. 'key'를 통해 'value'의 값에 접근하게 되고 다시 말하면, key, 또는 value가 단독으로 존재 할 수 없음을 의미한다. 아래의 코드들을 통해서 자세히 이해 할 수 있을 것이다.

```
1    #-*-coding:utf-8 -*-
2
3    dic = {1:'hello'}
4
5    #딕셔너리 쌍 추가
6    print dic
7    dic[2] = 'python'
8    print dic,'\n'
9
10   #딕셔너리 Value 변경
11   dic[1] = 'hi'
12   print dic,'\n'
13
14   #딕셔너리 요소 삭제
15   del dic[1]
16   print dic,'\n'
```

코드 4-14 딕셔너리 자료형의 사용법 (1)

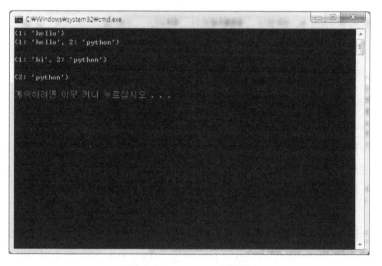

그림 4-37 코드 4-14 실행결과

- line 3 : 딕셔너리 자료구조 선언.

- line 5~8 : key=2, value가 'python'인 딕셔너리 key, value 쌍 추가. 딕셔너리 자료
  구조에서 key, value쌍 추가는 dic[key] = value와 같이 추가 할 수 있다. line8의 실
  행결과를 보면 line7에 의해서 key = 2이고 value = 'python'인 딕셔너리 쌍이 추가
  된 것을 확인 할 수 있다.

- line 10~12 : dic의 key값인 1을 이용하여 key값 1에 해당하는 value를 'hi'로 변경
- line 14~16 : del 키워드를 이용하여 dic의 key값 1에 해당하는 value를 삭제 출력결과를 보면 key와 value가 모두 삭제된 것을 알 수 있다.

위의 코드를 통해 딕셔너리 자료형의 사용법에 대하여 배웠다. 하지만 위의 코드는 딕셔너리 자료형의 장점을 제대로 활용하지 못한 경우이다. 예를 들어 4개의 스포츠 종목이 있다고 가정하자. 각자 스포츠 종목의 경기인원을 표현할 수 있는 가장 자료형은 무엇일까? 리스트나 문자열로는 표현하기가 가장 까다로울 것이다. 하지만 파이썬의 딕셔너리 자료형을 사용한다면 쉽게 표현이 가능하다. 아래의 예를 보자.

```
{'Soccer':11, 'Baseball':9, 'Basketball':5, 'Volleyball':6}
```

위와 같이 스포츠종목을 'Key'로 경기인원을 'Value'로 하는 딕셔너리이다. 만약 이러한 형태의 자료를 리스트, 혹은 문자열 등 다른 자료형을 이용하여 표현하려면 상당히 까다로울 것이다. 위와 같이 딕셔너리 자료형을 이용하면 표현하기 힘든 자료의 형태도 쉽게 표현 할 수 있다. 아래의 코드를 통해 딕셔너리 자료형의 장점을 알아보자.

```python
 1   #-*-coding:utf-8 -*-
 2
 3   sports = {'Soccer':11, 'Baseball':9, 'Basketball':5, 'Volleyball':6}
 4
 5   print '축구 경기인원 : ',sports['Soccer']
 6   print '야구 경기인원 : ',sports['Baseball'],'\n'
 7
 8   total    =   sports['Soccer']   +   sports['Baseball']   +sports['Basketball']
 9   +sports['Volleyball']
10   print '총 경기인원 : ',total
11
12   #딕셔너리 자료형 사용시 주의사항
13   #Key가 중복되는 경우
14   dic = {1:'a',1:'b'}
15   print dic, '\n\n'
16
17   #key를 리스트로 사용하는 경우
18   dic = {[1,2]:'A'}
     print dic
```

코드 4-15 딕셔너리 자료형 사용법(2)

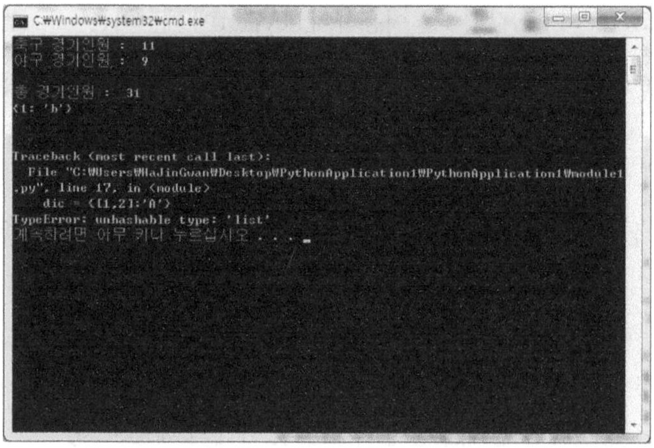

그림 4-38: 코드 4-15 실행결과

- line 3 : sports 변수에 스포츠 종목의 이름을 Key로 사용하고 경기 인원수를 Value로 사용하는 딕셔너리 자료형 선언

- line 5~6 : 스포츠 종목 이름을 Key값으로 사용하여 인원수를 출력하는 코드. 인덱스를 이용하여 접근하는 방식보다 훨씬 직관적이고 가독성이 높은 것을 알 수 있다.

- line 8~9 : 모든 종목의 인원수의 총 합을 구하는 코드. Key값을 통해 Value를 접근하기 때문에 사용자의 실수를 줄일 수 있고 인덱싱을 통해 접근하는 방식보다 훨씬 직관적이다.

- line 11~18 : 딕셔너리 자료형을 사용할 때 주의사항을 나타내는 코드이다. line 13처럼 Key값을 중복하여 사용하게 되면 하나를 제외한 나머지 것들이 모두 무시되지만 어떠한 것이 무시될지는 예측 할 수 없다. 때문에 리스트 Key의 중복은 반드시 피해야 한다. 딕셔너리의 Key는 다양한 자료형(숫자, 문자, 문자열)이 가능하지만 리스트 자료형을 딕셔너리의 Key로 사용 할 수 없다. 리스트를 Key로 사용한다면 실행결과처럼 오류를 발생할 것이다. 딕셔너리 자료형을 사용 시, 위의 두 가지를 주의해야 한다.

■ 딕셔너리 관련 함수

딕셔너리 자료형을 효율적으로 사용하기 위해서 딕셔너리가 자체적으로 가지고 있는 관련 함수들의 사용법을 익혀야 한다. 아래의 표 4-15는 딕셔너리 자료형의 함수 목록을 나타내고 구체적인 사용법은 이어지는 코드를 통해 알아보도록 하자.

표 4-15 딕셔너리 자료형의 함수 목록

함수	설명
values()	Value 리스트 만들기
items()	Key, Value 쌍 얻기
clear()	Key : Value 쌍 모두 지우기
get()	Key Value 쌍 모두 지우기
in	Key가 딕셔너리 안에 있는지 조사

```
1   #-*-coding:utf-8 -*-
2
3   person = {'name':'bill','age':26,'Major':'computer'}
4
5   #keys 함수
6   key_list = person.keys()
7   print key_list
8   print person[key_list[0]], person[key_list[1]], person[key_list[2]],'\n'
9
10  #values 함수
11  value_list = person.values()
12  print value_list,'\n'
13
14  #items 함수
15  item = person.items()
16  print item, '\n'
17
18  #get
19  print person.get('name'), person['name']
20  print person.get('age'), person['age'], '\n'
21
22  #in
23  print 'name' in person
24  print 'height' in person , '\n'
25
26  #clear
27  person.clear()
28  print person
```

코드 4-16 딕셔너리 자료형 관련 함수

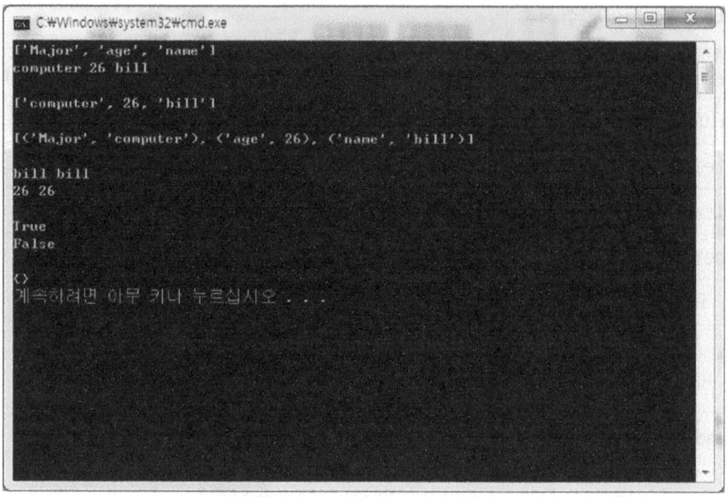

그림 4-39: 코드 4-16 실행결과 화면

- **line 3** : person 딕셔너리 선언, Key name, age, major를 가지고 value로는 bill, 26, computer를 가진다.

- **line 5~8** : 딕셔너리의 Key 함수를 이용하여 Key 값을 리스트 자료형으로 반환한다. line 7을 보면 Key 값들이 리스트의 형식으로 출력된 것을 확인 할 수 있고 line 8은 리스트의 Key 값을 통해 person 딕셔너리의 Value를 출력한다.

- **line 10~12** : person 딕셔너리의 value 값을 리스트 자료형으로 반환한다. line 12를 보면 person 딕셔너리의 value가 리스트의 형식으로 출력된 것을 확인 할 수 있다.

- **line 14~16** : item 함수를 통해 person 딕셔너리의 Key, Value 쌍을 반환

- **line 18~20** : get 함수를 인자로 Key 값을 전달하여 딕셔너리의 Value를 반환. get 함수의 key값을 전달하여 value에 접근하는 방식과 '[key]'를 통해 value에 접근하는 방식이 서로 동일한 결과를 가진다.

- **line 22~24** : 'in' 키워드를 통해 person 딕셔너리에 Key의 존재 여부를 확인한다. person 딕셔너리에 Key값이 있으면 True, 없으면 false를 반환한다. 실행결과를 보면 person 딕셔너리에 'name' 이라는 Key가 존재하므로 True를 반환하고 'height'라는 Key가 존재하지 않으므로 false를 반환한다.

- line 26~28 : clear 함수를 통해 해당 딕셔너리의 모든 Key, Value쌍을 삭제한다. 실행결과 화면을 보면 clear 함수 이후 모든 Key, Value쌍이 삭제되어 출력된 것을 확인 할 수 있다.

파이썬 언어에서 딕셔너리 자료형과 리스트 자료형은 매우 빈번이 사용되고 그 중요도 또한 매우 높다. 때문에 두 가지 자료형의 사용법을 정확히 알아야지 효율적인 프로그래밍이 가능하다.

4.3.7 집합 자료형

집합 자료형은 너무나 당연하지만 집합에 관련된 것들을 쉽게 처리하기 위해 만들어진 자료형이다. '집합'하면 가장 먼저 떠오르는 특징은 무엇일까? 바로 순서가 없고 중복을 허용하지 않는다는 것이다. 그렇다면 집합 자료형은 어떻게 선언 할 수 있을까? 집합 자료형은 아래의 표 4-16과 같이 set키워들을 이용하여 선언 할 수 있다.

표 4-16 집합 자료형의 선언

집합 자료형 선언
s1 = set([1,2,3])
s2 = set('Hello')

집합 자료형은 표 4-16과 같이 set()의 괄호 안에 리스트를 입력하여 만들거나 아래와 같이 문자열을 입력하여 만들 수도 있다. 다음은 집합자료형의 특징에 대해서 알아보자.

■ 십합 자료형의 특징

앞서 집합 주요한 두 가지 특징에 대해서 언급하였다. 첫 번째로는 중복을 허용하지 않는 것이고 두 번째로는 순서가 없다는 것이다. 이러한 특징이 프로그래밍에 어떻게 작용되는지 아래의 코드를 통해 확인해 보자.

```
1    #-*-coding:utf-8 -*-
2
3    s1 = set([1,2,3,1])
4    print s1
5
6    s2 = set('Hello python')
7    print s2
```

코드 4-17 집합자료형의 특징

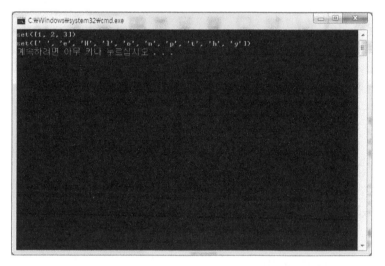

그림 4-40: 코드 4-17 실행결과 화면

- line 3~4 : set()을 이용하여 집합 자료형을 선언한다. 출력결과를 보면 집합의 특징
  을 알 수 있을 것이다. 선언을 할 때 1을 중복되어 선언하였지만 출력결과 중복된
  요소는 하나만 출력된 것을 알 수 있다.

- line 6~7 : set()을 이용하여 문자열을 집합의 요소로 선언 한 것이다. 출력결과를
  보면 순서와 관계없이 요소들이 나열되어 있고 중복된 'i' ,'o'는 한번 만 출력된 것을
  알 수 있다.

집합 자료형의 특성상 중복을 허용 하지 않는다. 이러한 특성은 자료들의 중복을 제거
하는 필터의 용도로 사용될 수 있음을 의미한다. 이러한 특성을 이용하여 프로그래밍의
효율성을 높일 수 있다.

■ 집합 자료형 사용방법

집합의 연산으로는 교집합, 합집합, 차집합 등이 있다. 집합 자료형을 이용하여 어떻게 위와 같은 연산을 하는지 다음 코드를 통해 확인해보자.

```
1    #-*-coding:utf-8 -*-
2
3    s1 = set([1,2,3])
4    s2 = set([3,4,5])
5
6    #집합 자료형의 교집합 연산
7    print s1.intersection(s2)
8    print s1 & s2, '\n'
9
10   #집합 자료형의 합집합 연산
11   print s1.union(s2)
12   print s1 | s2, '\n'
13
14   #집합 자료형의 차집합 연산
15   print s1.difference(s2)
16   print s2.difference(s1)
17   print s1-s2
18   print s2-s1,'\n'
```

코드 4-18 집합자료형의 사용방법

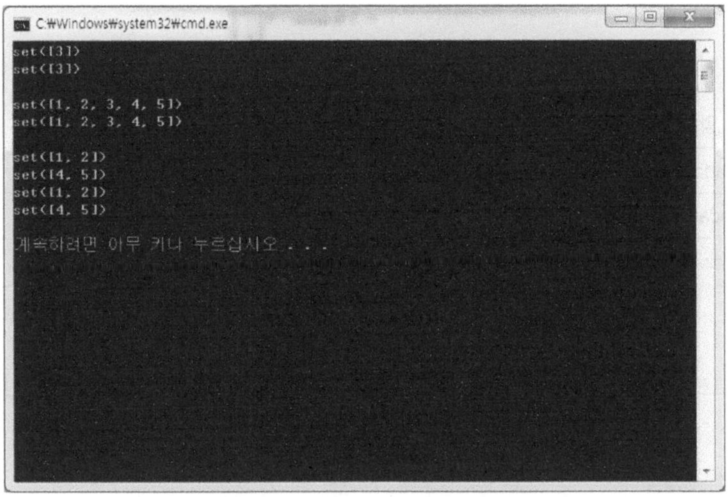

그림 4-41: 코드 4-18 실행결과 화면

- line 3~4 : 서로 다른 요소를 가지는 집합 자료형 선언

- line 6~8 : 집합자료형 s1과 s2의 교집합 연산. line 7처럼 intersection() 함수를 통해 두 집합의 교집합 연산을 할 수 있지만 line 8처럼 '&'기호를 통해 간단히 교집합 연산을 할 수 있다.

- line 10~12 : 집합자료형 s1과 s2의 합집합 연산. line 11처럼 union() 함수를 이용하여 두 집합의 합집합 연산을 할 수 있지만 line 12처럼 '|' 기호를 통해 간단히 합집합 연산을 할 수 있다.

- line 15~18 : 집합자료형 s1과 s2의 차집합 연산. line 15와 line 16처럼 difference() 연산을 이용하여 각각의 차집합을 계산할 수 있다. 또한 '-' 기호를 통해 두 집합의 차집합을 구할 수 있다.

■ 집합 자료형 관련함수

앞서 집합 자료형을 선언하고 사용하는 방법에 대해서 알아보았다. 이번에는 집합 자료형 관련 함수들이 어떠한 것이 있는지 알아보고 사용법에 대해서 알아볼 것이다. 집합 자료형 관련 함수들은 앞선 리스트, 딕셔너리 자료형에서 사용되는 함수에 비하여 간단하므로 쉽게 이해 할 수 있을 것이다. 아래의 표 4-17은 집합 자료형에서 사용되는 함수를 나타낸다.

표 4-17 집합 자료형 함수 목록

함수	설명
add()	이미 선언된 집합 자료형에 값 1개를 추가하기
update()	이미 선언된 집합 자료형에 여러 개의 값 추가하기
remove()	집합 자료형의 특정 값 제거하기

아래의 코드를 통해 집합 자료형 함수들이 어떻게 사용되는지 확인 할 수 있다.

```
1    #-*-coding:utf-8 -*-
2
3    s1 = set([1,2,3])
4
5    #add 함수
6    s1.add(4)
7    print s1,'\n'
8
9    #update 함수
10   s1.update([5,6,7])
11   print s1,'\n'
12
13   #remove 함수
14   s1.remove(7)
15   print s1,'\n'
```

코드 4-19 집합자료형의 함수 사용법

그림 4-42: 코드 4-19 실행결과 화면

- line 3 : 집합 자료형 s1 선언.

- line 5~7 : add 함수를 통해 s1 집합에 요소 값 4 추가. 출력결과를 보면 s1 집합에 요소 값 4가 추가되어 출력된 것을 확인 할 수 있다.

- line 9~11 : update 함수를 통해 여러 개의 요소값을 한 번에 추가. add 함수와 달리 여러 개의 요소를 추가 할 수 있다.

- **line 13~15** : remove 함수를 통해 요소값 7을 삭제하는 코드. 출력 결과를 보면 s1 집합에서 7이 삭제되어 출력된 것을 확인 할 수 있다.

지금까지 파이썬에서 사용하는 다양한 자료형을 알아보았다. 모든 프로그래밍 언어에서 자료형은 중요하고 프로그램의 근간이 되기 때문에 확실히 이해하지 않으면 좋은 프로그램을 만들 수 없다. 많은 연습을 통해서 자료형들에 익숙해지기를 바란다.

C H A P T E R

5

OpenCV

5.1 OpenCV 개요
5.2 OpenCV 프로그래밍

이번 Chapter에서는 OpenCV 라이브러리에 대한 기본적인 개념과 OpenCV를 windows환경에 설치하는 방법에 대해서 설명한다. 또한, OpenCV 라이브러리의 이해를 돕기 위해 OpenCV 구조체 및 주요 함수에 대해서 설명하고 이를 이미지 또는 동영상에 적용하는 방법에 대하여 배울 것 이다.

5.1 OpenCV 개요

OpenCV 라이브러리 설명에 앞서 Computer Vision의 용어를 이해 할 필요가 있다. Computer Vision의 정의는 '시각(Vision) 능력을 통해 영상 정보를 받아들인 컴퓨터가 주변 물체와 환경 속성에 대한 이미지를 분석해서 유용한 정보를 생성하는 기술'로 정의된다. 즉, 이미지를 통해 정보를 생성하기 위해서는 이미지를 여러가지 방법으로 분석해야 되는데, OpenCV 라이브러리는 다양한 이미지처리를 프로그램으로써 간단히 구현할수 있도록 도와주는 역할을 한다. 또한 OpenCV는 C/C++ 기반의 라이브러리로 효율적이며 가볍다는 장점과 무료로 사용이 가능하다는 큰 장점이 있다.

5.1.1 OpenCV 소개 및 라이브러리

OpenCV(Open Source Computer Vision)는 영상과 비디오 분석에 최적화된 500개 이상의 알고리즘을 포함한 오픈소스 C 라이브러리로써 가장 널리 사용되는 Computer Vision 라이브러리이다. 학계와 산업 분야에서 광범위하게 쓰이는 수백 가지 영상처리와 비전 함수를 포함한다. 카메라가 저렴해지고 영상 기능이 수요에 맞춰 증가함에 따라, OpenCV를 활용한 애플리케이션의 범위가 상당히 늘어나고 있다.

5.1.2 OpenCV 2.4.11 설치 및 Visual Studio 2012에서 OpenCV 사용

그림 5-1은 OpenCV 홈페이지의 메인화면이다. OpenCV 홈페이지에서 다양한 버전의 OpenCV 라이브러리를 다운받을 수 있을 뿐만 아니라 업데이트 내용, 튜토리얼, API Reference 등 다양한 정보를 제공한다. 영상처리에 관심이 있고 OpenCV를 공부하는 학생이라면 아래의 홈페이지를 자주 방문하는 것을 권장한다.

그림 5-1 OpenCV 메인 홈페이지

(1) OpenCV 2.4.11 Version 다운로드

본 교재에서는 2015년 2월에 배포된 OpenCV 2.4.11을 Visual Studio 2012에 설치하고 실습을 진행 할 것이다. 먼저 홈페이지에 접속하여 Download 항목을 클릭한다. Download 항목을 클릭하면 아래에 다양한 버전의 OpenCV를 확인 할 수 있다. 이 중 아래의 그림과 같이 VERSION 2.4.11 의 OpenCV for Windows 버튼을 클릭한다. OpenCV for Windows를 클릭하면 자동적으로 다운로드가 진행 될 것이고 opencv-2.4.11.exe 실행파일이 다운로드 경로에 저장 될 것이다. 다운받은 실행 파일을 실행 시하면 다음과 같이 압축을 해제 할 경로를 입력하는 상자가 나타난다. (본 교재에서는 C:₩ 하위 디렉토리에 압축을 해제하여 다운로드를 진행하였다.) 경로를 지정 한 후 'Extract' 버튼을 클릭하여 압축을 해제한다.

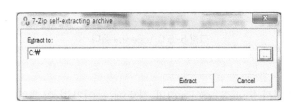

그림 5-2 OpenCV 압축해제 경로 지정

그림 5-3 OpenCV Version 2.4.11

실행이 완료되면 압축을 해제한 경로에 그림 5-4처럼 'opencv'폴더가 생성되고 하위
폴더에는 그림 5-5처럼 'build'와 'sources'폴더가 생성되어 있는 것을 확인 할 수 있다.

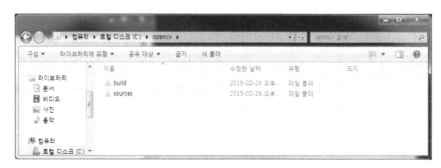

그림 5-4 opencv 압축해제 경로

그림 5-5 C:\opencv 폴더

그림 5-5의 경로에서 [build]-[x86]-[vc12] 경로에 들어가면 아래의 그림과 같이 [bin],
[lib], [staticlib] 세 개의 폴더가 있는 것을 확인 할 수 있다. [bin]폴더의 경우에는
OpenCV 2.4.11 버전에서 사용 할 .dll파일들이 정의되어 있고 lib는 라이브러리 파일,

staticlib 폴더의 경우에는 정적 라이브러리들이 선언되어 있다. 앞에서의 [x86]은 window의 32bit 환경을 의미하고 [vc12]는 visual studio 2012를 의미한다. 이는 본인의 OpenCV를 사용하는 환경에 맞게 사용 하면 된다.

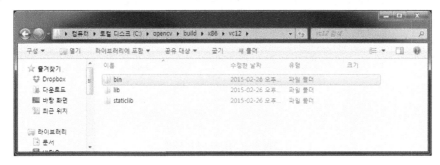

그림 5-6 C:\opencv\build\x86\vc12 경로

(2) 환경변수 설정

본 교재에서는 OpenCV를 Cmake를 통해 빌드하지 않고 소스가 미리 빌드 되어있는 'C:\opencv\build' 폴더를 사용하여 환경변수를 설정할 것이다. [제어판] → [시스템] → [고급시스템 설정]을 차례로 클릭 한 다음 [환경 변수]를 선택하면 그림 5-7과 같은 창을 얻을 수 있을 것이다.

그림 5-7 환경변수 설정

그림 5-7에서 에서 위쪽에 있는 '새로 만들기' 버튼을 추가하여 변수이름은 OPENCV_ BUILD, 변수 값은 C:₩opencv₩build로 지정한다. 변수의 이름은 본인이 원하는 대로 지정 할 수 있으나, 한글이름은 포함 할 수 없다. 변수 값은 경로를 의미하며 앞에서 OpenCV 압축을 해제한 경로에 있는 build폴더로 경로를 지정해주면 된다(각각의 사용 자에 따라 변수 값은 달라 질 수 있다.).

그림 5-8 사용자 변수 선언

각자 본인의 환경에 맞게 build경로를 설정한 다음 확인 버튼을 선택하면 '사용자'에 대한 사용자 변수가 추가된 것을 그림 5-9에서 확인 할 수 있다.

다음으로는 시스템 변수 'Path'에 DLL파일을 추가하는 과정이다. 본 교재의 환경은 Windows 32bit, visual studio 2012를 사용할 것이므로 OPENCV_BUILD-[x86]-[vc12]- [bin] 경로, 즉 %OPENCV_BUILD%₩x86₩vc12₩bin경로를 그림 5-9, 그림 5-10과 같이 추가해주면 된다.

그림 5-9 시스템 변수 Path 변경

그림 5-10 Path 경로 추가

환경변수 Path에 경로를 추가 할 경우 기존의 있는 경로들이 변경되지 않도록 조심하여야 한다. 이로써 OpenCV 2.4.11 설치는 모두 끝난다.

(3) Visual Studio 2012에서 OpenCV 라이브러리 사용

OpenCV라이브러리를 사용하기 전 OpenCV의 주요라이브러리의 기능을 알아야 할 필요가 있다. OpenCV의 주요 라이브러리 기능은 표 5-1에 설명되어 있다.

표 5-1 OpenCV 주요 라이브러리 및 설명

라이브러리	설명
opencv_core	라이브러리의 핵심기능을 포함하고 기본 자료구조와 연산 함수 등이 들어있다.
opencv_imageproc	필터링, 히스토그램 처리 등 주요 영상처리 함수가 들어있다.
opencv_highgui	영상 및 비디오 입출력, 사용자 인터페이스 함수가 들어있다.
opencv_features2d	특징점 검출기와 기술자, 특징점 매칭 프레임워크가 들어있다.
opencv_calib3d	3D 데이터 처리, 카메라 보정, 스테레오 함수가 들어있다.
opencv_video	움직임 추정, 특징 추적 함수 및 클래스가 들어있다.
opencv_objdetect	얼굴과 사람 검출기 같은 객체 검출 함수가 들어있다.

본격적으로 OpenCV 라이브러리를 사용하기 위하여 Visual studio 2012를 실행하여 그림 5-11과 같이 Win32 콘솔 응용 프로그램 프로젝트를 생성한다. 본 교재에서는 프로젝트 이름을 opencv_test로 설정하였다.

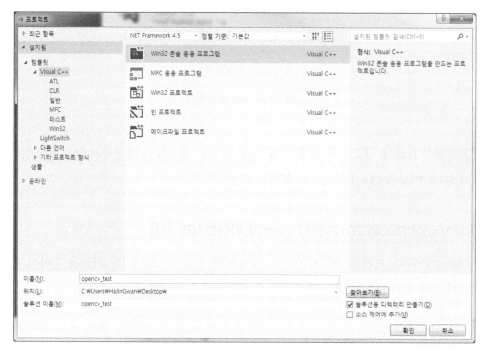

그림 5-11 Win32 콘솔 응용 프로그램 프로젝트 설정

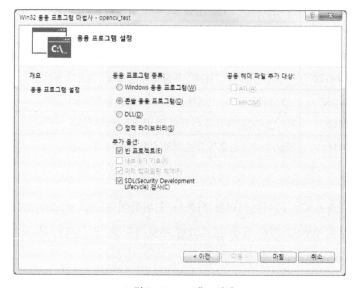

그림 5-12 프로젝트 설정

프로젝트는 그림 5-12에서처럼 빈 프로젝트 체크 박스에 체크하여 빈 프로젝트를 생성한다.

빈 프로젝트 생성 후 그림 5-13과 같이 C++ 파일을 생성한다. 여기서 주의해야 할 점은 반드시 .cpp 확장자로 소스파일을 생성해야 한다.

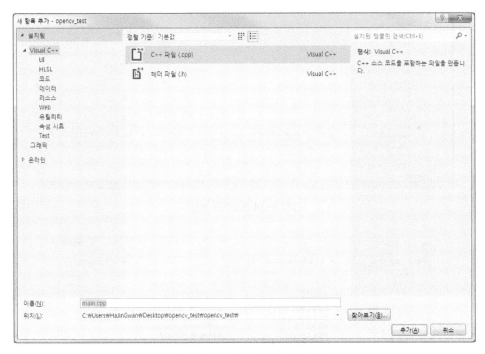

그림 5-13 프로젝트에 CPP 파일 생성

cpp 파일을 추가하고 나면 그림 5-14와 같이 프로젝트가 생성됐을 것이다. 이제 OpenCV 라이브러리를 설정만 해주면 바로 사용이 가능하다. 생성된 프로젝트에서 프로젝트 이름을 우 클릭 하면 메뉴들이 보일 것이다. 이 중 속성을 클릭하면 그림 5-15와 같은 속성 페이지가 나올 것이다.

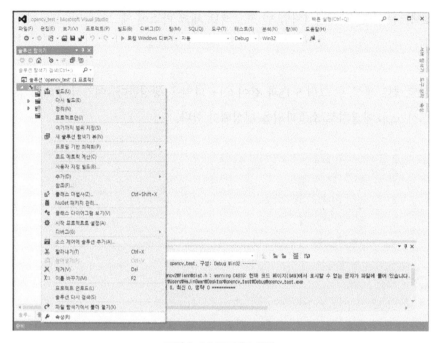

그림 5-14 프로젝트 생성

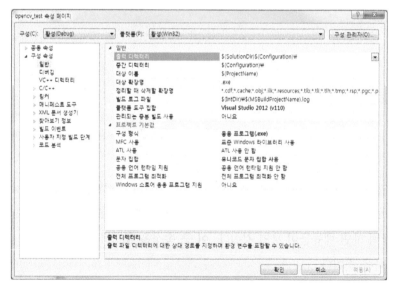

그림 5-15 프로젝트 속성 페이지

　　프로젝트 속성 페이지 메뉴 탭에서 C/C++탭을 클린 한 다음 추가 포함 디렉터리에 그림 5-16처럼 OpenCV 라이브러리가 포함된 경로 [opencv]-[build]-[include] 경로를 추가하고 적용 버튼을 누른다.

그림 5-16 추가 포함 디렉터리 추가

그 다음 링커-일반 탭에 추가 라이브러리 디렉터리에 OpenCV 라이브러리가 저장되
어 있는 경로 [opencv]-[build]-[x86]-[vc12]-[lib]를 그림 5-17처럼 추가 후 적용 버튼을 클
릭한다.

그림 5-17 추가 라이브러리 디렉터리 경로 설정

마지막으로 링커-입력 탭에서 사용할 DLL들을 추가해주면 모든 설정이 끝이 난다. 설정에 앞서 [opencv]-[build]-[x86]-[vc12]-[bin]경로에 저장되어 있는 DLL파일들을 확인해 보면 그림 5-18과 같다. 마지막에 d는 debug를 뜻하며 debug모드로 프로그램을 작성 시 필요한 dll들이다. 마지막에 d가 포함되어 있지 않는 dll파일들은 release모드로 프로그램을 작성 시 필요한 dll들이다. 본인의 작성하려는 프로그램의 모드와 프로그램 목적에 맞게 dll파일들을 추가하여 사용하면 된다. 본 교재에서는 debug모드로 프로그램을 작성하고, OpenCV의 기본 단계이므로 제공하는 모든 dll들을 사용하여 실습을 진행 할 것이다. 그림 5-19처럼 추가 종속성 탭에 맨 오른쪽에 있는 화살표를 클릭하여 '편집' 항목을 클릭한다. '편집' 항목을 클릭하면 그림 5-20과 같은 창이 나타나고 사용 할 dll들을 작성해서 확인 버튼을 클릭하면 된다.

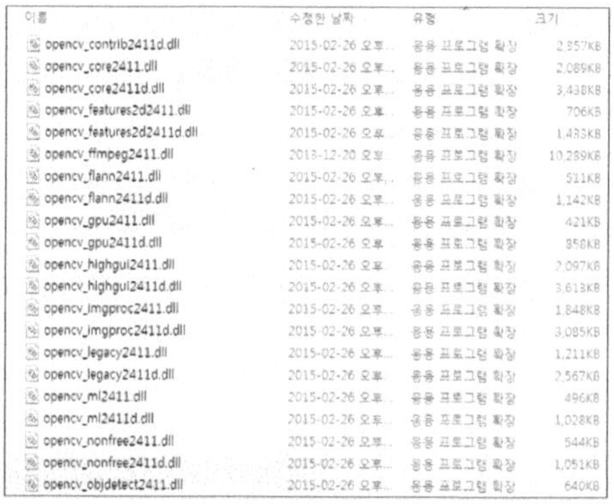

그림 5-18 OpenCV DLL 파일들

그림 5-19 추가 종속성 dll파일 추가

그림 5-20 추가 종속성 편집 창

이로써 Visual studio 2012에서의 OpenCV설정은 완료되었다. 모든 설정을 완료 후 Visual studio를 재부팅 하면 OpenCV에서 제공하는 라이브러리를 사용 할 수 있게 된다. 그림 5-21처럼 자동완성이 나온다면 OpenCV가 성공적으로 설정되었음을 알 수 있다.

그림 5-21 OpenCV 설정 완료 후 자동완성

설정이 완료된 프로젝트에 코드 5-1을 입력하여 실행시키면 그림 5-21과 같은 결과를 얻을 수 있을 것이다. 아래의 코드는 입력받은 이미지를 화면에 출력해주는 코드로, 프로젝트가 생성된 경로에 포함된 'lena.jpg'의 화면에 출력하게 되고 키보드를 입력하게 되면 출력된 이미지의 창이 종료되고 프로그램 역시 종료된다. 코드 5-1은 OpenCV 라이브러리를 이용한 가장 간단한 프로그램이다.

```
1   #include <opencv\cv.h>
2   #include <opencv\highgui.h>
3
4   int main(void){
5
6       IplImage* image = cvLoadImage("lena.jpg",CV_LOAD_IMAGE_GRAYSCALE);
7
8       cvNamedWindow("image viewer");
9       cvShowImage("image viewer",image);
10
11      cvWaitKey();
12
13      cvDestroyWindow("image viewer");
14      cvReleaseImage(&image);
15
16      return 0;
17  }
```

코드 5-1 OpenCV 이미지 출력 코드

그림 5-22 코드 5-1 실행 결과

앞에서 작성한 코드 5-1의 코드를 살펴보자.

- line 1,2 : cv.h와 highgui.h를 include한 것을 볼 수 있는데 cv.h에는 OpenCV에서 사용되는 구조체, 변수 등이 선언되어 있다. highgui.h에는 윈도우 관련 GUI, 영상 및 Video 입출력에 필요한 변수나 함수들이 선언되어있다. 헤더파일은 본인이 구현하고자 하는 프로그램에 맞게 헤더를 include 하여 사용하면 된다.

- line 6 : IplImage 구조체 포인터 변수인 'image'를 cvLoadImage() 함수를 이용하여 변수를 초기화 하는 코드이다.

- line 8 : cvNamedWindow() 함수를 이용해 이미지를 출력 할 윈도우(창)의 이름 (image viewer)을 설정하는 코드이다.

- line 9 : cvShowImage() 함수를 이용하여 앞에서 생성한 윈도우 'image viewer'에 이미지를 출력해주는 코드이다.

- line 11 : cvWaite() 함수를 통해 키보드의 입력이 들어오기 전 까지 화면에 이미지를 출력해주는 코드이다.

- line 13 : cvDestoryWindow() 함수를 통해 앞에서 생성한 'image viewer'의 창을 종료시키는 코드이다.

- line 14 : cvReleaseImage() 함수는 앞에서 할당한 Iplimage 구조체 변수인 image를 할당하는 코드로 만약 할당된 메모리를 해제하지 않으면 메모리 누수가 발생하여 대단위 프로젝트의 경우 프로그램이 실행 오류에 빠지게 되므로 할당한 메모리를 해제시켜주는 것은 매우 중요하다.

각각의 함수와 구조체에 대한 자세한 설명은 다음 장에서 자세히 다룰 것이다.

5.2 OpenCV 프로그래밍

이번 장에서 다룰 내용은 OpenCV 라이브러리를 활용하여 프로그래밍 하는 방법에 대해서 다룰 것이다. OpenCV에서 주로 사용하는 주요 함수들, 구조체에 대한 설명과 이미지 처리에 대한 기본적인 내용과 이를 OpenCV를 이용하여 프로그래밍 하는 방법에 대해서 설명 할 것이다.

5.2.1 이미지 픽셀의 비트와 채널

OpenCV를 이용하여 프로그래밍을 하기위해 서는 이미지를 표현하는 방법에 대한 이해가 필수적이다.

(1) 채널

OpenCV에서 채널은 이미지의 픽셀 당 채널 수를 나타낸다. 채널의 값은 1~4까지의 값을 가지며 흑백 영상(grayscale)의 경우 채널은 1이고 컬러영상의 경우 채널은 3이 된다.

예를 들어 흑백 이미지의 경우 해당 픽셀은 그림 5-22처럼 표현 된다. 물론, 이미지의 크기가 256 by 256 크기의 이미지라면 총 256 * 256 = 65536 개의 픽셀 값을 가진다. 그림 5-22의 경우는 픽셀의 일부를 표현한 것이다. 그림 5-23은 컬러이미지(RGB)의 경우의 채널과 픽셀을 나타낸 것이다.

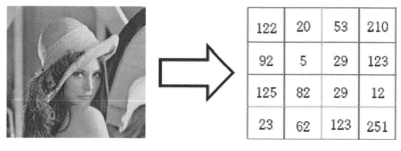

그림 5-22 흑백 이미지의 채널 및 픽셀

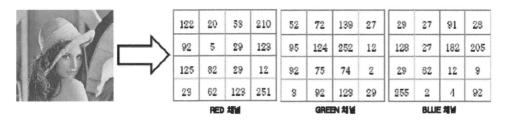

RED 채널				GREEN 채널				BLUE 채널			
122	20	53	210	52	72	139	27	29	27	91	28
92	5	29	123	95	124	252	12	128	27	182	205
125	82	29	12	92	75	74	2	29	82	12	9
23	62	123	251	3	92	123	29	255	2	4	92

그림 5-23 컬러 이미지의 채널 및 픽셀

다시 정리하면, OpenCV 프로그래밍에서 픽셀 값을 접근 하고 싶은 경우 흑백 이미지의 경우 1개의 채널만 사용하므로 첫 번째 채널을 통해서 픽셀 값을 접근 할 수 있다. 컬러 이미지의 경우 컬러 모델에 따라 각 채널이 나타내는 것이 달라지지만 RGB모델의 경우 1채널은 BLUE, 2채널은 GREEN, 3채널은 RED를 나타내므로 각각의 채널을 통해서 원하는 컬러의 픽셀 값을 접근 할 수 있다. 이를 통해서 흑백이미지 보다 컬러이미지의 경우가 더 많은 정보를 포함 하고 있다는 것을 알 수 있다.

(2) 픽셀의 비트 수

위의 그림 5-22와 5-23 에서처럼 알 수 있듯이 각각의 픽셀은 숫자로 표현된다. 이는 한 픽셀이 표현 할 수 있는 비트 수에 따라서 표현범위가 달라지는데 부호가 없는 8비트로 픽셀을 표현하는 경우 0 ~ 255 까지 표현 가능하다. 예를 들어 C언어에서 데이터를 표현 할 때 정수형 int, long이 있고 실수형에 float, double이 있듯이 데이터를 몇 비트를 가지고 표현할 것인가를 나타낸다. OpenCV 프로그래밍에서 이미지를 생성 할 때 미리 정의된 상수에 따라 선택 할 수 있으며 OpenCV에서 표현이 가능한 픽셀 범위는 이어지는 OpenCV 주요 구조체 및 함수 부분에서 자세히 설명 할 것이다.

(3) OpenCV 주요 구조체

▪ Iplimage 구조체

Iplimage 구조체는 이미지의 정보를 저장하고 있는 구조체로써 OpenCV에서 사용되는 구조체 중에서 가장 중요한 구조체이다. 각각의 멤버변수들을 이해하는 것이 매우 중요하다. Iplimage 구조체의 주요 멤버변수들은 다음과 같다.

- nChannels

  앞에서 설명한 채널의 정보를 담고 있는 변수이다. nChannels의 값이 1이라면 해당 영상은 흑백 영상임을 알 수 있고, 3이라면 컬러 영상임을 알 수 있다.

- origin

  영상의 원점을 나타낸다. 0은 top-left origin, 1은 bottom-left origin을 의미한다. 표 5-2는 OpenCV에서 origin이 나타내는 상수이다.

표 5-2 OpenCV에서 선언된 origin 관련 상수

origin	설명
IPL_ORIGIN_TL (0)	TL은 Top Left의 약자이며 왼쪽 상단을 나타낸다.
IPL_ORIGIN_BL (1)	BL은 Bottom Left의 약자이며 왼쪽 하단을 나타낸다.

- depth

  depth는 앞에서 설명한 한 픽셀을 표현하기 위해 사용되는 비트의 수를 의미한다. 쉽게 말해 한 픽셀을 표현하는 자료형의 의미이다. 표 5-3은 OpenCV에서 사용가능한 픽셀의 범위 이다.

표 5-3 OpenCV에서 선언한 픽셀의 크기

depth	설명
IPL_DEPTH_8U	8비트 unsigned integer (0~255)
IPL_DEPTH_8S	8비트 signed integer (-128~127)
IPL_DEPTH_16U	16비트 unsigned integer
IPL_DEPTH_16S	16비트 signed integer
IPL_DEPTH_32S	32비트 signed integer
IPL_DEPTH_32F	32비트 floating-point number
IPL_DEPTH_64F	64비트 floating-point number

만약 흑백영상에서 depth가 IPL_DEPTH_8U이면 색상 데이터를 0~255사이의 정수로 나타내고 IPL_DEPTH_32F이면 32비트 실수로 표현하겠다는 뜻이다. 마찬가지로 RGB 컬러영상에서 depth가 IPL_DEPTH_8U이면 각 채널 당 색상 데이터를 0~255사이의 정수로 나타내고 IPL_DEPTH_32F이면 각 채널 당 32비트 실수로 표현하겠다는 뜻이다.

* width
  영상의 가로의 크기 정보를 저장하고 있는 변수이다.

* height
  영상의 세로의 크기 정보를 저장하고 있는 변수이다.

* widthStep
  영상에서 가로의 크기 정보를 저장하고 있는 변수이다. widthStep = width * nChannels이다. 8비트 1채널 영상에서 영상의 가로크기가 100픽셀이면 widthStep = 100 * 1인 100 바이트이고 8비트 3채널 영상에서 영상의 가로크기가 100픽셀이면 widthStep = 100 * 3인 300바이트가 된다.

* imageSize
  영상의 크기 정보를 저장하고 있는 변수이다. imageSize = width * height * nChannels이다. 가로 256픽셀, 세로 256픽셀인 흑백영상에서 imageSize는 65,536바이트 (256픽셀 * 256픽셀 * 1채널 = 65,536바이트)이고 가로 256픽셀, 세로 256픽셀인 컬러영상에서 imageSize는 196,608바이트 (256픽셀 * 256픽셀 *3채널 = 196,608바이트)가 된다.

위에서 설명한 변수들은 Iplimage 구조체에서 주로 사용하는 정보들을 나타낸 것으로 Iplimage 구조체의 모든 멤버변수들을 포함하고 있지 않다. 그림 5-24는 OpenCV types_c.h에 선언되어 있는 Iplimage 구조체이다. 나머지 멤버변수들에 대한 내용은 그림 5-25를 참조하기 바란다.

```
typedef struct _IplImage
{
    int nSize;              /* sizeof(IplImage) */
    int ID;                 /* version (=0)*/
    int nChannels;          /* Most of OpenCV functions support 1,2,3 or 4 channels */
    int alphaChannel;       /* Ignored by OpenCV */
    int depth;              /* Pixel depth in bits: IPL_DEPTH_8U, IPL_DEPTH_8S, IPL_DEPTH_16S,
                               IPL_DEPTH_32S, IPL_DEPTH_32F and IPL_DEPTH_64F are supported.  */
    char colorModel[4];     /* Ignored by OpenCV */
    char channelSeq[4];     /* ditto */
    int dataOrder;          /* 0 - interleaved color channels, 1 - separate color channels.
                               cvCreateImage can only create interleaved images */
    int origin;             /* 0 - top-left origin,
                               1 - bottom-left origin (Windows bitmaps style).  */
    int align;              /* Alignment of image rows (4 or 8).
                               OpenCV ignores it and uses widthStep instead.    */
    int width;              /* Image width in pixels.                           */
    int height;             /* Image height in pixels.                          */
    struct _IplROI *roi;    /* Image ROI. If NULL, the whole image is selected. */
    struct _IplImage *maskROI;    /* Must be NULL. */
    void *imageId;          /* "            " */
    struct _IplTileInfo *tileInfo; /* "            " */
    int imageSize;          /* Image data size in bytes
                               (==image->height*image->widthStep
                               in case of interleaved data)*/
    char *imageData;        /* Pointer to aligned image data.         */
    int widthStep;          /* Size of aligned image row in bytes.    */
    int BorderMode[4];      /* Ignored by OpenCV.                     */
    int BorderConst[4];     /* Ditto.                                 */
    char *imageDataOrigin;  /* Pointer to very origin of image data
                               (not necessarily aligned) -
                               needed for correct deallocation */
}
IplImage;
```

그림 5-24 Iplimage 구조체 선언

■ CvSize 구조체

CvSize 구조체는 두 개의 멤버변수로 구성되어 있다. 이미지의 height와 width 정보를 저장하고 있는 간단한 구조체이다. 주로 함수의 매개변수나 리턴 값에 자주 사용되므로 꼭 알아야 할 구조체이다. 그림 5-24는 OpenCV types_c.h에 선언되어 있는 CvSize구조체의 선언 내용이다.

- width
  영상의 가로의 크기 정보를 저장하고 있는 변수이다.

- height
  영상의 세로의 크기 정보를 저장하고 있는 변수이다.

```
typedef struct CvSize
{
    int width;
    int height;
}
CvSize;
```

그림 5-25 CvSize 구조체 선언 내용

■ CvScalar 구조체

CvScalar은 이미지의 픽셀 값 정보를 저장하고 있는 구조체이다. CvScalar 구조체 역시 CvSize 구조체와 마찬가지로 주로 함수의 매개변수나 리턴 값으로 자주 사용되는 구조체이므로 꼭 알아야 되는 구조체 이다. CvScalar의 매개변수는 그림 5-26처럼 double 형 변수 4개가 배열로 선언되어 있는 구조체이다. 각각의 배열이 저장하고 있는 값은 이미지의 채널의 픽셀 값을 저장하고 있다. 예를 들어 흑백이미지의 경우 채널이 1개 존재하므로 val[0]에 이미지들 픽셀 값들이 저장되어있다. 컬러 이미지의 경우 채널이 3개가 존재하므로 val[0], val[1], val[2]에 이미지의 픽셀 값들이 저장되어있다. (RGB컬러 모델의 경우 index 0은 BLUE채널, index 1은 GREEN 채널, index 2는 RED 채널의 픽셀 값들을 저장하고 있다.) 마지막으로 val[3]은 이미지의 밝기 값 정보를 저장하고 있다.

```
typedef struct CvScalar
{
    double val[4];
}
CvScalar;
```

그림 5-26 CvScalar 구조체

⑷ OpenCV 주요 함수

■ cvLoadImage 함수

영상을 메모리상에 로드(Iplimage 구조체 변수에 이미지 정보를 할당)하는데 사용되는 함수이다. 로드 할 이미지 파일이 저장되어 있는 이름과 로드 할 이미지의 색상 정보를 가리킨다. 함수의 원형(선언)은 다음과 같다.

```
(IplImage*)cvLoadImage(const char* filename, int iscolor CV_DEFAULT(CV_LOAD_IMAGE_
COLOR));
```

* filename
  로드되는 이미지의 이름을 가리킨다. 이미지를 로드 할 때 프로젝트 내에 이미지를 기준으로 상대경로 혹은 절대경로로 이미지 로드가 가능하다.

* iscolor
  로드되는 영상의 색상을 가리킨다. 이는 OpenCV에서 다음 표 5-4와 같이 상수로 정의되어 있으며 원하는 색상정보를 매개변수로 전달하여 로드 할 수 있다. 매개변수를 전달하지 않을 경우 디폴트로 CV_LOAD_IMAGE_COLOR이 전달되어 실행된다.

표 5-4 이미지를 로드 관련 선언된 상수

선언된 상수	설명
CV_LOAD_UNCHANGED(-1)	로드 하는 이미지 그대로 로드한다.
CV_LOAD_IMAGE_GRAYSCALE(0)	이미지를 흑백영상으로 변환하여 로드한다.
CV_LOAD_IMAGE_COLOR(1)	이미지를 컬러영상으로 변환하여 로드한다.
CV_LOAD_IMAGE_ANYDEPTH(2)	로드 하는 이미지의 픽셀의 비트수를 그대로 로드한다.
CV_LOAD_IMAGE_ANYCOLOR(4)	로드 하는 이미지의 컬러를 그대로 로드한다.

• 사용 예

```
cvLoadImage("lena.jpg", CV_LOAD_IMAGE_COLOR);
cvLoadImage("C:\lena.jpg", CV_LOAD_IMAGE_GRAYSCALE);
```

참고로 OpenCV에서 지원하는 이미지 파일의 종류는 표 5-5와 같다.

표 5-5 OpenCV에서 지원하는 이미지 파일의 종류

파일	설명
BMP, DIB	Windows 비트맵
JPEG, JPG, JPE	JPEG 파일
PNG	Portable Network Graphics
PBM, PGM, PPM	Portable 영상 포맷
SR, RAS	Sun rasters
TIFF, TIF	TIFF 파일

■ cvNamedWindow 함수

영상을 출력하기 위해 윈도우(창)를 만들기 위해 사용하는 함수이다. 매개변수로는 윈도우의 이름과, 크기조절을 나타내기 위한 flags 값을 매개변수로 사용한다. 함수의 원형(선언)은 다음과 같다.

```
(int)cvNamedWindow(const char* name, int flags CV_DEFAULT(CV_WINDOW_AUTOSIZE) );
```

- name

출력할 윈도우의 이름을 설정한다. 코드 5-1의 경우 윈도우의 이름을 'image viewer'로 설정하였고 그림 5-22를 보면 윈도우 상단에 'image viewer'라는 이름이 출력된 것을 확인 할 수 있다.

- flags

윈도우의 크기조절을 나타내기 위한 플래그이다. 예를 들어 flag가 CV_WINDOW_AUTOSIZE이면 윈도우의 크기는 자동으로 출력할 영상의 크기에 맞추어 출력한다.(이미지의 크기가 256 by 256이라면 윈도우의 크기 역시 256 by 256의 크기를 가진다.) 주로 디폴드 값으로 윈도우를 생성한다. 만약 마우스를 통하여 윈도우의 사이즈를 조절기를 원한다면 CV_WINDOW_NORMAL(0)의 값을 매개변수로 전달하면 된다.

- 사용 예

```
cvNamedWindow("image viewer", CV_WINDOW_AUTOSIZE);
cvNamedWindow("image viewer2", CV_WINDOW_NORMAL);
```

■ cvWaitKey 함수

키보드로부터 키 입력이 들어올 때 까지 기다리기 위한 함수이다. 프로그램이 실행 도중 cvWaitKey함수를 만나면 키보드로부터 키 입력이 들어 올 때까지 해당 프로그램을 일시적으로 중지 시킨다. 매개변수로는 delay를 입력 받는데 입력한 시간(milliseconds) 동안 키 입력이 들어오지 않으면 더 이상 키 입력을 기다리지 않고 다음 코드를 실행시킨다. 예를 들어 cvWaitkey의 인자로 1000을 전달한다면 1초동안 키 입력을 기다리고 1초 이후에는 다음 코드를 실행시킨다. 만약 0을 인자로 전달하거나 디폴트 값으로 아무런 인사를 선달하지 않는다면 키 입력이 들어올 때 까지 다음 코드를 실행시키지 않고 기다린다. 함수의 원형은 다음과 같다.

```
(int) cvWaitKey(int delay CV_DEFAULT(0));
```

- delay

입력된 시간만큼 사용자로부터 키 입력을 기다린다. 단위는 milliseconds로 1000이 1초를 의미한다. 만약 지정된 시간동안 키보드로부터 사용자가 키를 입력하지 않으면 -1을 반환한다.

• 사용 예

```
cvWaitKey(0); //무한히 사용자의 키 입력을 기다린다.
cvWaitKey(1000); //1초 동안 사용자의 키 입력을 기다린다.
```

■ cvReleaseImage 함수

cvLoadImage 함수를 통해 할당한 메모리를 해제해주는 함수이다. 매개변수는 IplImage의 구조체 변수의 주소를 받는다. 함수의 원형은 다음과 같다.

```
(void)  cvReleaseImage( IplImage** image ); 여기서 중요한 것은 IplImage 구조체의
이중포인터를 매개변수로 받는 것을 알아두어야 한다.
```

• 사용 예

```
Iplimage* image = cvLoadImage("lena.jpg",CV_LOAD_IMAGE_COLOR); // 메모리에 이미
지를 로드
cvReleaseImage(&image) // IplImage의 2중포인터를 매개변수로 받으므로 &image를 매
개변수로 전달
```

■ cvCreateImage 함수

빈 영상을 생성하기 위해 사용하는 함수이다. 매개변수로는 생성 할 영상의 size, depth, channels를 매개변수로 사용한다. 함수의 원형은 다음과 같다.

```
(IplImage*)  cvCreateImage( CvSize size, int depth, int channels );
```

• size

생성 할 빈 영상의 크기를 정한다. 크기는 cvSize() 함수와 cvGetSize()함수를 통해서 정할 수 있다. 예를 들어 영상의 크기를 width를 100, height 200으로 설정하려면 cvSize(100,200) 함수를 인자로 전달하면 된다. 만약 앞에서 로드한 영상과 같은 크기의 영상을 생성하려면 cvGetSize(image)를 인자로 전달하면 된다.

- depth

  영상을 표현할 데이터의 비트 수를 지정한다. 이는 앞에서 설명한 IplImage 구조체 depth와 같이 한 픽셀을 표현하기 위한 비트의 범위를 뜻하고 OpenCV에서 선언 한 상수는 표 5-4와 같다.

- channels

  한 픽셀 당 채널수를 지정한다. 흑백 영상의 경우 채널의 수는 1이고 컬러영상의 경우 채널은 3이다.

- 사용 예

```
IplImage* image = cvLoadImage("lena.jpg",CV_LOAD_IMAGE_GRAYSCALE);
IplImage* srcImage;
srcImage = cvCreateImage(cvSize(100,200), IPL_DEPTH_8U, CV_LOAD_IMAGE_GRAYSCALE);
// width 100, height 200, 한 픽셀의 표현 범위는 8bit unsigned, 채널은 1을 가지는
영상을 생성

IplImage* image = cvLoadImage("lena.jpg",CV_LOAD_IMAGE_GRAYSCALE);\
IplImage* srcImage;
srcImage = cvCreateImage(cvGetSize(image),image->depth, image->nChannels);
//로드한 image와 같은 크기, depth, nChannels의 영상을 생성
```

지금까지 OpenCV에서 주로사용 되는 구조체와 영상을 로드하고 출력하는데 사용되는 OpenCV의 함수에 대해서 살펴보았다. 이는 OpenCV에서 자주 사용되는 함수이므로 내용들을 꼭 이해하고 있어야 한다. 앞에서 설명한 이외의 함수는 예제를 통해서 설명할 것이다. 다음 장에서는 OpenCV 함수를 이용하여 이미지를 다양한 방식으로 처리하는 방법에 대하여 배울 것이다.

5.2.2 이미지 산술 및 논리 연산

이번 장에서는 화소 점 처리의 개념을 이해하고 OpenCV로 프로그래밍 하는 방법을 배울 것이다. 우선 화소 점 처리란 원 화소의 값이나 위치를 바탕으로 단일 화소 값을 변경하는 기술을 말한다. 화소 점 처리는 다른 화소의 영향을 받지 않고 단순히 화소 점의 값만 변경하므로 포인트 처리라고도 한다. 화소 점 처리 기법으로는 산술연산, 논리연산, 반전, 히스토그램 평활화 등의 기법이 있는데 이를 직접 프로그래밍 해 볼 것이다.

(1) 이미지 산술 연산

산술연산은 영상의 각 화소 값에서 임의의 상수 값으로 덧셈, 뺄셈, 곱셈, 나눗셈을 수
행하는 것을 말하고 Gray 레벨 영상에서 화소 값이 작으면 영상이 어둡고, 화소의 값이
크면 밝은 영상을 가진다.

■ 덧셈연산

코드 5-2는 이미지의 화소 값에 임의의 상수 100을 더하는 프로그램이다. 실행결과는
그림 5-27과 같다.

```
1    #include <opencv\cv.h>
2    #include <opencv\highgui.h>
3
4    int main(void){
5
6        IplImage* image = cvLoadImage("lena.jpg",CV_LOAD_IMAGE_GRAYSCALE);
7        IplImage* sumImage = cvCreateImage(cvGetSize(image),image->depth,image->nChannels);
8
9        CvScalar pixelVal;
10       pixelVal.val[0] = 100;
11       cvAddS(image,pixelVal,sumImage);
12
13       cvNamedWindow("original image");
14       cvNamedWindow("sum image");
15
16       cvShowImage("original image", image);
17       cvShowImage("sum image",sumImage);
18
19       cvWaitKey();
20
21       cvDestroyAllWindows();
22       cvReleaseImage(&image);
23       cvReleaseImage(&sumImage);
24
25       return 0;
26   }
```

코드 5-2 덧셈연산 프로그램

그림 5-27 덧셈 연산 수행 결과 이미지

실행 결과에서 볼 수 있듯이 그림 5-27에서 왼쪽 이미지는 원본이미지, 오른쪽 이미지
는 덧셈 연산을 수행한 이미지 이다. 결과에서처럼 덧셈 연산을 수행한 이미지가 원본이
미지 보다 더 밝은 이미지를 형성하는 것을 확인 할 수 있다.

- line 6,7 : lena.jpg 이미지를 흑백이미지(1채널)로 메모리에 로드 후 cvCreateImagep
  함수를 통하여 'image'와 같은 크기, depth(8비트 unsigned), channels을 가지는 영
  상(sumImage)을 생성한다.

- line 9,10 : 픽셀 값을 저장하는 CvScalar 구조체 변수 pixelVal을 선언하고 멤버변
  수인 val의 0번째 인덱스(Gray영상은 채널을 1개 가지므로)에 더 할 상수 100으로
  초기화 한다.

- line 11 : cvAddS함수를 이용하여 로드한 'image'에 픽셀 값 상수 100을 더한 이미
  지의 결과를 'sumImage'에 저장한다. 앞에서 생성한 'image'의 픽셀이 가질 수 있는
  수의 범위는 0 ~255(8비트 unsigned)이므로 cvAddS함수는 덧셈 결과가 255를 넘어
  갈 경우 255로 픽셀 값을 설정한다.

- line 13, 14 : 출력 할 윈도우의 이름을 각각 'original image', 'sum image'로 윈도우
  를 생성한다.

- line 16,17 : 'original image' 윈도우에 image의 영상을 출력하고, 'sum image' 윈
  도우에 덧셈 결과 이미지를 출력한다.

- line 19 : 키보드로부터 키 입력이 들어올 때 까지 프로그램을 일시적으로 중지 시
  킨다.

- line 21 ~ 23 : 앞에서 생성한 모든 윈도우를 cvDestoryAllWindows 함수를 통해 종료시키고 메모리가 할당된 'image', 'sumImage'의 메모리를 해제시킨다.

■ 주요함수

```
(void) cvAddS(const CvArr* src, CvScalar value, CvArr* dst, const CvArr* mask
CV_DEFAULT(NULL));
```

- src

  원 영상의 이미지를 나타낸다.

- value

  더하고자 하는 상수 값을 지정한다. 상수 값을 전달 할 때에는 코드 5-2처럼 CvScalar의 자료형 변수에 상수 값을 할당하여 인자로 전달해야 한다.

- dst

  덧셈 연산을 수행 한 후 저장할 목적 영상을 나타낸다.

- mask

  마스크를 지정한다. 마스크를 사용하자 않는 경우 NULL로 지정 한다

만약 두 영상간의 덧셈 연산을 수행하기 위해서는 cvAdd() 함수를 이용하여 구현 할 수 있다.

■ 뺄셈연산

코드 5-3은 이미지의 화소 값에 임의의 상수 20을 빼는 프로그램이다. 실행결과는 그림 5-28과 같다.

```
1    #include <opencv\cv.h>
2    #include <opencv\highgui.h>
3
4    int main(void){
5
6        IplImage* image = cvLoadImage("lena.jpg",CV_LOAD_IMAGE_GRAYSCALE);
7        IplImage* subImage = cvCreateImage(cvGetSize(image),image->depth,image->nChannels);
8
9        CvScalar pixelVal;
10       pixelVal.val[0] = 50;
11       cvSubS(image,pixelVal,subImage);
12
13       cvNamedWindow("original image");
14       cvNamedWindow("sub image");
15
16       cvShowImage("original image", image);
17       cvShowImage("sub image",subImage);
18
19       cvWaitKey();
20
21       cvDestroyAllWindows();
22       cvReleaseImage(&image);
23       cvReleaseImage(&subImage);
24
25       return 0;
26   }
```

코드 5-3 뺄셈연산 프로그램

그림 5-28 뺄셈연산 수행 결과 이미지

그림 5-28에서 왼쪽 이미지는 원본이미지, 오른쪽 이미지는 뺄셈연산을 수행한 이미지 이다. 결과에서처럼 뺄셈 연산을 수행한 이미지가 원본이미지 보다 더 어두운 이미지를 형성하는 것을 확인 할 수 있다.

- line 11 : cvSubS 함수를 이용하여 로드한 'image'에 픽셀 값 상수 50을 뺀 이미지의 결과를 'subImage'에 저장한다. 앞에서 생성한 'image'의 픽셀이 가질 수 있는 수의 범위는 0 ~255(8비트 unsigned)이므로 cvSubS함수는 뺄셈결과가 0보다 작을 경우 0으로 픽셀 값을 설정한다.

■ 주요함수

```
(void) cvSubS(const CvArr* src, CvScalar value, CvArr* dst, const CvArr* mask
CV_DEFAULT(NULL));
```

- src

  원 영상의 이미지를 나타낸다.

- value

  빼고자 하는 상수 값을 지정한다. 상수 값을 전달 할 때에는 코드 5-3처럼 CvScalar 의 자료형 변수에 상수 값을 할당하여 인자로 전달해야 한다.

- dst

  뺄셈 연산을 수행 한 후 저장할 목적 영상을 나타낸다.

- mask

  마스크를 지정한다. 마스크를 사용하자 않는 경우 NULL로 지정 한다

만약 두 영상간의 뺄셈연산을 수행하기 위해서는 cvSub() 함수를 이용하여 구현 할 수 있다.

■ 곱셈연산

앞에서 덧셈, 뺄셈 연산과는 다르게 OpenCV에서 각 화소 점 처리를 위한 곱셈 함수는 제공되지 않는다. 때문에 직접 화소 값에 접근하여 곱셈연산을 수행하는 방식으로 프로그램을 구현 할 것이다. 코드 5-4는 이미지 화소 값에 곱셈 연산을 수행 한 프로그램이다.

```
1    #include <opencv\cv.h>
2    #include <opencv\highgui.h>
3
4    #define MUL 2.0
5
6    int main(void){
7
8        IplImage* image = cvLoadImage("lena.jpg",CV_LOAD_IMAGE_GRAYSCALE);
9        IplImage* mulImage = cvCreateImage(cvGetSize(image),image->depth,image->nChannels);
10
11       CvScalar pixelVal, tempScalar;
12       double value = 0.0;
13
14       for(int i=0; i<image->height; i++){
15           for(int j=0; j<image->width; j++){
16               tempScalar = cvGet2D(image,i,j);
17               value = tempScalar.val[0] * MUL;
18
19               if(value > 255.0){
20                   pixelVal.val[0] = 255.0;
21                   cvSet2D(mulImage,i,j,pixelVal);
22               }
23
24               else{
25                   pixelVal.val[0] = value;
26                   cvSet2D(mulImage,i,j,pixelVal);
27               }
28           }
29       }
30
31       cvNamedWindow("original image");
32       cvNamedWindow("mul image");
33
34       cvShowImage("original image", image);
35       cvShowImage("mul image",mulImage);
36
37       cvWaitKey();
38
39       cvDestroyAllWindows();
40       cvReleaseImage(&image);
41       cvReleaseImage(&mulImage);
42
43       return 0;
44   }
```

코드 5-4 곱셈연산 프로그램

그림 5-29 곱셈 연산 수행 결과 이미지

그림 5-29의 왼쪽은 원본 이미지, 오른쪽은 이미지는 곱셈 연산을 수행한 결과 이미지이다. 덧셈 연산과 마찬가지로 이미지가 전체적으로 밝아 진 것을 확인 할 수 있다. 덧셈 연산의 경우 모든 화소 값에 일정한 상수를 더하여 전체적으로 일정하게 밝아진 영상을 얻었지만, 곱셈연산의 경우 특정 상수 값을 각각의 화소 값에 곱함으로써 밝아진 영상을 얻었다. 때문에 곱셈연산의 경우에는 밝은 부분은 더욱 밝아지고, 어두운 부분은 약간 밝아져 영상 내의 밝기에 커다란 차이가 생긴 것이다. 때문에 어두운 부분과 밝은 부분 간의 차이가 커지므로 영상의 선명도가 더욱 증가하게 된 것이다. 화소 값이 증가하여 밝은 이미지를 생성하는 것은 덧셈연산과 곱셈연산의 공통점 이지만 곱셈연산의 경우 영상간의 대비가 증가하여 선명도 역시 증가했다는 것을 잘 알아두어야 한다.

- line 4 : 일정한 수를 곱하기 위하여 상수를 선언

- line 10,11 : 화소 값을 저장하기 위하여 CvScalar 구조체 변수와 double형 변수 선언

- line 14~29 : 'image'에 저장된 영상의 width, height, 만큼 반복문을 수행하여 화소 값에 접근하고 'mulImage'에 저장된 영상에 곱셈연산을 수행한 화소 값을 저장.

- line 16~27: cvGet2D 함수를 이용하여 'image'에 저장된 영상의 i, j 번째 위치의 화소 값을 가져와 곱셈연산을 수행 한 후 value에 값을 저장한다. 만약 곱셈의 결과가 한 픽셀이 표현가능 한 최댓값 인 255를 넘어간다면 255를 cvSet2D 함수를 이용하여 'mulImage'에 저장된 영상의 i, j 번째 위치에 화소 값을 저장하고 표현 범위를 만족한다면 곱셈연산의 수행 결과를 i, j 번째 위치에 화소 값에 저장한다.

화소의 픽셀 값들을 산술연산을 통하여 변경 할 때, 한 픽셀의 표현범위를 만족하는지의 여부를 잘 판단하여 이에 따른 처리를 해주어야 한다. 만약 두 영상간의 곱셈 연산을 구현하기 위해서는 cvMul() 함수를 이용하여 구현 할 수 있다.

■ 나눗셈연산

나눗셈연산 역시 마찬가지로 OpenCV에서 각 화소 점 처리를 위한 나눗셈 함수는 제공되지 않는다. 때문에 직접 화소 값에 접근하여 나눗셈연산을 수행하는 방식으로 프로그램을 구현 할 것이다. 코드 5-5는 이미지 화소 값에 곱셈 연산을 수행 한 프로그램이다.

```c
1    #include <opencv\cv.h>
2    #include <opencv\highgui.h>
3
4    #define DIV 3.0
5
6    int main(void){
7
8        IplImage* image = cvLoadImage("lena.jpg",CV_LOAD_IMAGE_GRAYSCALE);
9        IplImage* divImage = cvCreateImage(cvGetSize(image),image->depth,image->nChannels);
10
11       CvScalar pixelVal, tempScalar;
12       double value = 0.0;
13
14       for(int i=0; i<image->height; i++){
15           for(int j=0; j<image->width; j++){
16               tempScalar = cvGet2D(image,i,j);
17               value = tempScalar.val[0] / DIV;
18
19               pixelVal.val[0] = value;
20               cvSet2D(divImage,i,j,pixelVal);
21           }
22       }
23
24       cvNamedWindow("original image");
25       cvNamedWindow("div image");
26
27       cvShowImage("original image", image);
28       cvShowImage("div image",divImage);
29
30       cvWaitKey();
31
32       cvDestroyAllWindows();
33       cvReleaseImage(&image);
34       cvReleaseImage(&divImage);
35
36       return 0;
37   }
```

코드 5-5 나눗셈 연산 프로그램

그림 5-30 나눗셈 연산 수행 결과

그림 5-30의 왼쪽은 원본 이미지, 오른쪽은 이미지는 나눗셈 연산을 수행한 결과 이미지이다. 뺄셈 연산과 마찬가지로 이미지가 전체적으로 어두워진 것을 확인 할 수 있다. 뺄셈 연산의 경우 모든 화소 값에 일정한 상수를 더하여 전체적으로 일정하게 어두워진 영상을 얻었지만, 나눗셈연산의 경우 특정 상수 값을 각각의 화소 값과 나눗셈함으로써 어두워진 영상을 얻었다. 때문에 나눗셈 연산의 경우에는 밝은 부분은 많이 어두워지고, 어두운 부분은 약간 어두워져 영상 내의 밝기의 차이가 줄어들었다. 어두운 부분과 밝은 부분간의 차이가 작아지므로 영상은 기존의 이미지 보다 희미한 영상을 가지게 되었다. 화소 값이 감소하여 어두운 이미지를 생성하는 것은 뺄셈연산과 나눗셈연산의 공통점이지만 나눗셈 연산의 경우 영상간의 대비가 감소하여 영상이 전체적으로 희미해 졌다는 것을 잘 알아두어야 한다.

- line 4 : 일정한 수를 나누기 위하여 상수를 선언.

- line 11,12 : 화소 값을 저장하기 위하여 CvScalar 구조체 변수와 double형 변수 선언

- line 14~22 : 'image'에 저장된 영상의 width, height, 만큼 반복문을 수행하여 화소 값에 접근하고 'divImage'에 저장된 영상에 곱셈연산을 수행한 화소 값을 저장.

- line 16~20: cvGet2D 함수를 이용하여 'image'에 저장된 영상의 i, j 번째 위치의 화소 값을 가져와 나눗셈 연산을 수행 한 후 value에 값을 저장한다. 연산의 결과는 항상 0~255(8비트 unsigned)를 만족하므로, 별도의 예외처리 없이 'mulImage' 영상의 i, j 번째 위치에 변경된 화소 값을 저장한다.

⑵ 이미지 산술 연산의 활용

■ 배경이미지 삽입하기

지금까지 산술연산을 통하여 의미지의 화소 값을 변경하는 프로그램들을 실습하였다. 위의 실습은 한 장의 이미지로 수행 하였지만 두 장의 이미지들 간의 산술연산 역시 가능하고 컬러이미지에서의 화소 값 산술연산 역시 가능하다. 이번에 작성 할 프로그램은 그림 5-31을 이용하여 화소 값 덧셈 연산을 통해 원본 이미지에 배경이미지를 삽입하는 프로그램을 실습 할 것이다.

그림 5-31 (왼쪽) 배경 이미지, (오른쪽)원본 이미지

```
1    #include <opencv\cv.h>
2    #include <opencv\highgui.h>
3
4    int main(void){
5
6        IplImage* image = cvLoadImage("lena.jpg",CV_LOAD_IMAGE_GRAYSCALE);
7        IplImage* bgImage = cvLoadImage("bgimage.jpg",CV_LOAD_IMAGE_GRAYSCALE);
8        IplImage* resultImage = cvCreateImage(cvGetSize(image),image->depth,image->nChannels);
9
10       //cvAdd(image,bgImage,resultImage);
11       cvAddWeighted(image,0.9,bgImage,0.4,0,resultImage);
12
13       cvNamedWindow("original image");
14       cvNamedWindow("background image");
15       cvNamedWindow("result image");
16
17       cvShowImage("original image", image);
```

```
18        cvShowImage("background image",bgImage);
19        cvShowImage("result image",resultImage);
20
21        cvWaitKey();
22
23        cvDestroyAllWindows();
24
25        cvReleaseImage(&image);
26        cvReleaseImage(&bgImage);
27        cvReleaseImage(&resultImage);
28
29        return 0;
30    }
```

코드 5-6 산술연산을 활용한 배경이미지 삽입

두 이미지를 사용하여 덧셈연산을 수행할 경우 cvAdd함수를 이용 한다. 앞에서 사용한 cvAddS함수와 혼동하지 말아야 한다.

만약 두 이미지 간에 단순히 덧셈연산을 수행한다면 배경이미지와 원본이미지가 더해져 그림 5-32처럼 배경과, 원본의 차이가 없을 것이다. 때문에 원본이미지와 배경이미지에 가중치를 두어 좀 더 확실하게 배경과 원본이미지의 차이를 두어야 한다. 최종적으로 가중치를 두어 덧셈연산을 수행한 결과 이미지는 그림 5-33과 같다. 그림 5-32와 비교하였을 때 훨씬 배경과 원본의 차이가 커 진 것을 확인 할 수 있다.

그림 5-32 덧셈연산을 수행한 결과 이미지

그림 5-33 (왼쪽)원본이미지, (가운데)배경이미지, (오른쪽)가중치를 두어 덧셈연산을 수행한 결과 이미지

- line 11: cvAddWeighted 함수를 이용하여 두 장의 이미지에 각각의 가중치를 주어
  덧셈연산을 수행하였다. 첫 번째 매개변수로, 원본 이미지를 저장하고 있는 'image'
  변수를 전달하였고 두 번째는 원본 이미지의 가중치 0.9를 전달하였다. 세 번째는 배
  경이미지를 저장하고 있는 'bgImage'를 인자로 전달하였다. 네 번째 매개변수는 배
  경이미지에 사용 할 가중치를 의미하고 0.4로 설정하였다. 다섯 번째 매개변수는 감
  마값을 나타내므로 0을 전달하였다. 최종적으로 결과이미지를 저장할 'resultImage'
  를 마지막 매개변수로 전달하여 결과이미지를 'resultImage'에 최종 결과이미지를
  저장하도록 하였다.

■ 주요함수

```
CVAPI(void) cvAddWeighted(const CvArr* src1, double alpha, const CvArr* src2,
double beta, double gamma, CvArr* dst);
```

- src1
  첫 번째 원 영상의 이미지를 나타낸다.

- alpha
  첫 번째 원본 영상에서의 가중치를 설정한다. 가중치에 비례하여 두 영상간의 덧셈
  연산이 수행된다.

- src2

  두 번째 원 영상의 이미지를 나타낸다.

- beta

  두 번째 원본 영상에서의 가중치를 설정한다. 가중치에 비례하여 두 영상간의 덧셈 연산이 수행된다.

- gamma

  두 영상의 덧셈연산에서 감마값을 나타낸다. gamma값에 따라 영상을 밝게 하거나 흐리게 조절할 수 있다.

- dst

  덧셈연산의 결과가 저장될 영상의 이미지를 나타낸다.

■ 히스토그램 평활화(Histogram Equalization)

히스토그램 평활화 기법이란, 어둡게 촬영된 영상의 히스토그램을 조절하여 명암 분포가 빈약한 영상을 균일하게 만들어 주는 기법을 말한다. 즉, 영상의 히스토그램의 분포가 한 쪽으로 치우쳐 있는 경우 영상의 밝기 분포를 재분배 하여 명암 대비를 최대화 하는데, 이를 통하여 영상을 보다 선명하게 만들 수 있다. 그림 5-34의 이미지에 평활화를 적용하여 그림 5-35의 이미지를 얻었다. 그림 5-34는 명암 분포가 오른쪽을 치우친 어두운 이미지이다. 하지만 평활화를 통하여 그림 5-35처럼 보다 밝고 선명한 이미지를 얻었고 히스토그램 분포 역시 고르게 분포되어 있는 것을 확인 할 수 있다.

그림 5-34 어두운 이미지와 히스토그램 분포

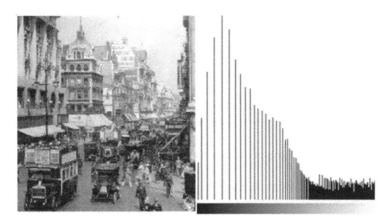

그림 5-35 평활화를 수행한 이미지와 히스토그램 분포

평활화 3단계로 나누어져 수행된다. 첫 번째 단계에서는 명암의 빈도수를 계산하여 입력영상의 히스토그램을 생성한다. 두 번째 단계에서는 각 명암 값 i에서 0~i까지의 누적 빈도 수(누적 합)를 계산한다. 마지막 단계에서는 누적 빈도수를 정규화 한다. 이를 수식으로 표현하면 표 5-6과 같다. 평활화를 수행하기 위해서는 위의 3단계를 거쳐야 하지만 OpenCV는 평활화 함수를 제공하므로 함수호출 만으로 평활화를 간단히 수행 할 수 있다.

표 5-6 평활화의 3단계

1단계	명암 값 j의 빈도 수 $hist[j]$을 계산하여 입력영상의 히스토그램 생성
2단계	각 명암 값 i에서 0~i 까지의 누적 빈도 수 (누적합) 계산 $$\sum[i] = \sum_{j-0}^{i} hist[j]$$
3단계	2단계에서 구한 누적 빈도수를 정규화(정규화 누적합) $$n[i] = sum[i] \times \frac{1}{N} \times I_{max}$$ (N은 화소의 총 수, Imax는 최대 명도 값, n[i]는 정규화된 입력 영상의 화소값)

```
1    #include <opencv\cv.h>
2    #include <opencv\highgui.h>
3
4    int main(void){
5
6        IplImage* image = cvLoadImage("lena.jpg",CV_LOAD_IMAGE_GRAYSCALE);
7        IplImage* histoEqualImage = cvCreateImage(cvGetSize(image),image->depth,image->nChannels);
8
9        cvEqualizeHist(image,histoEqualImage);
10
11       cvNamedWindow("original image");
12       cvNamedWindow("histogram equalized image");
13
14       cvShowImage("original image",image);
15       cvShowImage("histogram equalized image",histoEqualImage);
16
17       cvWaitKey();
18
19       cvDestroyAllWindows();
20       cvReleaseImage(&image);
21       cvReleaseImage(&histoEqualImage);
22
23       return 0;
24   }
```

코드 5-7 히스토그램 평활화 프로그램

그림 5-36: 코드 5-7 실행 결과 이미지

그림 5-36에서 왼쪽은 평활화를 수행하기 전 이미지이고, 오른쪽 이미지는 평활화를 수행 한 후의 이미지 이다. 평활화를 수행 한 후의 이미지가 원본이미지 보다 대비가 증가하여 선명해 진 것을 확인 할 수 있다.

- line 9 : cvEqualizeHist 함수를 이용하여 평활화를 수행 한다. cvEqualizeHist 함수의 첫 번째 매개변수는 평활화를 수행 할 이미지, 두 번째 매개변수는 평활화를 수행 한 후 저장 할 이미지를 매개변수로 사용한다. 위의 코드에서는 원본 이미지 영상을 저장하고 있는 'image'변수를 매개변수로 전달하였고, 평활화 영상을 저장하기 위해 생성한 'histoEqualImage' 변수를 매개변수로 전달하였다.

■ 주요함수

```
(void) cvEqualizeHist(const CvArr* src, CvArr* dst)
```

- src
히스토그램 평활화를 수행할 원 영상을 나타낸다.
- dst
히스토그램 평활화가 수행한 후에 영상을 저장할 영상을 나타낸다.

(3) 이미지 논리 연산

앞에서는 이미지를 이용하여 픽셀 간 산술연산을 OpenCV로 구현하고 이를 활용하는 방법에 대하여 설명하였다. 이번에는 이미지들 간의 논리연산을 OpenCV로 구현하는 방법에 대해서 배울 것 이다.

■ AND 연산

AND 연산을 통해 비트를 선택적으로 0으로 만드는 것이 가능하다. 예를 들어, 입력 영상의 첫 번째 화소가 181(십진수)이면, 이를 이진수로 변환하면 1 0 1 1 0 1 0 1(2진수)과 같다. 이를 이신 네이터인 0 0 0 0 1 1 1 1(2진수)와 AND연산을 수행한다면 0 0 0 0 0 1 0 1(2진수) 즉, 5(십진수)로 변화된 화소 값을 얻을 수 있을 것이다. AND연산에서 중요한 점은 원하는 비트를 선택적으로 0으로 만드는 기능이 있다는 것이다. 이진 데이터 0 0 0 0 1 1 1 1을 보면 상위 4비트는 원 영상의 화소 상위 4비트가 어떠한 값을 가지든지 0을 반환하게 된다. 하지만 이진 데이터 하위 4비트는 1로 세팅되어 원 영상의 하위 4바이트의 값을 그대로 반환하게 된다. AND연산의 결과가 0 0 0 0 0 1 0 1의 결과를 얻게 된 것이다. 이처럼 AND연산은 원하는 비트를 선택적으로 0으로 만드는 기능이 있어 마스크(mask) 연산이라고도 한다.

```
1   #include <opencv\cv.h>
2   #include <opencv\highgui.h>
3
4   int main(void){
5
6       IplImage* image = cvLoadImage("lena.jpg",CV_LOAD_IMAGE_GRAYSCALE);
7       IplImage* maskImage
8    = cvLoadImage("andimage.jpg",CV_LOAD_IMAGE_GRAYSCALE);
9       IplImage* resultImage
10  = cvCreateImage(cvGetSize(image),image->depth,image->nChannels);
11
12      cvAnd(image,maskImage,resultImage);
13
14      cvNamedWindow("original image");
15      cvNamedWindow("mask image");
16      cvNamedWindow("result image");
17
18      cvShowImage("original image", image);
19      cvShowImage("mask image",maskImage);
20      cvShowImage("result image",resultImage);
21
22      cvWaitKey();
23
24      cvDestroyAllWindows();
25
26      cvReleaseImage(&image);
27      cvReleaseImage(&maskImage);
28      cvReleaseImage(&resultImage);
29
30      return 0;
31  }
```

코드 5-8 AND 연산 프로그래밍

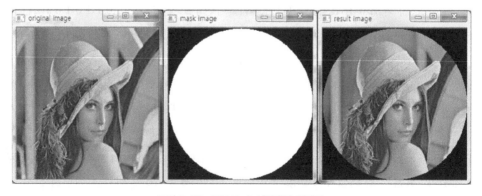

그림 5-37: 코드 5-8 실행결과 이미지

그림 5-37을 통해 왼쪽 이미지와 가운데 이미지의 AND연산의 결과로 오른쪽 이미지를 얻은 것을 확인 할 수 있다. 가운데 이미지의 흰 영역의 픽셀의 이진 수는 1 1 1 1 1 1 1 1 이므로 연산의 결과가 왼쪽 이미지 그대로 출력된 것을 확인 할 수 있고 검은색 영역의 부분의 픽셀의 이진수는 0 0 0 0 0 0 0 0 이므로 어떠한 픽셀과 AND연산을 하더라도 항상 0이 출력되어 검은색 영역으로 출력되는 것을 확인 할 수 있다.

- line 12 : cvAnd 함수를 이용하여 두 이미지간의 AND 연산을 수행 한다. 첫 번째 인자로 원 영상인 'image'변수를 전달 하고 두 번째 인자로 AND 연산을 수행 할 마스크 이미지인 'maskImage'변수를 전달 한다. 마지막으로 연산의 결과가 저장 될 'resultImage'를 인자로 전달하여 AND연산을 수행한다.

■ 주요함수

```
(void) cvAnd(const CvArr* src1, const CvArr* src2, CvArr* dst, const CvArr* mask
CV_DEFAULT(NULL));
```

- src1

  첫 번째 영상을 나타낸다.

- src2

  AND 연산을 수행 할 두 번째 영상을 나타낸다.

- dst

  연산의 결과를 저장할 영상을 나타낸다.

- mask

  마스크를 지정한다. 마스크를 사용하자 않는 경우 NULL로 지정한다.

■ OR 연산

AND 연산과는 반대로 OR 연산은 특정 비트를 선택적으로 1로 구성하는 것이 가능하다. 때문에 선택적-세트(selective-set) 연산이라고도 한다. 예를 들어 화소의 비트가 1 0 0 1 0 0 1 0 이고 이진 데이터가 0 0 0 0 1 1 1 1 이라고 하면 OR 연산의 결과는 1 0 0 1 1

1 1 1 의 값을 가진다. 이처럼 이진 데이터가 하위 4비트처럼 모두 1 1 1 1로 구성되어 있다면 어떠한 화소 값과 연산을 하더라도 결과는 1 1 1 1 의 값을 가지게 될 것이다. 원하는 비트 위치가 1로 구성된 이진 데이터와 OR 연산을 통해 화소의 특정 비트를 1로 만들 수 있다.

```
1    #include <opencv\cv.h>
2    #include <opencv\highgui.h>
3
4    int main(void){
5
6        IplImage* image = cvLoadImage("lena.jpg",CV_LOAD_IMAGE_GRAYSCALE);
7        IplImage* selectiveImage
8    = cvLoadImage("orimage.jpg",CV_LOAD_IMAGE_GRAYSCALE);
9        IplImage* resultImage
10   = cvCreateImage(cvGetSize(image),image->depth,image->nChannels);
11
12       cvOr(image,selectiveImage,resultImage);
13
14       cvNamedWindow("original image");
15       cvNamedWindow("selectiveImage image");
16       cvNamedWindow("result image");
17
18       cvShowImage("original image", image);
19       cvShowImage("selectiveImage image",selectiveImage);
20       cvShowImage("result image",resultImage);
21
22       cvWaitKey();
23
24       cvDestroyAllWindows();
25
26       cvReleaseImage(&image);
27       cvReleaseImage(&selectiveImage);
28       cvReleaseImage(&resultImage);
29
30       return 0;
31   }
```

코드 5-9 OR 연산 프로그래밍

그림 5-38: 코드 5-9 실행 결과

그림 5-38을 통해 왼쪽 이미지와 가운데 이미지의 OR연산의 결과로 오른쪽 이미지를 얻은 것을 확인 할 수 있다. 가운데 이미지의 흰 영역의 픽셀의 이진수는 1 1 1 1 1 1 1 1 이므로 연산의 결과가 원 영상의 화소 값과 상관없이 흰 영역으로 출력된 것을 확인 할 수 있고 검은색 영역의 부분의 픽셀의 이진수는 0 0 0 0 0 0 0 0 이므로 원 영상의 화소 값과 OR연산을 수행하게 되면 원 영상이 그대로 출력되는 것을 확인 할 수 있다.

- line 12 : cvOr 함수를 이용하여 두 이미지간의 OR 연산을 수행 한다. 첫 번째 인자로 원 영상인 'image' 변수를 전달하고 두 번째 인자로 OR 연산을 수행 할 선택적 세트 이미지인 'selectiveImage' 변수를 전달한다. 마지막으로 연산의 결과가 저장 될 'resultImage'를 인자로 전달하여 OR연산을 수행한다.

■ 주요함수

```
(void) cvOr(const CvArr* src1, const CvArr* src2, CvArr* dst, const CvArr* mask
CV_DEFAULT(NULL));
```

- src1
  첫 번째 영상을 나타낸다.

- src2
  OR 연산을 수행 할 두 번째 영상을 나타낸다.

- dst
  연산의 결과를 저장할 영상을 나타낸다.

* mask

마스크를 지정한다. 마스크를 사용하자 않는 경우 NULL로 지정한다.

■ XOR 연산

XOR연산은 입력이 서로 다를 때만 1을 출력하는 연산으로, 두 데이터를 비교하므로 비교 연산이라고도 한다. 예를 들어 어떤 영상의 화소 비트가 1 1 1 0 0 0 0 1 의 화소 값을 가지고 비교 데이터가 0 1 0 1 1 0 0 1 의 비트를 가진다면 연산의 결과는 1 0 1 1 1 0 0 0 이 될 것이다.

```c
1    #include <opencv\cv.h>
2    #include <opencv\highgui.h>
3
4    int main(void){
5
6        IplImage* image = cvLoadImage("lena.jpg",CV_LOAD_IMAGE_GRAYSCALE);
7        IplImage* cmpImage = cvLoadImage("cmpimage.jpg",CV_LOAD_IMAGE_GRAYSCALE);
8        IplImage* resultImage = cvCreateImage(cvGetSize(image),image->depth,image->nChannels);
9
10       cvXor(image,cmpImage,resultImage);
11
12       cvNamedWindow("original image");
13       cvNamedWindow("campare image");
14       cvNamedWindow("result image");
15
16       cvShowImage("original image", image);
17       cvShowImage("result image",resultImage);
18       cvShowImage("campare image", cmpImage);
19
20       cvWaitKey();
21
22       cvDestroyAllWindows();
23
24       cvReleaseImage(&image);
25       cvReleaseImage(&cmpImage);
26       cvReleaseImage(&resultImage);
27
28       return 0;
29   }
```

코드 5-10 XOR 연산 프로그래밍

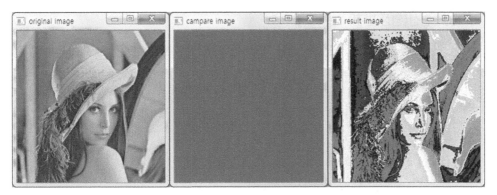

그림 5-39: 코드 5-10 실행결과

그림 5-39를 통해 왼쪽 이미지와 가운데 이미지의 XOR연산의 결과로 오른쪽 이미지를 얻은 것을 확인 할 수 있다.

- line 10 : cvXor 함수를 이용하여 두 이미지지간의 XOR 연산을 수행 한다. 첫 번째 인자로 원 영상인 'image' 변수를 전달하고 두 번째 인자로 XOR 연산을 수행 할 비교이미지인 'cmpImage' 변수를 전달한다. 마지막으로 연산의 결과가 저장 될 'resultImage'를 인자로 전달하여 XOR연산을 수행한다.

■ 주요함수

```
(void) cvXor(const CvArr* src1, const CvArr* src2, CvArr* dst, const CvArr* mask
CV_DEFAULT(NULL));
```

- src1
  첫 빈째 영싱을 나타낸다.
- src2
  XOR 연산을 수행 할 두 번째 영상을 나타낸다.
- dst
  연산의 결과를 저장할 영상을 나타낸다.
- mask
  마스크를 지정한다. 마스크를 사용하자 않는 경우 NULL로 지정한다.

■ NOT 연산(영상 반전)

NOT 연산은 화소 비트를 반전시키는 일을 한다. 영상에서는 검정색이 흰색으로, 흰색이 검정색으로 반전된다. 예를 들어 화소비트가 1 0 0 1 0 0 1 0 이라면 반전된 화소 비트의 값은 0 1 1 0 1 1 0 1 이 된다.

```c
1   #include <opencv\cv.h>
2   #include <opencv\highgui.h>
3
4   int main(void){
5
6       IplImage* image = cvLoadImage("lena.jpg",CV_LOAD_IMAGE_GRAYSCALE);
7       IplImage* resultImage = cvCreateImage(cvGetSize(image),image->depth,image->nChannels);
8
9       cvNot(image,resultImage);
10
11      cvNamedWindow("original image");;
12      cvNamedWindow("result image");
13
14      cvShowImage("original image", image);
15      cvShowImage("result image",resultImage);
16
17      cvWaitKey();
18
19      cvDestroyAllWindows();
20
21      cvReleaseImage(&image);
22      cvReleaseImage(&resultImage);
23
24      return 0;
25  }
```

코드 5-11 NOT 연산 프로그래밍

그림 5-40: 코드 5-11 실행 결과

그림 5-40은 코드 5-11의 실행 결과이미지로, 왼쪽 이미지를 반전시켜 오른쪽 이미지를 얻은 것을 확인 할 수 있다.

- line 9 : cvNot 함수를 이용하여 원 영상인 'image'의 반전을 수행하고 반전된 이미지를 'resultImage'에 저장한다.

■ 주요함수

```
(void) cvNot( const CvArr* src, CvArr* dst );
```

- src1
  원본 영상을 나타낸다.
- dst
  반전의 결과를 저장할 영상을 나타낸다.

지금까지 화소의 원 값이나 위치를 바탕으로 화소 값을 변경하는 화소의 점처리에 대하여 이해하고 OpenCV를 통해 이를 직접 구현하였다. 다음 장에서는 해당 입력 화소뿐만 아니라 그 주위의 화소 값도 함께 고려하는 이미지의 영역 처리에 대하여 배울 것 이다.

5.2.3 이미지 영역 처리

이번 장에서는 해당 입력 화소뿐만 아니라 그 주위의 화소 값도 함께 고려하는 공간 영역 연산에 대하여 배우고 영역 처리에 대표적인 블러링 경계선(edge) 검출에 대하여 이해하고 이를 OpenCV를 통해 구현하는 방법에 대하여 배울 것이다.

(1) 화소 영역처리의 개념

화소 영역처리는 회선 기법 또는 컨벌루션 기법 (Convolution Technique)으로 수행하므로 회선 처리 또는 컨벌루션 처리라고 한다. 계산방법은 그림 5-41과 같다. 원시 화소와 이웃한 각 화소에 가중치를 곱한 함으로 출력화소를 생성한다.

$$Output\_pixel[x,y] = \sum_{m=(x-k)}^{x+k} \sum_{n=(y-k)}^{y+k} (I[m,n] \times M[m,n])$$

그림 5-41 회선처리 연산 식

- output_pixel[x,y]

  회선 처리로 출력한 화소

- I[m,n]

  입력 영상의 화소

- M[m,n]

  입력 영상의 화소에 대응하는 가중치 또는 회선 마스크라고도 한다.

화소의 영역기반의 대표적인 기술로는 엠보싱효과, 블러링, 샤프닝, 경계선 검출, 잡음 제거 등의 기술이 있다.

(2) 회선 마스크의 특징

회선 마스크의 특징은 다음과 같다.

① 주변 화소의 값을 각 방향에서 대칭적으로 고려해야 한다. 이것은 각 방향에 있는 같은 수의 이웃 화소에 기반을 두고 새로운 화소 값을 생성하기 때문이다.

② 회선 마스크의 크기는 행과 열 모두 홀수의 크기를 사용하여 3×3, 5×5, 7×7 등의 마스크 크기를 사용한다.

③ 회선 처리 기법으로 생성된 출력 영상은 밝기 에너지를 보존해야 하므로 영상의 평균 밝기를 원 영상과 똑같이 유지해야 한다.

④ 회선된 영상의 평균 밝기 값이 원본 영상과 같도록 많은 회선 마스크의 계수 합이 1이 되도록 해야 한다.

⑤ 경계선 검출 등에서 사용되는 일부 회선 마스크에서는 음수의 계수를 포함하며, 계수 합이 0이 되도록 설계해야 한다.

⑥ 음의 계수에서는 음의 화소 값이 생성될 수도 있으나 밝기는 항상 양의 값만 있으므로 생성된 화소 값에 일정한 상수(최대 밝기의 1/2)를 더해서 양의 화소 값이 나

오도록 해야 한다.

(3) 블러링

블러링은 영상의 세밀한 부분을 제거하여 영상을 흐리게 하거나 부드럽게 하는 기술을 말한다. 때문에 영상의 잡음을 제거해주는 효과를 가진다. 영상의 세밀한 부분은 주파수 축에서 보면 고주파 성분인데, 블러링은 이 고주파 성분을 제거해 준다. 때문에 사용하는 가중치의 회선 마스크는 저역통과 필터(Low Pass Filter)가 된다.

■ cvSmooth 함수

OpenCV를 이용하여 블러링 처리를 위해서는 cvSmooth 함수에 대한 이해가 필수이다. 다음은 cvSmooth함수의 선언부이다.

```
(void) cvSmooth(const CvArr* src, CvArr* dst, int smoothtype CV_DEFAULT(CV_
GAUSSIAN), int size1 CV_DEFAULT(3), int size2 CV_DEFAULT(0), double sigma1
CV_DEFAULT(0),double sigma2 CV_DEFAULT(0));
```

- src

  원본 영상을 나타낸다.

- dst

  블러링 처리 후 저장하는 결과 영상을 나타낸다.

- smoothType

  블러링의 타입(필터)을 나타낸다. 각각의 타입과 특징은 표 5-7과 같다.

표 5-7 블러링 타입

Type	설명
CV_BLUR_NO_SCALE (0)	각각의 픽셀의 결과는 size1 x size2 크기 이웃픽셀의 합이다.
CV_BLUR (Simple blur)(1)	각각의 픽셀의 결과는 size1 x size2 크기 이웃픽셀의 평균값이다.
CV_GAUSSIAN (2)	가우시안 커널을 이용하여 size1 x size2 크기로 처리된 이미지를 가진다.
CV_MEDIAN (3)	size1 x size2 크기의 medial filter로 처리된 이미지를 가진다.
CV_BILATERAL (4)	3x3크기의 bilateral filter로 처리된 이미지를 가진다.

- size1

  반드시 양의 홀수 값을 인자로 전달해야 하며, size1의 크기의 이웃 픽셀 값이 블러링 연산에 이용된다. 즉, 필터의 사이즈를 의미한다.

- size2

  simple blur와 Gaussian blur의 경우 size1의 값이 0이면, size1 으로 설정된다. 0이 아닌 경우, size2역시 홀수 값을 인자로 전달해야 한다.

- sigma1

  Gaussian 커널의 경우, Gaussian sigma의 값을 명시한다. 만약 값이 0으로 설정되면, 커널의 사이지는 다음과 같이 계산된다.

```
Sigma = (n/2 - 1)*0.3 + 0.8
n=param1 for horizontal kernel, n=param2 for vertical kernel.
```

- sigma2

  non-square Gaussian 커널의 경우 다른 수직 방향의 sigma를 명시하는데 사용된다.

- 사용 예

```
cvSmooth(image,resultImage,CV_BLUR,3);
// simple blur를 3x3 size의 필터를 이용하여 블러링 처리를 한다.

cvSmooth(image,resultImage,CV_GAUSSIAN,3);
//Gaussian blur를 5x5 size의 필터를 이용하여 블러링 처리를 한다.
```

■ 마스크의 사이즈에 따른 블러링 효과

cvSmooth 함수의 size1의 인자에 따라 이미지의 흐려지는 정도가 달라진다. size1의 크기가 증가 할수록 이미지의 경계선이 더욱 악화되고 흐려진다.

```
1    #include <opencv\cv.h>
2    #include <opencv\highgui.h>
3
4    int main(void){
5
6        IplImage* image = cvLoadImage("lena.jpg",CV_LOAD_IMAGE_GRAYSCALE);
7        IplImage* resultImage = cvCreateImage(cvGetSize(image),image->depth,image->nChannels);
8
9        cvSmooth(image,resultImage,CV_BLUR,3);
10       //cvSmooth(image,resultImage,CV_BLUR,5);
11       //cvSmooth(image,resultImage,CV_BLUR,7);
12
13       cvNamedWindow("original image");
14       cvNamedWindow("result image");
15
16       cvShowImage("original image", image);
17       cvShowImage("result image",resultImage);
18
19       cvWaitKey();
20
21       cvDestroyAllWindows();
22
23       cvReleaseImage(&image);
24       cvReleaseImage(&resultImage);
25
26       return 0;
27   }
```

코드 5-12 블러링 프로그래밍(1)

그림 5-41 마스크의 크기에 따른 블러링 결과 이미지

그림 5-41은 마스크의 크기에 따라 simple blur를 적용한 결과 이미지이다. 오른쪽 위의 이미지의 경우 마스크의 크기는 3, 왼쪽 아래의 경우 5, 오른쪽 아래의 경우 7을 적용하여 블러링을 적용한 결과이다. 그림에서도 알 수 있듯이 마스크의 크기가 증가 할수록 이미지의 경계가 더욱 악화되고 전제적으로 흐려지는 것을 확인 할 수 있다.

- 블러링의 종류에 따른 블러링 효과

블러링의 특징은 영상의 세세한 부분을 제거하여 부드럽게 한다는 공통점이 있다. 블러링의 종류에 따라 수행되는 방식이 다르므로 결과는 미세하게 달라진다. 이를 구별하기 위하여 영상의 노이즈를 제거하기 위해 블러링을 수행하는 경우, 종류에 따라 어떠한 결과를 얻는지 살펴보자. 다음 코드는 마스크의 크기를 3으로 고정하여 각각 4종류의 필터를 이용하여 블러링 처리를 한 코드이다.

```
1   #include <opencv\cv.h>
2   #include <opencv\highgui.h>
3
4   int main(void){
5
6       IplImage* image = cvLoadImage("lena_noisy.png",CV_LOAD_IMAGE_GRAYSCALE);
7       IplImage* resultImage = cvCreateImage(cvGetSize(image),image->depth,image->nChannels);
8
9       //cvSmooth(image,resultImage,CV_BLUR,3);
10      //cvSmooth(image,resultImage,CV_GAUSSIAN,3);
11      //cvSmooth(image,resultImage,CV_MEDIAN,3);
12      cvSmooth(image,resultImage,CV_BILATERAL,3);
13
14      cvNamedWindow("original image");
15      cvNamedWindow("result image");
16
17      cvShowImage("original image", image);
18      cvShowImage("result image",resultImage);
19
20      cvWaitKey();
21
22      cvDestroyAllWindows();
23
24      cvReleaseImage(&image);
25      cvReleaseImage(&resultImage);
26
27      return 0;
28  }
```

코드 5-13 블러링 프로그래밍(2)

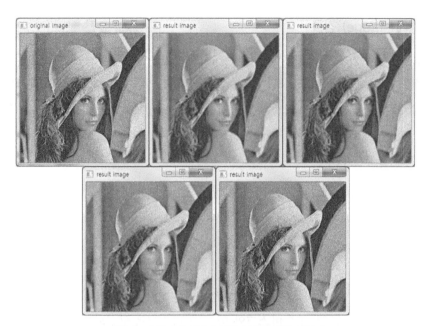

그림 5-42 마스크 종류에 따른 블러링 결과 이미지

그림 5-42는 노이즈가 포함된 원본 이미지(오른쪽 위의 이미지)에 4종류의 마스크를 적용하여 블러링 처리한 이미지들 이다. 가운데 위쪽의 이미지의 경우 simple blur, 오른쪽 위의 이미지의 경우 Gaussian blur, 왼쪽 아래의 이미지의 경우 median 필터, 오른쪽 아래의 이미지의 경우 bilateral 필터를 각각 적용한 것이다. 그림을 통해 알 수 있듯이 조금씩 다른 결과를 얻는다. 결과적으로 보면 simple blur와 Gaussian blur의 경우가 가장 노이즈를 잘 제거하였다. 하지만 이는 simple blur와 Gaussian filter가 나머지 다른 종류의 필터 보다 우수하다는 것을 뜻하지는 않는다. 각각의 filter의 종류에 따라 장단점이 다르므로 filter의 특징을 잘 이해하고 상황에 맞게 filter를 선택하여 사용하여야 한다. 각각의 filter의 특징은 표 5-8과 같다.

표 5-8 블러링 마스크와 필터의 특징

종류	특징
Simple blur	주로 노이즈를 제거하기 위한 용도로 사용
Gaussian Filter	주로 노이즈를 제거하기 위한 용도로 사용
Median Filter	고성능 잡음을 제거하기 위해 적합함
Bilateral Filter	이미지의 경계가 다른 filter보다 강조됨

⑷ 경계선(Edge) 검출

애지는 영상의 밝기가 작은 값에서 높은 값 또는 높은 값에서 작은 값으로 변하는 지점을 말한다. 이는, 영상을 구성하는 객체 간의 경계를 의미하고 경계선은 물체 식별, 위치, 보양, 크기 등을 인지하고 방향성을 탐지할 수 있는 정보를 제공한다.

■ 에지 검출 주요 함수

우선, OpenCV에서 제공하는 에지 검출 주요 함수인 cvSobel과 cvLaplace 함수에 대해서 살펴보자.

■ cvSobel 함수

에지 검출은 미분 회선 마스크를 통하여 검출 할 수 있다. sobel 마스크는 대표적은 1차 미분 회선 마스크로 행 검출 마스크와 열 검출 마스크로 구성되어 있다. 소벨 마스크의 장점은 도출된 값을 비교적 잘 평균화 한다는 장점이 있지만 대각선 방향에 놓은 에지에 더 민감하게 반은 한다는 단점이 있다. 아래는 OpenCV에서 제공하는 cvSobel 함수의 원형이다.

```
(void) cvSobel(const CvArr*src, CvArr* dst, int xorder, int yorder, int aperture_
size CV_DEFAULT(3));
```

* src

  원본 영상을 나타낸다.

* dst

  처리 후 저장 할 영상을 나타낸다.

* xorder

  x 방향 미분을 나타낸다.

* yorder

  y 방향 미분을 나타낸다.

* aperture_size

  커널의 크기를 나타낸다.

■ 사용 예

```
cvSobel(src, dst ,1 ,0 ,3);
//x 방향으로 미분만을 고려하여 3x3 크기의 마스크를 이용하여 에지 검출

cvSobel(src, dst ,1 ,1 ,3);
//x ,y 방향으로 미분을 고려하여 3x3 크기의 마스크를 이용하여 에지 검출
```

```c
1   #include <opencv\cv.h>
2   #include <opencv\highgui.h>
3
4   int main(void){
5
6       IplImage* image = cvLoadImage("lena.jpg",CV_LOAD_IMAGE_GRAYSCALE);
7       IplImage* resultImage = cvCreateImage(cvGetSize(image),image->depth,image->nChannels);
8
9       cvSobel(image,resultImage,1,1,3);
10
11
12      cvNamedWindow("original image");
13      cvNamedWindow("result image");
14
15      cvShowImage("original image", image);
16      cvShowImage("result image",resultImage);
17
18      cvWaitKey();
19
20      cvDestroyAllWindows();
21
22      cvReleaseImage(&image);
23      cvReleaseImage(&resultImage);
24
25      return 0;
26  }
```

코드 5-14 sobel 마스크를 이용한 경계선 검출

그림 5-43: 코드 5-14 실행결과

그림 5-43은 sobel 마스크를 이용하여 왼쪽의 원본이미지의 에지를 검출하여 오른쪽 이미지의 결과를 얻었다. cvSobel 함수의 인자들은 원본 이미지의 특징에 맞게 마스크의 크기, 미분 방향등을 조절하여 원하는 방식으로 에지를 검출 할 수 있다. 다음 그림 5-44 는 마스크의 크기에 따른 에지 검출 결과이다. 왼쪽 이미지는 마스크의 크기를 3, 가운데 는 5, 오른쪽 이미지는 7을 적용하여 에지를 검출한 결과이미지 이다. 마스크의 크기가 증가 하면 할수록 더욱 많은 에지를 검출하는 것을 확인 할 수 있다.

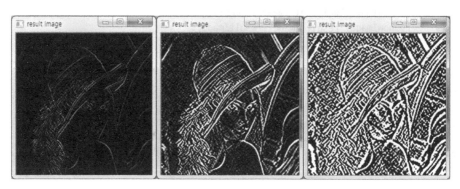

그림 5-44 마스크의 크기에 따른 에지 검출

■ cvLaplace 함수

라플라시안 연산자는 2차 미분의 대표적인 연산자로, 모든 방향의 에지를 강조 한다. 앞에서 살펴본 소벨 마스크의 경우 1차 미분을 통해 에지를 검출하지만 라플라시안 연산 자의 경우 미분을 한 번 더 수행하므로, 1차 미분의 단점인 에지가 있는 역역을 지날 때 만 민감하게 반응 한다는 단점을 완화시켜 둔감하게 반응하도록 만들었다. 2차 미분을 이용한 에지 검출기의 장점은 검출된 에지를 끊거나 하지 않고 연결된 폐곡선을 형성한다는 장점이 있지만 고립된 잡음에 민감하고, 윤곽의 강도만 검출하지 방향은 구하지 못한다는 단점이 있다. 아래는 cvLaplace 함수의 선언이다.

```
(void) cvLaplace( const CvArr* src, CvArr* dst,int aperture_size CV_DEFAULT(3) );
```

* src

  원본 영상을 나타낸다.

* dst

  처리 후 저장 할 영상을 나타낸다.

* aperture_size

  커널의 크기를 나타낸다.

```
1    #include <opencv\cv.h>
2    #include <opencv\highgui.h>
3
4    int main(void){
5
6        IplImage* image = cvLoadImage("lena.jpg",CV_LOAD_IMAGE_GRAYSCALE);
7        IplImage* resultImage = cvCreateImage(cvGetSize(image),image->depth,image->nChannels);
8
9        cvLaplace(image,resultImage,3);
10
11       cvNamedWindow("original image");
12       cvNamedWindow("result image");
13
14       cvShowImage("original image", image);
15       cvShowImage("result image",resultImage);
16
17       cvWaitKey();
18
19       cvDestroyAllWindows();
20
21       cvReleaseImage(&image);
22       cvReleaseImage(&resultImage);
23
24       return 0;
25   }
```

코드 5-15 라플라시안 연산자를 이용한 경계선 검출

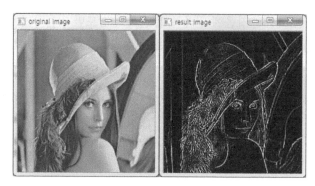

그림 5-45: 코드 5-15 결과 이미지

그림 5-45는 라플라시안 연산자를 이용하여 왼쪽의 원본이미지의 에지를 검출하여 오른쪽 이미지의 결과를 얻었다. cvLaplace 함수의 인자들은 원본 이미지의 특징에 맞게 마스크의 크기를 조절하여 원하는 방식으로 에지를 검출 할 수 있다. 1차 미분을 통해 검출한 에지와 2차 미분을 통해 검출 한 에지의 차이는 이미지의 '눈' 영역에서 확인 할 수 있다. 소벨 마스크를 통한 에지 검출 보다 라플라시안 연산자를 통해 검출한 '눈' 영역의 경계선이 보다 끊이지 않고 연결되어 있는 것을 확인 할 수 있을 것이다. 다음 그림 5-46은 마스크의 크기에 따른 에지 검출 결과이다. 왼쪽 이미지는 마스크의 크기를 3, 가운데는 5, 오른쪽 이미지는 7을 적용하여 에지를 검출한 결과이미지 이다. 마스크의 크기가 증가 하면 할수록 더욱 많은 에지를 검출하는 것을 확인 할 수 있다.

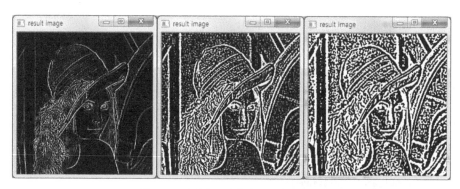

그림 5-46 커널의 크기에 따른 에지 검출 결과

지금까지 영상의 영역처리를 통하여 영상의 블러링 처리를 하고 경계선을 검출하는 방법에 대하여 배우고 OpenCV를 통하여 실습을 진행하였다. 디지털 영상의 영역처리는 매우 중요하다. 앞에서는 블러링, 에지 검출에 대해서만 실습을 진행하였지만 실제로는 영역처리를 통해 더욱 많은 처리를 하거나 정보를 얻을 수 있다. 마찬가지로 에지를 검출하는 다양한 방법이 존재하므로 많은 자료를 찾아보고 이해하는 것을 권장한다. 다음 장 에서는 동영상을 입력 받아 화면에 출력하고 출력된 영상을 처리하는 방법에 대하여 실습 할 것이다.

5.2.4 동영상 처리

이번 장에서는 OpenCV를 이용하여 화면에 동영상을 출력하고 처리하는 방법에 대하여 배울 것이다. 최종적으로 입력받은 동영상의 처리를 통하여 움직이는 물체를 확인하는 프로그램을 OpenCV를 통해 구현 할 것이다.

(1) 동영상 처리 주요 함수

우선, 동영상이란 움직임이 있는 디지털 영상을 연속적으로 보여 줘서 자연스런 움직임을 만들어 내는 것을 말하고 움직임이 있는 각 영상을 프레임이라고 말한다. 따라서 동영상을 이용하여 프로그램을 구현할 시에는, 프레임에 다양한 처리를 하여 정보를 얻을 수 있다. 다음은 OpenCV에서 동영상을 처리 할 때 주로 사용하는 함수들 이다.

■ cvCaptureFromFile 함수

출력 할 동영상 파일을 불러오는데 사용하는 함수로, 선언은 다음과 같다.

```
(CvCapture*) cvCaptureFileCapture( const char* filename );
```

• filename

화면에 출력 할 동영상 파일의 이름을 나타낸다.

■ cvReleaseCapture 함수

할당 받은 동영상에 대한 메모리를 해제하기 위해 사용하는 함수로, 선언은 다음과 같다.

```
(void) cvReleaseCapture( CvCapture** capture );
```

* capture

  메모리 해제할 동영상을 나타낸다.

■ cvGrabFrame 함수

메모리가 할당된 동영상의 프레임을 저장하는데 사용하는 함수이다.

```
(int) cvGrabFrame( CvCapture* capture );
```

* capture

  출력할 동영상을 나타내며 cvGrabFrame 함수가 호출 될 때 마다 파일로부터 한 프레임씩 내부 버퍼에 저장한다. 만약 저장 할 프레임이 없으면 0을 반환한다.

■ cvRetrieveFrame 함수

cvGrapFrame 함수를 통해 저장하고 있는 프레임으로부터 영상을 얻는데 사용하는 함수이다.

```
(IplImage*) cvRetrieveFrame( CvCapture* capture );
```

* capture

  재생할 동영상을 나타내며 cvretrieveFrame 함수는 cvGrabFrame 함수로부터 저장하고 있는 프레임을 얻은 영상에 대한 포인터를 반환한다.

■ 화면에 동영상 출력

다음 코드는 OpenCV를 이용하여 동영상을 화면에 출력하는 간단한 코드이다. 동영상을 이용하여 처리하기 위해서는 다음 코드에 대한 이해가 필수적이므로 반드시 동작 방식을 이해하고 있어야 한다.

```
1    #include <opencv\cv.h>
2    #include <opencv\highgui.h>
3
4    int main(void){
5
6        CvCapture* capture = cvCaptureFromFile("test.avi");
7        cvNamedWindow("video viewer");
8
9        while(capture){
10
11           cvGrabFrame(capture);
12           IplImage* frame = cvRetrieveFrame(capture);
13
14           if(!frame) break;
15
16           cvShowImage("video viewer",frame);
17
18           if(cvWaitKey(33)== 27)
19               break;
20       }
21
22       cvReleaseCapture(&capture);
23       cvDestroyWindow("video viewer");
24
25       return 0;
26   }
```

코드 5-16 동영상 출력

그림 5-47: 코드 5-16 실행 결과 화면

코드 5-16를 실행하면 test.avi의 동영상이 그림 5-47처럼 화면에 출력 될 것이다. 코드에 대한 설명은 다음과 같다.

- line 6 : 출력 할 동영상을 cvCaptureFromFile 함수를 이용하여 CvCapture 구조체 변수인 'capture'에 메모리를 할당한다.

- line 7 : 동영상을 출력 할 윈도우의 이름을 'video viewer'로 설정한다.

- line 9 ~ 20 : 입력 한 동영상의 프레임이 없을 때 까지 반복문을 수행 하면서 동영 상을 화면에 출력한다.

- line 11 : 동영상의 프레임을 버퍼에 저장한다.

- line 12 : 저장 하고 있는 프레임으로부터 cvRetrieveFrame 함수를 통해 영상을 얻 고, IpImage 구조체 변수인 'frame'의 메모리를 할당한다.

- line 14 : 출력 할 프레임이 없으면 반복문을 종료한다.

- line 16 : 'frame' 변수에 저장하고 있는 영상을 'video viewer' 윈도우에 영상을 출 력한다.

- line 18 ~ 19 : 33ms동안 프로그램을 정지시키고 33ms 동안 ESC(27) key를 누루지 않으면 루프를 반복하면서 영상을 화면에 출력한다.

- line 22 ~ 23 : 앞에서 할당 한 'capture'의 메모리를 해제하고 'video viewer' 윈도우 를 종료시킨다.

(2) 원본영상과 배경영상을 분리하여 출력

앞의 실습에서 사용된 동영상의 배경이미지를 분리하여 자동차의 움직임을 확인하는 프로그램을 OpenCV를 통해 구현 할 것이다. 이는 움직이는 물체를 추적하기 위한 가장 기본적인 방법이므로 다양하게 활용 될 수 있다.

```
1    #include <opencv\cv.h>
2    #include <opencv\highgui.h>
3
4    int main(void){
5
6        IplImage* grayFrame = cvCreateImage(cvSize(320,240),IPL_DEPTH_8U,1);
7        IplImage* bgImage = cvCreateImage(cvGetSize(grayFrame),IPL_DEPTH_8U,1);
8        IplImage* resultImage = cvCreateImage(cvGetSize(grayFrame),IPL_DEPTH_8U,1);
9
10       CvCapture* capture = cvCaptureFromFile("test.avi");
11
12       bool isBackGround = false;
13
14       while(capture){
15
16           cvGrabFrame(capture);
17           IplImage* frame = cvRetrieveFrame(capture);
18
19           if(!frame) break;
20
21           cvShowImage("original video",frame);
22
23           cvCvtColor(frame,grayFrame,CV_BGR2GRAY);
24           cvShowImage("gray video",grayFrame);
25
26           if(isBackGround == false){
27               cvCopy(grayFrame,bgImage);
28               isBackGround=true;
29           }
30
31           cvShowImage("background image",bgImage);
32
33           cvSub(grayFrame,bgImage,resultImage);
34           cvShowImage("result video",resultImage);
35
36           if(cvWaitKey(33)== 27)
37               break;
38       }
39
40       cvReleaseCapture(&capture);
41       cvReleaseImage(&grayFrame);
42       cvReleaseImage(&bgImage);
43       cvReleaseImage(&resultImage);
44       cvDestroyAllWindows();
45
46       return 0;
47   }
```

코드 5-17 동영상에서의 배경 제거

그림 5-48: 코드 5-17 실행 결과

그림 5-48은 원본영상에서 배경을 제거하여 자동차의 움직임을 확인하는 프로그램의 실행 결과이다. 프로그램의 순서는 원본영상에서 Gray로 변화된 이미지를 얻고, Gray 이미지로부터 배경영상을 얻는다. 최종적으로 배경이미지와 Gray이미지의 차 (difference) 영상을 통해서 자동차의 움직임을 얻을 수 있다. 코드 5-17을 실행해 보면 그림 5-48의 오른쪽 영상처럼 자동차의 움직임만을 영상에서 확인 할 수 있다.

- line 6 ~ 8 : Gray 이미지, 배경이미지, 결과 이미지를 저장할 변수 선언 및 메모리 할당.

- line 14 ~ 38 : 반복문을 수행하면서 입력으로 들어온 영상의 배경이미지, Gray이 미지, 결과이미지를 화면에 출력한다.

- line 23 ~ 24 : cvCvtColor 함수를 통하여 RGB이미지 체널을 Gray 채널로 변경하여 'grayFrame' 메모리에 변경된 Gray영상을 할당 후 화면에 Gray 영상을 출력한다.

- line 26 ~ 31 : 'isBackGround' 변수를 통하여 배경이미지의 저장 여부를 확인 하고 배경이미지를 할당 하지 않았으면 cvCopy 함수를 통해 배경이미지를 'bgImage'변 수에 할당하고 화면에 배경이미지를 출력한다.

- line 33 ~ 34 : 배경이미지와 Gray이미지의 차 영상을 'resultImage' 변수에 할당하 고 화면에 출력한다.

- line 40 ~ 44 : 앞에서 할당한 메모리들을 모두 해제하고 생성된 모든 윈도우를 종 료시킨다.

6

MySQL

6.2 MySQL의 설치
6.3 SQL문을 이용한 스키마 구성

이번 장에서는 MySQL의 개념과 설치 방법, 그리고 간단한 문법과 데이터베이스의 구성 방법에 대하여 학습할 것이다. 먼저 1장에서는 MySQL의 소개와 특징에 대하여 알아볼 것이다. 이후 2장에서는 MySQL의 설치와 사용 방법에 대하여 학습한다. 3장에서는 MySQL을 다루는 데에 있어 기본이 되는 SQL문의 기초를 다루면서 학생 정보 관리 스키마를 구성하여 보도록 한다.

6.1 MySQL 개요

6.1.1 MySQL의 소개

MySQL은 1995년 5월, David Axmark, Allan Larsson, Michael "Monty" Widenius에 의해 설립된 스웨덴의 MySQL AB 사에 의하여 발표되었다. MySQL은 mSQL (Mini SQL)에 기반하고 있으며, mSQL의 핵심 엔진은 저수준 언어인 ISAM 데이터 구조이다. 따라서 MySQL에서도 MyISAM이라는 스토리지 엔진을 다루고 있다. 특히 MySQL은 1996년 말 발표된 버전 3.19 이후로 2000년 초반까지 사용된 3.23 시기에 센세이셔널한 인기와 확산을 불러일으켰다. 이는 공교롭게도 PHP(현재는 PHP: Hypertext Preprocessor의 약어이나, 당시에는 Personal Home Page Tools의 약어였다.)의 인기 확산과도 결부되어 있다.

이후 MySQL은 4.0 버전 이후로 관계형 데이터베이스 구축을 위한 기본 구조인 InnoDB를 차용하고, MySQL 5.5 이후로는 InnoDB가 기본 스토리지 엔진이 되어 본격적인 관계형 데이터베이스로의 행보를 내딛게 되었다. 그러나 2005년 10월, 상용 DB 엔진인 오라클(Oracle)로 유명한 오라클사에서 핀란드 회사이자 InnoDB 엔진의 원 라이선스 회사인 Innobase OY를 인수하며 2006년까지 MySQL에 InnoDB의 라이선스 갱신을 요구하게 된다. 이후 2006년에는 버클리(Berkeley) DB 스토리지 엔진으로 유명한 Sleepycat Software를 인수하는 등 MySQL의 위치는 위태로워졌다. 이후 2008년 1월, 선 마이크로시스템즈 사에 의하여 MySQL이 인수되어 많은 오픈소스 기반 개발자들에게 우려를 불러일으키게 되었다. 이듬해 2009년 4월, 오라클사는 선 마이크로시스템즈를 인수하여, 실질적으로 MySQL의 저작권과 상표권은 오라클사가 되었다.

이러한 복잡한 과정을 거쳐 오라클사의 일부가 된 MySQL은 사실상 상용 소프트웨어의 위치를 점하고 있다. 그럼에도 불구하고 MySQL을 오픈소스 소프트웨어의 범주에서 다루는 것은 MySQL은 여전히 상용 소프트웨어면서 오픈소스 소프트웨어이기 때문이다. MySQL은 커뮤니티 에디션(Community Edition)의 경우 GPL 기반 라이선스(무료)로 제공되며 오라클사의 지원을 거의 받을 수 없다. 그러나 엔터프라이즈 에디션(Enterprise Edition)의 경우 유료 버전으로 오라클사의 다양한 지원을 받을 수 있다. 이렇듯, 무료 버전으로도 제공하며 유료 버전으로도 서비스가 제공되는 형태는 MySQL과 같은 오픈소스 소프트웨어뿐만 아니라 상용 소프트웨어 사에 인수된 많은 오픈소스 소프트웨어가 걷게 된 행보이기도 하다.

현 시점에서 MySQL은 세계에서 가장 대중적으로 사용되는 오픈 소스 데이터베이스 시스템으로, 소규모 서비스 사업자부터 시작해서 대규모 엔터프라이즈급 서버 플랫폼에서도 기본으로 고려할만한 시스템이다. 비록 최근에는 MySQL의 창안자인 Monty Widenius가 GPL 버전으로 포크(fork)한 MariaDB로 사용자층이 옮겨가고 있지만, 원래의 MySQL과 근본적인 철학과 설계가 거의 동일하여, 향후 오픈소스 기반 데이터베이스 시스템을 차용하고자 할 경우 MySQL의 습득은 필수가 될 것이다. 특히 국내에서는 이러한 움직임에도 불구하고, 소규모 개인 웹페이지나 중소기업, 심지어는 대형 게임 개발사 등에서도 기반 데이터베이스로 MySQL을 채택하는 경향이다. 따라서 당장 엔터프라이즈 데이터베이스 시스템을 채택할 것이 아니라면, 1000명 미만의 동시 접속이 발생하는 상황에서는 MySQL을 기반 데이터베이스 시스템으로 고려해볼만하다.

6.1.2 MySQL의 특징

MySQL은 관계형 데이터베이스 관리 시스템(RDBMS)이다. 이는 관계형 데이터베이스를 구성하기 위한 기능이 기본 제공됨을 뜻한다. 가령, 레코드의 삽입, 삭제, 변경 등에 따라 다른 테이블의 내용이 자동 업데이트, 삭제, 무효화 되는 등의 기능을 제공하고 있다. 또 이리한 징챜은 사용자가 프로젝트에서 원하는 바에 따라 자유로이 실정하는 것이 가능하다.

MySQL은 다양한 프로그래밍 언어와 인터페이스를 지원한다. MySQL은 C/C++/C#/자바 등과 같은 개발 언어뿐만 아니라 JSP, PHP, ASP.NET, Node.js 등의 다양한 서버사이드 스크립트 언어, 파이썬, 루비, 스몰토크, Perl 등의 언어 또한 지원한다. 그리고 ODBC, JDBC 등의 데이터베이스 연결자(DataBase Connectivity)에 의하여 다양한 연결이 가능하다. 즉, 서로 다른 운영체제와 하드웨어에서 데이터베이스 연결자를 이용하여 공통의 언어(SQL)를 이용하면 얼마든지 원하는 데이터 관리 작업을 수행할 수 있다.

MySQL은 표준 ANSI SQL 언어를 확장한 SQL문으로 데이터베이스의 정의(definition)와 조작(manipulation)을 지원한다. 이러한 SQL문의 상세에 대해서는 이후 다룰 것이다.

MySQL은 InnoDB 등의 관계형 데이터 스토리지 엔진뿐만 아니라 전통적인 MyISAM 등의 데이터 스토리지 엔진을 지원한다. 따라서 관계형 데이터베이스 기능이 필요하지 않은 경우 빠르고 간편한 MyISAM을 이용할 수 있고, 관계형 데이터베이스를 이용한 구축이 필요한 경우 InnoDB를 고려해볼 수 있다. 2018년 7월 현재 MySQL에서 데이터 스토리지를 처음 생성할 때 기본 엔진은 InnoDB이다.

6.2 MySQL의 설치

본 장에서는 MySQL의 설치와 간단한 사용 방법에 대하여 다룬다. MySQL은 다양한 운영체제에서 설치할 수 있으나, 본 장에서는 윈도에서의 설치만 다룰 것이다. 한편, 사용을 위해서는 패키지와 함께 제공되는 MySQL connector를 이용할 것이다.

6.2.1 MySQL 설치

그림 6-1 MySQL 다운로드 페이지

먼저 윈도에서 설치하기 위한 설치 바이너리 파일 다운로드가 필요하다. 다운로드는 https://dev.mysql.com/downloads/에서 다운로드할 수 있다. 우리는 유료 버전(Enterprise)이 아닌 오픈소스 무료 버전(Communicty)을 이용할 것이므로, 상단의 탭 중 Community 메뉴를 택하여 MySQL Community Server를 선택한다.

본 장에서는 MySQL Community Server 8.0.12를 설치할 것이다. 그러나 필요에 따라 MySQL 구 버전 혹은 신 버전을 사용하더라도 그 차이는 크지 않다. 사용하고 있는 운영 체제 플랫폼에 맞는 설치 파일(약 270MB)을 다운로드 받아 압축을 풀고 준비하도록 하 자. 다운로드 메뉴에 진입하면 MySQL Installer는 다른 페이지에 있는 것을 확인할 수 있 다. MySQL Installer 설치 시 인스톨러가 32비트 버전이어서 64비트 버전을 요구하는 학 습자는 헷갈릴 수가 있는데, 인스톨러에 의해 32/64비트 모두 자동으로 설치된다는 점을 유념하도록 하자.

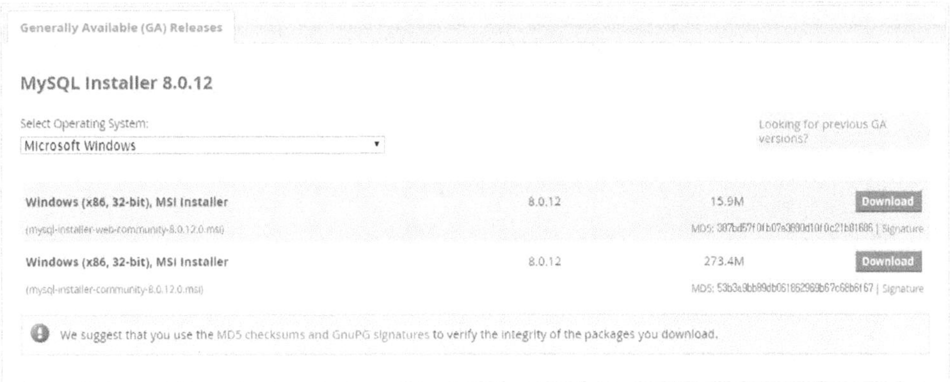

그림 6-2 다운로드 페이지의 세부 내용

인스톨러를 실행하면 먼저 라이선스 동의 창이 나타난다. 동의 후 Next 버튼을 누르면 설치 유형(Setup Type)을 묻는 화면이 나타난다. 우리는 서버뿐만 아니라 개발 용도로 도 사용할 것이므로 개발자 기본(Developer Default)을 선택하도록 하자. 다음으로 설치 를 진행하기 전에 요구사항을 체크(Check Requirements)하게 된다. 이 과정에서 Visual Studio 2012, 2013, 2015 등과 Python 3.6 등이 설치되지 않았음을 물어볼 수 있으나, 현 시점에서는 활용하지 않으므로 넘어가도 좋다. 이후 Installation 화면에서 설치 예정인 어플리케이션들의 목록이 나타난다. Execute 버튼을 누르면 설치를 시작하게 된다.

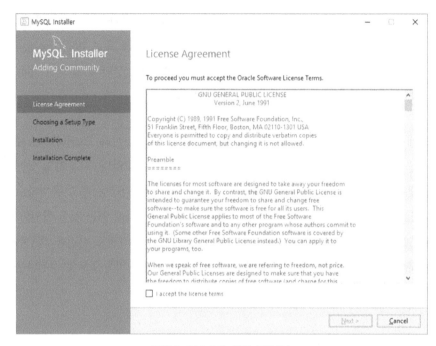

그림 6-3 MySQL 설치 화면 (1)

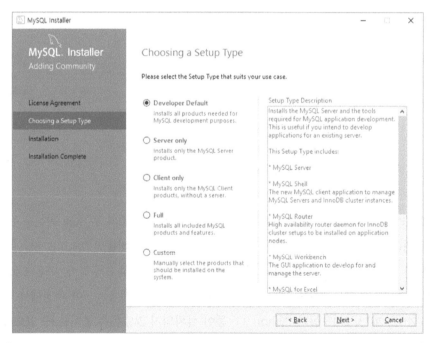

그림 6-4 MySQL 설치 화면 (2)

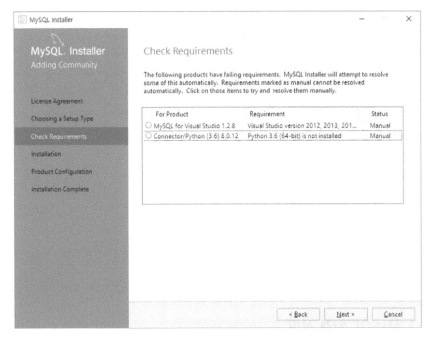

그림 6-5 MySQL 설치 화면 (3)

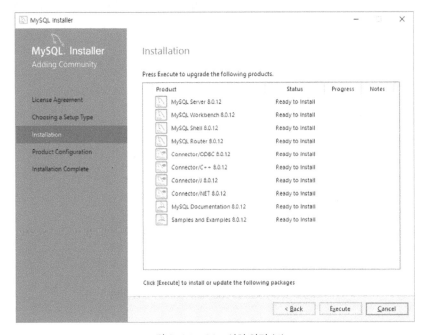

그림 6-6 MySQL 설치 화면 (4)

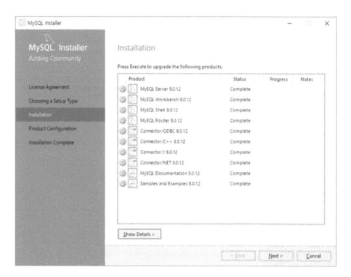

그림 6-7 MySQL 설치 화면 (5)

6.2.2 MySQL 환경 설정

설치가 완료된 다음에는 처음으로 MySQL 서버 등을 환경설정(configure)하여야 한다.

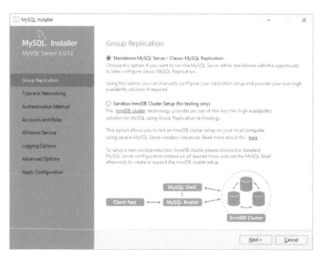

그림 6-8 MySQL Group Replication 설정 화면

먼저 Group Replication의 설정이다. 우리는 MySQL 서버를 학습 목적으로 사용할 것
이므로, Group Replication에서 서버를 standalone MySQL Server / Classic MySQL
Replication으로 설정한다. 또한 MySQL Router를 InnoDB 클러스터로 포함시키지 않을

것이므로, Configure MySQL Router Router for InnoDB cluster 는 체크하지 않은 상태로 환경설정을 마친다.

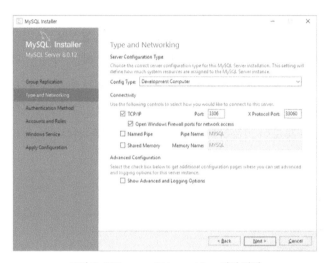

그림 6-9 Type and Networking 설정 화면

다음으로는 Type and Networking 설정이다. 이 부분은 설치하는 MySQL 서버를 네트워크를 통하여 접속 가능하도록 설정하는 부분이다. 현재는 본격적인 서버 운용을 하지 않을 것이므로, Development Computer로 설정을 놔둔 채로 Next를 누른다. 이렇게 설정할 경우 TCP/IP 프로토콜을 통하여 3306 포트로 접근이 가능해지나 보안상 문제는 크지 않다.

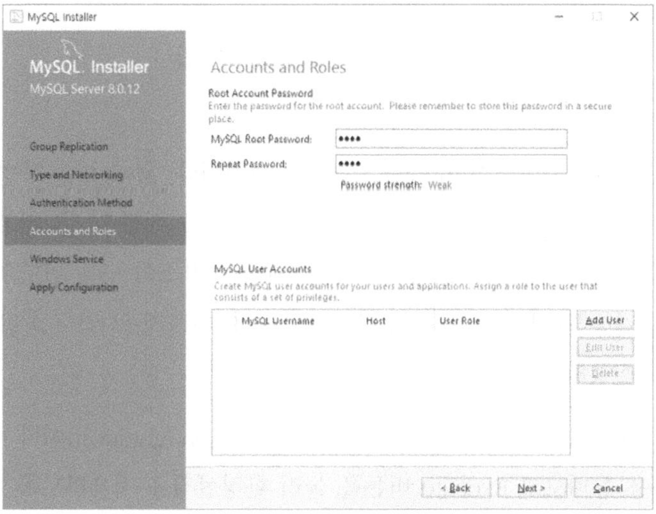

그림 6-10 계정 설정

다음으로는 인증 메서드(Authentification Method)의 설정이다. 최근에는 좀 더 강인한 암호화 기능을 제공하므로, Use Strong Password Encryption for Authentication을 설정한다.

이후 Accounts and Roles 에서는 기본 계정과 역할을 설정할 수 있다. 데이터베이스에서는 루트(root) 계정의 패스워드가 가장 중요하나, 우리는 학습을 위한 셋업을 진행하고 있으므로, 학습자 본인이 잘 기억할 수 있는 패스워드를 설정한다. 외부로부터 여러 사용자가 공동 작업을 하는 경우 계정을 추가할 수 있으나, 이 설정은 이후에도 얼마든지 다양한 방식을 통하여 가능하므로 현재는 생략하도록 한다.

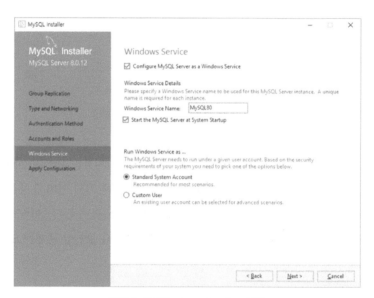

그림 6-11 Windows Service 설정

다음으로는 윈도우 서비스(Windows Service) 설정이다. MySQL은 특별한 이유가 없다면 윈도우 서비스로 등록하는 것이 사용에 편리하므로, 윈도우 서비스로 등록하도록 하자. 이때, 시스템에서 특별한 정책이 있다면, 해당 서비스의 구동 윈도우 계정을 따로 설정하는 것이 가능하다. 참고로 등록된 서비스는 언제든지 [시작]-[실행] 버튼을 눌러 services.msc를 실행하여 구동을 조정할 수 있다.

마지막으로 나타나는 화면은 환경설정 적용(Apply Configuration)이다. 다시 한 번 환경설정의 내용을 살펴보고 Execute 버튼을 눌러 환경설정을 적용하도록 하자. 적용 도중 오류가 발생할 경우 Log 탭을 통하여 그 상세를 확인할 수 있다. 설정이 완료되면

The configuration for MySQL Server 8.0.xx was successful 메시지가 나타난다. Finish 버튼을 눌러 환경설정을 마치도록 하자.

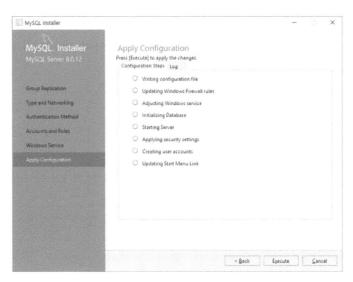

그림 6-12 구성 설정 적용 화면

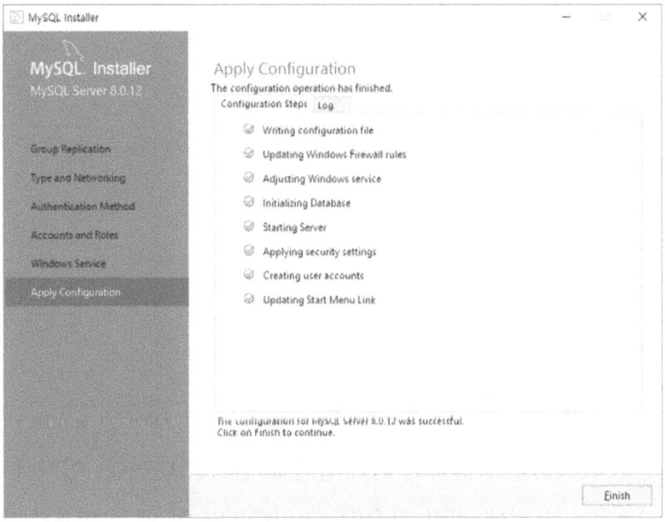

그림 6-13 구성 설정 후의 화면

6.2.3 MySQL Workbench CE의 사용

과거의 MySQL은 콘솔을 통하여만 접근할 수 있어 사용성이 불편하였으며, 처음 MySQL 플랫폼에 익숙해지고자 하는 사용자들이 불편을 겪어야 했다. 현재에는 MySQL 에서 Workbench 라는 GUI 기반 프로그램을 제공하고 있어 좀 더 편리하게 관계형 데이 터베이스 시스템에 접근할 수 있게 되었다.

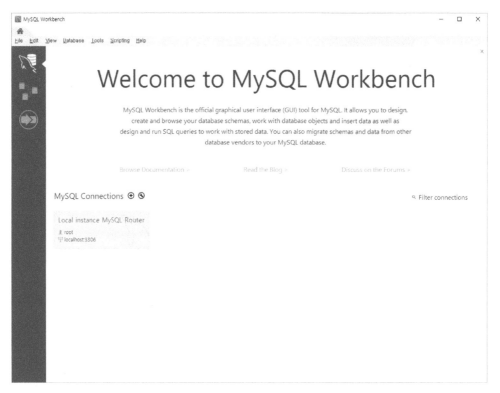

그림 6-14 Workbench 시작 화면

MySQL Workbench CE를 실행하면 위와 같은 화면이 나타난다. 여기서 환경설정에서 셋업한 바대로 MySQL 서버에 직접 접속할 수 있다. 또 이 앱을 이용하면 원격의 다른 MySQL 서버에도 접속하는 것이 가능하다. 자동으로 설정된 정보인 Local instance MySQL Router를 눌러 자신의 컴퓨터에서 구동중인 MySQL 서버에 접속하도록 하자.

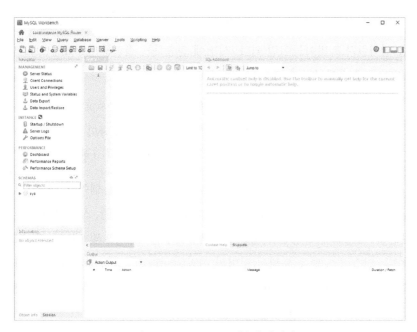

그림 6-15 Workbench 접속 후의 화면

접속하면 위와 같은 화면이 나타나게 된다. 각 구역을 차례대로 설명하면 다음과 같다.

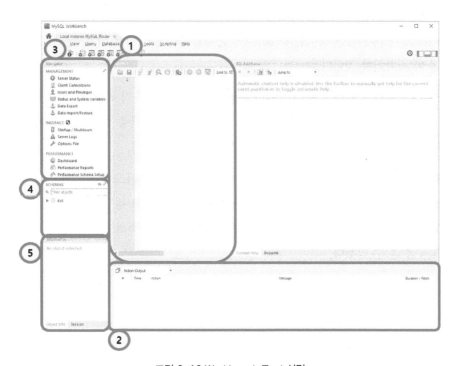

그림 6-16 Workbench Tool 설명

1번은 질의(query) 창이다. 서버에 전송하기 위한 질의를 입력하는 창으로, 일종의 명령 구문을 입력한다고 받아들이면 쉽다. 서버에 전송하는 질의문은 SQL문으로 작성하여야 한다. SQL문에 대해서는 후에 다루도록 한다.

2번은 질의에 대한 결과(output)의 상태가 나타나는 창이다. SQL 질의문이 올바른 경우 실행 결과와 소요시간이 나타나며, 올바르지 않은 경우 오류와 원인이 나타나게 된다. 참고로 데이터 질의에 대한 결과는 새로운 창이 나타나며 보이게 된다.

3번은 데이터베이스를 관리하기 위한 각종 기능을 모아놓은 탭이다. 관리 탭을 통해서는 MySQL 데이터베이스 서버의 상태, 클라이언트 접속 현황, 사용자 계정 및 권한, MySQL 데이터베이스에 설정된 환경변수, 데이터 추출(export) 및 데이터 입력(import)이 가능하다. 인스턴스 탭을 통해서 서버의 시작(startup)과 종료(shutdown), 서버 로그 참조, 서버 옵션 파일 등의 설정이 가능하다. 마지막으로 퍼포먼스 탭을 통해서 서버의 퍼포먼스 레포트, 스키마 셋업 등을 수행할 수 있다.

한편, 4번은 데이터베이스에서만 나타나는 특이한 부분이라 볼 수 있다. 앞서 계속 사용하고 있던 용어인 데이터 스토리지를 데이터베이스에서는 스키마(schema)라고 한다. 즉, 데이터가 담기는 형태(프로그래밍에서는 변수나 구조체의 내부 구조)를 스키마라고 받아들이면 쉽다. 한 서버에는 여러 스키마가 존재할 수 있고, 또 여러 스키마 안에는 여러 데이터를 다루기 위한 테이블(table)들이 존재할 수 있다. 이에 대해서는 추후 SQL문을 다룰 때 재확인할 것이다.

마지막으로 5번은 각종 항목을 선택하였을 때 정보를 표시하기 위한 정보(information) 탭이다. 예를 들어 스키마를 선택할 경우, 스키마에 설정된 각종 환경변수 등이 나타나게 된다. 한편, 사용자의 접속 세션 등을 관리할 수 있기도 한다.

이처럼 MySQL Workbench는 단순한 작업대(workbench)라고 부르기에는 너무나도 방대한 기능을 담고 있다. 이는 오픈소스 환경임에도 불구하고 굉장히 편리한 환경이며, MySQL에 기반을 둔 개발을 하는 사용자들은 좀 더 시간을 단축하고 작업 효율을 높이는 데에 도움을 줄 수 있겠다.

6.3 SQL문을 이용한 스키마 구성

MySQL 뿐만 아니라 모든 데이터베이스를 다루기 위해서는 스키마(schema), 테이블 (table) 등의 개념을 이해하고 데이터베이스를 다루기 위한 SQL문을 습득하여야 한다. 본 장에서는 데이터베이스를 이루는 스키마와 테이블의 개념을 간단하게 설명하고, 이 들을 다루기 위한 MySQL에서의 핵심 SQL문을 다루도록 한다.

6.3.1 스키마와 테이블

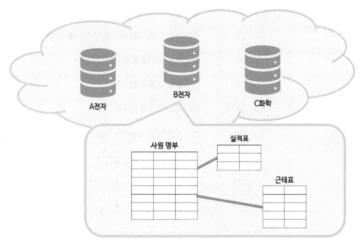

그림 6-17 스키마(A전자, B전자, C전자)와 테이블(사원 명부, 실적, 근태표)
예시

2장의 MySQL Workbench의 사용에서 다룬 것처럼, 데이터베이스에서 데이터 스토리 지는 스키마(schema)라고 하는 논리 구조로 다루어진다. 또 스키마에는 여러 테이블 (table)들이 존재할 수 있다. 이를 도식화하여 표현한 것이 바로 위의 그림과 같다. 이때, 테이블은 같은 스키마 내에서만 관계(relation)를 가지며, 그러한 관계는 다양하게 정의 할 수 있다.

한편, 각 테이블은 레코드(record)와 필드(field)라는 개념을 가진다. 이는 여러분이 흔 히 생활 속에서 보는 표의 행(row)과 열(column)에 대치되는 개념이다.

앞으로 배우게 되는 SQL문은 바로 이러한 스키마와 테이블 사이의 관계를 정의하고 원하는 데이터를 질의(query)하기 위한 데이터베이스만의 전용 언어이다. SQL문은

MySQL 뿐만 아니라 Oracle DB, MSSQL, PostgreSQL 등의 다양한 데이터베이스 환경에 서 조금의 변형만 하면 적용할 수 있으므로, 데이터베이스가 연계되는 개발 환경에서는 반드시 습득하여야 한다.

6.3.2 SQL문의 구성

데이터베이스의 스키마와 테이블을 정의하고 데이터베이스에서 원하는 정보를 질의 하기 위한 SQL문은 다음과 같이 구성되어 있다.

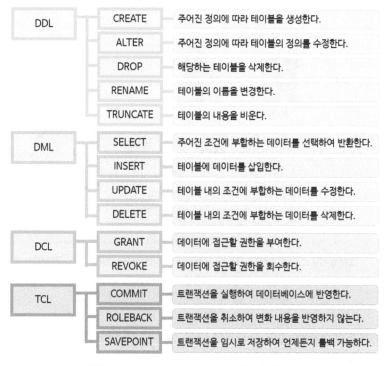

그림 6-18 DDL, DML, DCL, TCL에서 각각의 특성

Data Definition Language(DDL)은 데이터베이스에서 데이터 구조를 정의하거나 정의 를 변경 혹은 삭제하는 데에 사용하는 언어이다. 주로 스키마 내의 테이블을 생성 및 삭 제하는 구문으로 이루어져 있다. Data Manipulation Language(DML)는 명시되는 조건 에 부합하는 데이터를 조회하여 반환하거나 데이터를 삽입, 삭제, 수정하는 데에 사용하 는 구문이다. Data Control Language(DCL)는 데이터에 접근하는 권한을 부여하거나 반 환하는 데에 사용하는 구문이다. 마지막으로 Transaction Control Language(TCL)는 데

이터베이스에서의 논리적인 작업의 단위를 나타내는 트랜잭션(transaction)을 제어하는 데에 사용하는 구문이다.

본 교재에서는 여러 계정에서 운용되는 데이터베이스 환경을 다루지는 않으므로 DCL 을 다루지는 않을 것이다. 또한, 여러 트랜잭션(transaction) 환경에서의 작업 또한 요원 하므로 TCL을 다루지는 않을 것이다. 따라서 본 교재에서는 DDL과 DML의 핵심 구문을 위주로 정리하도록 한다.

6.3.3 스키마의 생성과 선택, 그리고 삭제

MySQL에서 DDL, DML, DCL, TCL 등의 구문을 다루기 위해서는 스키마를 생성하고 삭제하는 구문이 필요하다. 다음은 MySQL에서 스키마와 관련된 대표적인 구문들이다.

표 6-1 대표적인 스키마와 관련된 구문 설명

명령어	설명
CREATE DATABASE	스키마를 생성한다.
USE	사용할 스키마를 선택한다.
DROP DATABASE	해당하는 스키마를 삭제한다.

가령, 처음 만든 MySQL 서버에 test 라는 스키마를 생성할 경우 다음과 같은 구문을 입력하면 된다.

```
CREATE DATABASE test;
```

이 때 세미콜론(;)은 붙이지 않더라도 MySQL Workbench에서 자동으로 붙여 실행하 여 준다. 이 때 스키마의 변화 상황은 스키마 탭에서 새로 고침 아이콘을 클릭하여야 확 인할 수 있다.

스키마를 생성한 직후에는 스키마를 사용하도록 설정되어 있지 않다. 따라서 스키마 를 사용하기 위해서는 다음과 같이 구문을 입력한다.

```
USE test;
```

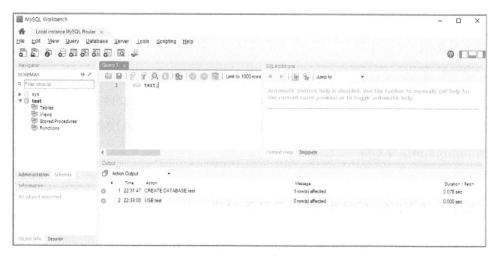

그림 6-19 Workbench에서 스키마 사용 예시

■ 스키마 생성 및 사용을 진행한 결과

마지막으로, 스키마를 삭제하기 위해서는 DROP DATABASE 구문을 이용한다. 단, 데이터베이스에서는 이러한 구문의 실행 결과를 되돌릴 수 없으므로, 늘 신중하게 입력하도록 하자.

```
DROP DATABASE test;
```

6.3.4 DDL

스키마를 생성하였으며 이제 실제의 데이터가 담길 테이블을 생성, 변경 및 삭제할 수 있다. 테이블의 정의를 제어하기 위한 명령은 다음과 같다.

표 6-2 테이블 정의를 제어하는 명령어

명령어	설명
CREATE TABLE	주어진 정의에 따라 테이블을 생성한다.
ALTER TABLE	테이블의 정의를 변경한다.
DROP TABLE	해당하는 테이블을 삭제한다.
TRUNCATE TABLE	테이블의 내용을 비운다.

테이블을 생성하는 구문인 CREATE TABLE 구문을 사용하기 위해서는 데이터베이스에 담길 데이터의 유형(data type)을 알고 있어야 한다. 다음은 MySQL에서 다루는 대표적인 데이터 유형들이며, 공식 홈페이지에서는 이보다 더 다양한 데이터 유형을 알아볼 수 있다.

표 6-3 다양한 데이터 유형(data type)

분류	데이터 유형	설명
정수형	TINYINT	0~255 (또는 -128~127) 범위 정수
	SMALLINT	0~65535 (또는 -32768~32767) 정수
	MEDIUMINT	0~16777215 (또는 -2^{15}~$2^{15}-1$) 정수
	INT	0~4294967295 (또는 -2^{31}~$2^{31}-1$) 정수
	BIGINT	0~$2^{64}-1$ (또는 -2^{63}~$2^{63}-1$) 정수
실수형	FLOAT	최대 6자리의 유효숫자를 가지는 실수
	DOUBLE(REAL)	최대 9자리의 유효숫자를 가지는 실수
날짜형	DATE	날짜
	DATETIME	날짜와 시간
	TIMESTAMP	1970년 1월 1일 0시부터 기산 시간 정보
	TIME	시간
문자열	CHAR	0~255자리 문자열
	VARCHAR	0~255자리 문자열 (가변길이)
텍스트	TINYTEXT	최대 255문자 문자열
	TEXT	최대 65535문자 문자열
	MEDIUMTEXT	최대 16777215문자 문자열
	LONGTEXT	최대 4294967295문자 문자열
바이너리	MEDIUMBLOB	최대 255Bytes 바이너리
	BLOB (LONGBLOB)	최대 4294967295Bytes 바이너리
	BINARY	최대 255Bytes 바이너리
	VARBINARY	최대 65535Bytes 바이너리
열거형	ENUM	특정한 값만 저장할 수 있는 열거형
	SET	비트 연산이 가능한 열거형

예를 들어 위의 데이터 유형을 활용하여 학생들의 이름과 성적을 담기 위한 테이블을 생성하면 다음과 같다.

```
CREATE TABLE score (
    pid INT UNSIGNED NOT NULL PRIMARY KEY AUTO_INCREMENT,
    name VARCHAR(30) NOT NULL,
    kor TINYINT UNSIGNED NULL,
    math TINYINT UNSIGNED NULL,
    eng TINYINT UNSIGNED NULL
);
```

이 구문에서 UNSIGNED는 자료형이 음 아닌 값을 가짐을 뜻하며, NOT NULL은 값이 항상 비어있지 않음을 뜻한다. PRIMARY KEY는 주 키를 뜻하며, 이는 입력되는 데이터를 구분하기 위한 유일무이한 구분자가 된다. AUTO_INCREMENT는 별도로 값을 지정하지 않을 경우 내부의 카운터에 의하여 자동으로 값이 증가하여 부여됨을 뜻한다.

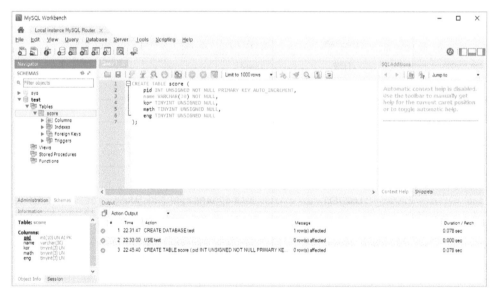

그림 6-20 Workbench에서 Query 로 Score 테이블 생성하기

이때, 테이블에 학생의 이름뿐만 아니라 이메일 주소 정보를 저장하기 위한 필드를 추가하는 등의 작업을 수행하고 싶을 경우 ALTER TABLE 구문을 사용하여 수정할 수 있다. ALTER TABLE 구문은 다음과 같은 서브 명령을 가진다.

표 6-4 ALTER TABLE 구문의 서브 명령어

명령어	설명
ADD	지정하는 정의의 필드를 추가한다.
MODIFY	이미 정의된 필드의 정의를 수정한다.
DROP	지정하는 필드를 삭제한다.

예를 들어 이메일 주소 정보를 추가하기 위해서는 다음의 SQL문을 실행한다.

```
ALTER TABLE score ADD (email VARCHAR(255) NULL);
```

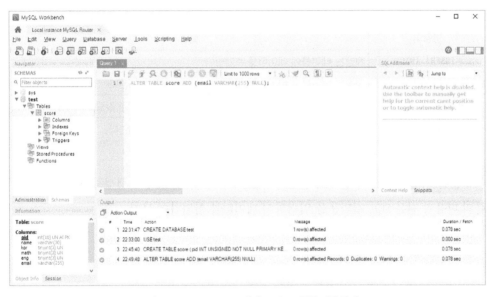

그림 6-21 Workbench에서 ALTER 구문 사용하기

한편, 테이블을 삭제하고자 할 경우, DROP TABLE 구문을 이용한다. 데이터베이스에 서는 TCL을 사용하지 않을 경우 모든 작업을 되돌릴 수 없으므로, ALTER, DROP 등 데 이터베이스의 정의와 내용을 변경하는 구문을 수행하기 전에는 치밀하게 검토 후 수행 하는 것을 권장한다.

```
DROP TABLE score;
```

참고로 여기서 다룬 것보다 테이블 하나를 정의하기 위한 다양한 옵션이 존재한다. 예를 들어 MySQL의 역사에서 소개하였던 InnoDB 뿐만 아니라 MyISAM 등을 사용하기 위해서는 공식 홈페이지 등의 MySQL 도움말을 참고하기 바란다.

6.3.5 DML

DDL을 통하여 스키마 내부에 원하는 테이블을 생성한 이후 실제 데이터를 삽입, 수정, 삭제하고 질의하기 위해서는 DML의 이해가 필수이다. DML의 범주에 속하는 SQL문의 명령은 다음과 같다:

표 6-5 DML 명령어

명령어	설명
INSERT INTO	지정된 테이블에 데이터를 추가한다.
SELECT	지정된 테이블로부터 조건에 부합하는 데이터를 받아온다.
UPDATE ... SET	지정된 테이블로부터 조건에 부합하는 데이터를 지정한 값으로 수정한다.
DELETE FROM	지정된 테이블로부터 조건에 부합하는 데이터를 삭제한다.

구문은 어렵지 않으니 실제로 진행하여 보도록 하자. 먼저 앞서 생성하였던 학생 테이블의 다음과 같은 SQL 질의문을 입력하여 데이터를 삽입하여 보자.

```
INSERT INTO score VALUE
(1, '현준', 100, 100, 100, 'hjmoon@sejong.ac.kr');
```

이 때, MySQL Workbench에서는 실행된 결과로 테이블에 데이터가 어떻게 삽입되었는지 즉시 보여주지 않으므로, 아래의 구문을 직접 실행하거나 혹은 score 테이블을 마우스 오른쪽 클릭하여 Select Rows – Limit 1000을 선택하도록 하자.

```
SELECT * FROM test.score;
```

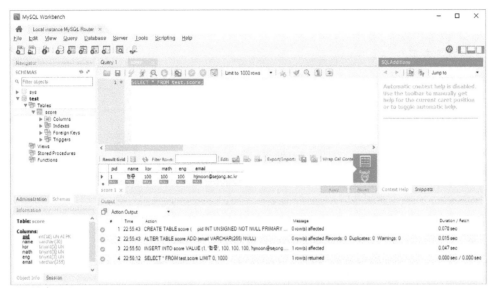

그림 6-22 Workbench에서 SELECT 구문 사용하기

다음으로는 한 번에 여러 데이터를 삽입하여 보도록 하자. 여러 데이터를 삽입하기 위해서는 INSERT INTO 구문의 VALUE를 복수형인 VALUES로 변형하고, 여러 데이터를 열거하면 된다. 이 때, pid 필드는 자동 증가하는 필드이므로, 이번에는 필드의 값을 지정하지 않고 자동으로 지정되도록 해보자.

```
INSERT INTO score
(name, kor, math, eng, email)
VALUES
('수현', 90, 70, 80, 'suhyeon@abc.com'),
('동혁', 80, 90, 70, 'donghyuk@def.net');
```

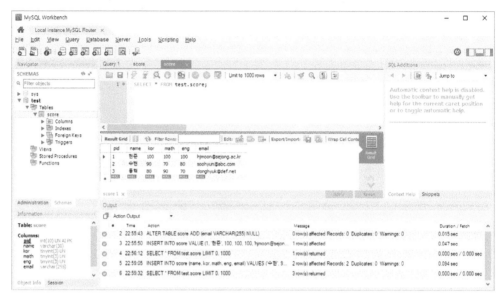

그림 6-23 Workbench에서 SELECT 구문 사용 결과

실행 결과 수현 학생의 레코드에는 pid가 2가 부여되고, 동혁 학생의 레코드에는 pid 가 3이 부여되는 것을 알 수 있다. 이처럼 주 키(primary key)로 설정된 필드는 굳이 값 을 설정하지 않더라도 자동으로 값을 증가시키는 것이 가능하다.

한편, 이번에는 값이 일부 지정되지 않은 레코드를 삽입하여 보도록 하자. 다음의 구 문을 실행하여 보도록 하자. 앞서 score 테이블의 kor, math, eng 필드는 NOT NULL이 아닌 NULL로 설정되어 있어, 굳이 값을 정의하지 않더라도 비어있는(null) 표시가 삽입 된다.

```
INSERT INTO score
(name, email)
VALUE
('현준', 'hyunjun@gmail.com');
```

이후 UPDATE 구문을 이용하여 현준 학생의 성적을 수정하여 보도록 하자.

```
UPDATE score SET math=100 WHERE name LIKE '현준'
```

여기서 WHERE는 UPDATE, DELETE FROM 등의 명령이 적용되기 위한 조건을 서술하는 부분이다. 정수형, 실수형 등의 수치의 경우 등호(=) 연산자를 사용하여 비교하면 되지만, 문자열의 경우 LIKE 연산자를 사용한다.

이 시점까지 따라온 학습자라면 Error Code 1175번 오류를 만나게 될 것이다. 이는 안전 업데이트 모드(safe update mode)로 자동 설정되어 있는 것에 기인하는 것이다. 실제로 UPDATE 명령을 잘못 수행하여 데이터베이스의 내용에 문제가 생기는 사례가 현장에서는 많다. 이를 가능하게 하기 위해서는 메뉴의 [Edit] → [Preferences]로 진입하여 SQL Editor의 하단에서 Safe Updates 항목을 체크 해제하여 주면 된다.

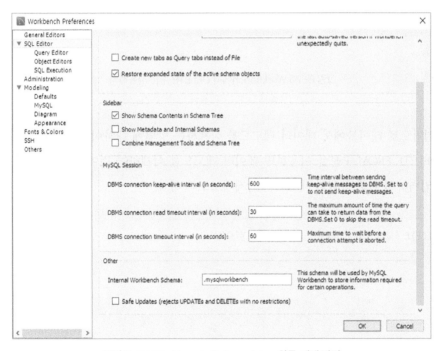

그림 6-24 Workbench Safe updates 항목 해제 방법

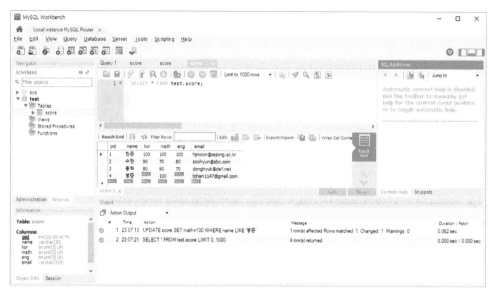

그림 6-25 Workbench에서 DELETE 구문 사용하기

마지막으로 테이블에서 데이터 레코드를 삭제하는 방법에 대하여 학습해보도록 하겠다. DELETE FROM 구문을 이용하면 데이터 레코드를 삭제하는 것이 가능하다. 다음 명령을 입력하여 현준 학생의 레코드를 삭제해보도록 하자.

```
DELETE FROM score WHERE name LIKE '현준'
```

7

Node.js

이번 chapter에서는 Node.js에 대한 이해와 Node.js를 이용한 간단한 웹 어플리케이션 개발에 대하여 학습할 것이다.

7.1 Node.js 개요

7.1.1 Node.js 소개

노드라는 개발 도구를 새로 만들게 된 이유는 의외로 아주 단순하다. 노드는 2009년에 라이언 달(Ryan Dahl)이 만들었는데 그 당시에는 웹 서버에 파일을 업로드할 때, 업로드가 완료되기 전까지 웹 서버에서 데이터를 조회한다거나 하는 등의 다른 작업을 할 수 없었다. 이 문제를 해결하기 위해 새로운 방식의 서버 개발 도구를 만들기 시작했는데 그것이 노드이다.

웹 브라우를 통해 내 PC에 있는 문서 파일 하나를 업로드하고 싶다면 먼저 웹 서버에 업로드를 요청해야 한다. 이때 웹 서버에는 파일 업로드 기능을 담당하는 핸들러(Handler)를 하나 만들어 둔다. 그런데 파일의 크기가 크다면 파일을 업로드하는데 1분 또는 그 이상의 시간이 걸릴 수 있다. 그런데 파일 업로드를 완료하기 전에는 서버에 있는 다른 파일의 정보를 확인하거나 파일 업로드가 어떻게 진행되고 있는지 요청하는 것이 불가능해서 업로드가 완료될 때까지 대기해야 한다. 지금은 이런 문제를 해결할 수 있는 여러 가지 방법이 나와 있어 큰 문제가 되지 않는다. 하지만 그 당시에는 웹 서버의 파일 업로드 핸들러가 하나의 요청이 끝날 때까지 다른 요청을 대기시켜 응답 시간이 길어지거나, 서버에서 처리해야 하는 요청의 수가 증가하면 GPU나 메모리 사용량도 크게 증가하는 문제가 많이 발생했다.

7.1.2 Node.js 특징

(1) 노드의 비동기 입출력 방식

이런 문제를 해결하기 위해 만든 게 노드이다. 즉, 하나의 요청 처리가 끝날 때까지 기다리지 않고 다른 요청을 동시에 처리할 수 있는 비동기 입출력(논블로킹 입출력, Non-Blocking IO)방식을 적용했다. 파일을 '비동기 방식으로 읽는다'는 것은 파일 시스템에 읽기 요청을 한 후에 프로그램이 대기하지 않고 다른 작업을 진행한다는 것을 의미한다. 프로그램에서 해당 파일의 내용을 처리할 수 있는 시점이 되면 콜백 함수(Callback Function)가 호출된다. 프로그램에서는 파일 읽기 요청을 하기 전에 콜백 함수를 등록하는데, 파일 시스템은 파일 처리가 끝나면 자동으로 콜백 함수를 호출한다. 따라서 프로그램이 파일 읽기 작업이 끝날 때까지 대기하지 않아도 파일을 다 읽은 시점에 통보를 받고 파일의 내용을 화면에 보여 주는 작업을 진행할 수 있다.

(2) 노드에서 구현하는 이벤트 기반 입출력 방식

데이터 처리 방식을 비동기 방식으로 바꾸어도 자바스크립트 코드를 실행하는 속도가 느리면 효율성이 떨어질 수 있다. 자바스크립트는 코드를 한줄씩 해석하면서 실행하는 인터프리터(Interpreter)방식을 사용하므로 속도가 느려 문제가 되곤 했다. 이러한 문제는 크롬의 V8 자바스크립트 엔진이 나오면서 해결되었다. V8 엔진은 자바스크립트 코드를 네이티브 코드로 바꾼 후 실행할 수 있는데, 노드는 이 V8 엔진을 이용해 자바스크립트 코드를 빠르게 실행할 수 있다. 다음 그림은 V8 엔진에서 노드가 동작할 수 있도록 만든 시스템 구조(아키텍처, Architecture)를 보여준다.

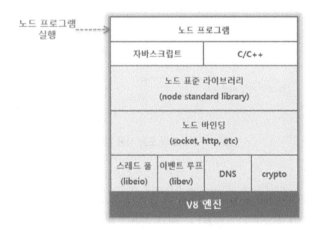

그림 7-1 V8 엔진 기반 시스템 구조

.노드를 설치한 다음 노드로 프로그램을 만들어 실행하면 크롬 V8 엔진 위에서 실행된다. V8 엔진에는 필요한 기능을 병렬로 실행하는 '스레드 풀'과 이벤트를 받아 처리하는 '이벤트 루프' 등의 기본 기능이 있으며, 그 위에 네트워킹 기능을 담당하는 소켓(Socket), http 라이브러리들이 있다. 그리고 다시 그 위에 표준 라이브러리가 구현되어 있다. 이런

라이브러리를 사용하고 싶다면 자바스크립트로 프로그램을 만들면 된다. 개발자들이 각자의 목적에 맞게 만든 노드 프로그램은 그 라이브러리 위에서 동작하게 된다.

(3) 노드를 더 쉽게 사용할 수 있게 하는 모듈

소스 파일 하나에 실행하려는 기능이 모두 들어 있다면 코드의 양이 많을 뿐만 아니라 복잡해진다. 이미 잘 알고 있는 것처럼, 웹 브라우저에서 사용하는 자바스크립트는 확장자가 js인 별도의 파일로 만들면 코드를 분리해서 관리할 수 있고 필요할 때 불러서 사용할 수 있다. 이와 마찬가지로 노드에서도 필요한 기능을 별도의 자바스크립트로 만든 후 필요할 때마다 불러올 수 있다. 다만 그 형태는 CommonJS 표준 스펙을 따른다. 노드에서 코드를 각각의 파일로 분리시킨 후 필요할 때 불러와 사용하는 과정을 살펴보자.

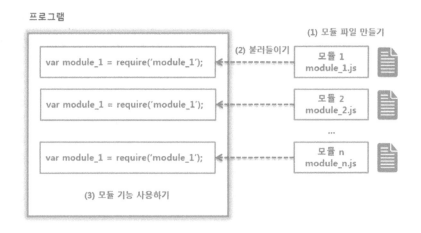

그림 7-2 노드의 모듈 사용 방식

먼저 메인이 되는 자바스크립트 파일의 일부 코드를 떼어 별도의 파일로 만들 수 있는데 이것을 모듈(Module)이라고 부른다. 예를 들어, 코드의 일부를 떼어 module_1.js라는 이름의 파일로 저장한다면 이 파일이 모듈이다. 그리고 이 파일에 들어 있는 코드를 사용하고 싶다면 require() 함수로 모듈을 호출하면 된다. 이렇게 불러들인 파일은 자바스크립트 객체로 인식되며, 그 객체를 참조하여 파일에 넣어 둔 기능을 사용할 수 있다.

지금까지 노드가 어떻게 만들어졌고 노드의 주요 특징은 무엇인지 알아보았다. 다시 한 번 정리하면, 노드는 기본적으로 자바스크립트를 프로그래밍 언어로 사용하며 다음과 같은 세 가지 주요 특징이 있다.

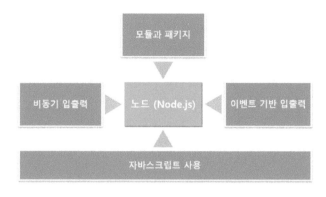

그림 7-3 노드의 주요 특징

자바스크립트는 수많은 웹 개발자들이 이미 사용하는 프로그래밍 언어이다. 따라서 자바스크립트에 익숙한 전 세계의 많은 개발자들이 노드를 쉽게 이해하고 사용할 수 있다. 특히 웹 브라우저에서 주로 사용하던 자바스크립트 언어가 서버에도 적용되어, 자바스크립트만 알면 웹 브라우저에서 동작하는 클라이언트 기능과 서버에서 동작하는 프로그램을 모두 만들 수 있다. 또한 몽고디비(MongoDB) 데이터베이스를 사용하면 자바스크립트에서 사용하는 객체를 그대로 저장할 수 있으므로 데이터베이스를 다루는 것도 훨씬 쉬워진다.

이 외에도 노드는 여러 가지 장점이 있다. 이미 만들어 놓은 모듈들이 굉장히 많기 때문에 개발자가 새로운 기능을 만들 필요가 없을 뿐만 아니라 마이크로소프트(Microsoft), 페이팔(Paypal), 야후(Yahoo) 같은 글로벌 대기업들이 노드를 사용하면서 안정성도 충분히 검증되었다. 최근에는 사용할 수 있는 모듈의 수가 폭발적으로 증가하고 있으며, 클라우드의 성장과 더불어 빠르게 발전해 이제 노드는 서버를 구축할 때 필수로 배워야 할 개발 도구이자 플랫폼이 되었다.

7.2 Node.js 개발 도구 설치하기

자바스크립트가 기반인 노드는 자바스크립트로 개발할 수 있는 개발 도구라면 어떤 것이든 사용할 수 있다. 예를 들어, 이클립스(Eclipse)를 사용할 수도 있고 텍스트 편집기인 에디트플러스(EditPlus)도 사용할 수 있다. 이 책에서는 여러 개발 도구 중 웹개발에 많이 사용하는 브라켓(Brackets)을 설치해서 사용한다.

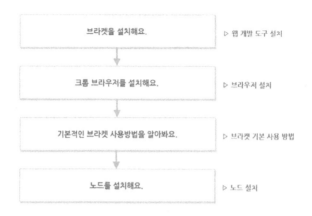

그림 7-4 노드 개발 도구 설치 과정

7.2.1 브라켓 설치하기

어도비(Adobe)에서 제공하는 브라켓은 오픈 소스(Open Source)로 만들어진 텍스트 편집기이다. 그러나 단순한 텍스트 편집기라기보다는 웹 개발에 필요한 기능을 포함하고 있는 웹 개발 도구이다. 브라켓 사이트에서 설치 파일을 다운로드한 후 설치한다. 다운로 드하는 시점에 따라 최신 버전은 다를 수 있으며 가장 최신의 버전을 다운로드 하면 된다.

① 웹 브라우저를 열고 주소창에 'brackets.io'를 입력한 후 Enter 키를 누른다. 열린 페이지 중앙에 있는 [Download Brackets O.O] 버튼(여기에서 O.O는 버전 번호) 을 클릭한다.

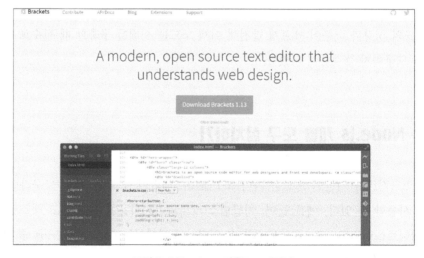

그림 7-5 Brackets 다운로드 페이지

② 설치 파일 다운로드를 물어보는 대화상자가 보이면 [저장] 버튼을 눌러 다운로드한
다음 설치 파일을 더블클릭해서 실행한다. [Brackets Installer] 대화상자에서 [Next]
버튼을 누른 다음 [Install] 버튼을 눌러 설치한다.

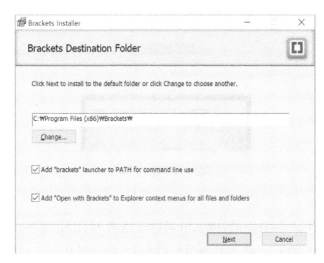

그림 7-6 Brackets 설치 화면

③ 만약 프로그램 설치 전에 소프트웨어 설치를 허용할 것인지 묻는 대화상자가 나타
나면, [예] 버튼을 눌러 설치를 계속 진행한 후 설치가 끝나면 [Finish]버튼을 클릭
한다.

7.2.2 크롬 브라우저 설치하기

브라켓으로 웹 문서를 만들면 크롬 브라우저의 미리보기로 확인하는 경우가 많다. 따
라서 크롬 브라우저를 설치하지 않았다면 구글 사이트에 접속해서 크롬 브라우저를 설
치한다.

① 크롬 사이트(https://www.google.co.kr/chrome/browser/desktop/)에 접속하면
다음과 같은 화면을 볼 수 있다. 화면 중앙에 있는 [CHROME 다운로드] 버튼을 클
릭한다.

그림 7-7 크롬 사이트

② Chrome 서비스 약관을 확인했으면 하단의 [동의 및 설치] 버튼을 눌러 설치 파일을 다운로드 한다. 이때 설치 파일을 다운로드할 것인지 묻는 대화상자가 보이면 [저장] 버튼을 눌러 다운로드를 계속 진행 한다.

그림 7-8 크롬 동의 및 설치 화면

③ 설치 파일을 다운로드했으면 더블클릭하여 실행한다. 인스톨러 대화상자는 설치에 필요한 파일을 자동으로 다운로드한 후 설치한다. 설치가 완료되면 [닫기] 버튼을 눌러 크롬 브라우저 설치를 끝낸다. 이제 브라켓을 사용하여 간단한 웹 페이지나 자바스크립트 코드를 만들 수 있다.

7.2.3 브라켓 기본 사용 방법

브라켓에는 편리하게 웹을 개발할 수 있는 다양한 확장 기능이 있다. 이번에는 테마를 바꾸거나 글꼴의 크기를 바꾸는 등의 간단 사용법을 알아보자. 그리고 몇 가지 확장 기능을 설치해보겠다.

(1) 브라켓 실행하고 테마 변경하기

① 윈도우의 [시작] 메뉴에서 [Brackets] 메뉴를 찾은 후 클릭한다. 만약 방화벽 허용이 필요하다는 보안 경고 대화상자가 보이면 [액세스 허용] 버튼을 클릭한다.

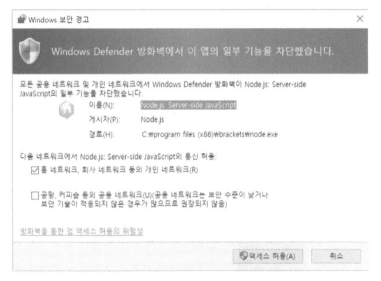

그림 7-9 방화벽 경고 화면

② 브라켓이 실행되면 왼쪽에는 몇 개의 파일들이 표시되고 화면 중앙에는 html 문서가 열린다. 워드 프로그램과 크게 다르지 않은 구조이므로 쉽게 파악할 수 있다.

그림 7-10 브라켓 화면 1

③ index.html 파일 내용이 화면 가운데 있는 연한 회색의 작업 영역에 표시된다. 보통 코드를 입력할 대 어두운 바탕을 선호하는 개발자가 많으므로 테마 색상을 바꿔보겠다. 테마는 눈으로 확인하는 화면 스타일이라 간단하게 바꿀수 있다. 상단의 메뉴 중에서 [보기 → 테마...] 메뉴를 누른다.

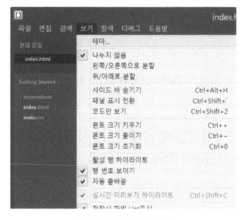

그림 7-11 브라켓 화면 2

④ [테마 설정] 대화상자가 나타나면 '현재 테마:로 표시된 콤보박스를 눌러 'Brackets Dark'로 변경한다. 그리고 '글자 크기:' 입력 상자의 값을 18px로 수정해서 글자 크기도 조금 더 크게 변경한다.

그림 7-12 브라켓 테마 설정 화면

⑤ [완료] 버튼을 누르면 작업 영역의 배경색이 검은색으로 변경되고 글자 크기도 크게 바뀐다. 어떤 테마를 사용할 것인지는 여러분이 결정하면 된다.

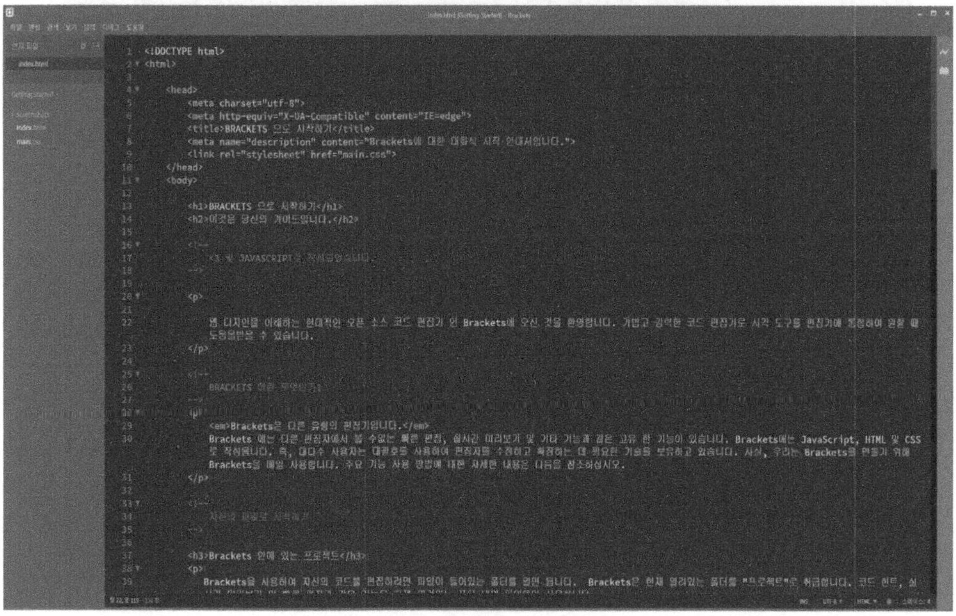

그림 7-13 브라켓 화면 3

(2) 프로젝트 폴더 만들고 브라켓에서 프로젝트로 열기

브라켓에서 특정 폴더를 열면 그 폴더가 바로 프로젝트 폴더가 된다. 만약 다른 프로젝트 폴더를 만들었다면 그 폴더를 새로 열기만 하면 된다.

① 먼저 탐색기를 열고 윈도우의 [사용자] 폴더 안에 [brackets-nodejs] 폴더를 만든다. 그리고 브라켓 화면에서 [파일 → 폴더열기…]메뉴를 눌러 조금 전에 만든 [brackets-nodejs] 폴더를 선택한다. 그러면 화면의 왼쪽 영역에 있던 파일들이 사라지고 가장 위족에 새로 지정한 폴더 이름만 나타난다.

② 이제 간단한 자바스크립트 파일 하나를 만들어 보겠다. 왼쪽 프로젝트 영역에서 마우스 오른쪽 버튼을 눌러 [파일 만들기] 메뉴를 선택한다. 프로젝트 영역에 파일 이름을 입력할 수 있는 작은 입력 상자가 표시된다. 입력 상자에 test1.js을 입력하고 Enter키를 누르면 새로운 파일이 생성된다. test1.js가 현재 파일로 지정되면 가운데 작업 영역에 파일 내용을 입력할 수 있다.

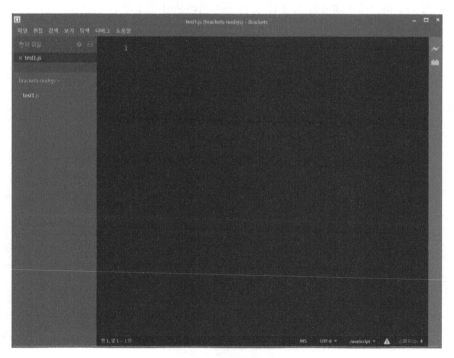

그림 7-14 프로젝트 화면 1

③ 작업 영역에 자바스크립트 코드를 입력하면 자동으로 코드 색상이 변경되어 표시된다. 다음 화면에 입력한 것처럼 한 줄의 코드를 입력한 후 Ctrl + S 키를 눌러 저장한다. 자바스크립트 파일은 이렇게 만들어진다.

> ※ 입력한 코드 왼쪽에 나타난 빨간색 X 표시는 Lint라는 확장 프로그램에 의해 자동으로 코드를 검사 후 표시한 것이다. 실제로 실행했을 때 문제가 생기지 않는 오류 표시이다.
> 자동체크가 되지 않도록 해서 오류 표시가 보이지 않게 할 수도 있다. 오른쪽에 있는 블록 모양 아이콘을 누른 후 대화상자가 보이면 [Default] 탭을 선택한다. 그리고 ESLint 항목을 찾아 [비활성] 버튼을 누른 후 새로운 대화상자가 보이면 [닫기] 버튼을 누른다. '확장 기능 변경'이라는 작은 대화상자가 뜨면 [확장 기능을 비활성하고 재시작] 버튼을 누른다.

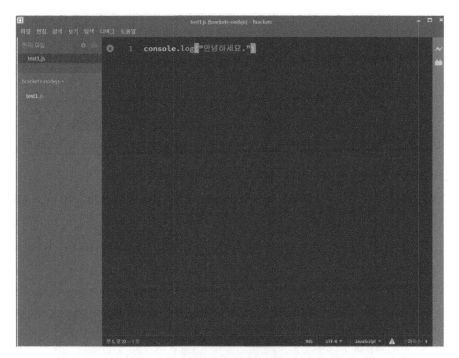

그림 7-15 프로젝트 화면 2

> ※ 파일 내용을 수정하고도 저장하지 않으면 코드가 원하는 대로 동작하지 않는다. 파일을 수정한 후에는 꼭 저장을 해야 한다.

Ctrl키와 +키를 눌러 글자 크기를 키울 수도 있고, -키를 눌러 글자 크기를 줄일 수도 있다.

(3) 웹 문서를 브라우저에서 미리보기

브라켓에서 웹 문서를 만들었다면 크롬 브라우저를 통해 실시간으로 미리보기를 할 수 있다.

① 우선 왼쪽 프로젝트 영역에서 마우스 오른쪽 버튼을 눌러 [파일 만들기] 메뉴를 선택한다.

test1.html을 입력하고 Enter 키를 눌러 웹 문서를 하나 만든다. 그런 다음 화면처럼 가장 단순한 태그들을 입력하고 Ctrl + S키를 눌러 저장한다.

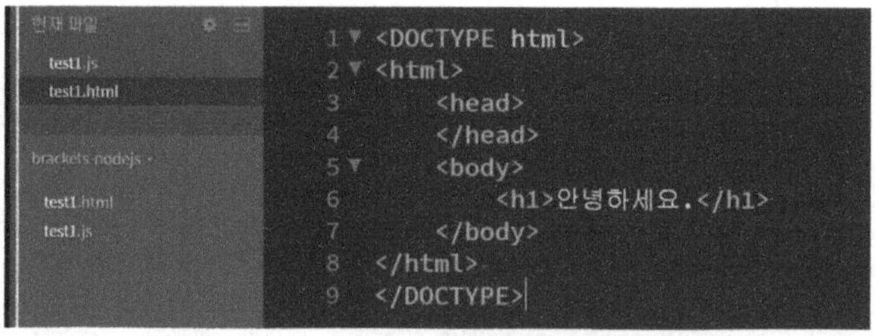

그림 7-16 간단한 태그들을 입력한 프로젝트

② 화면 오른쪽에 세로 방향으로 배치되어 있는 아이콘 중에서 번개 모양의 아이콘을 클리갛면 실시간 미리보기 기능을 실행할 수 있다. 또는 [파일 -> 실시간 미리보기] 메뉴를 눌러 실행할 수도 있다. 아이콘을 누르거나 메뉴를 실행하면 간단한 안내 문구가 나온다.

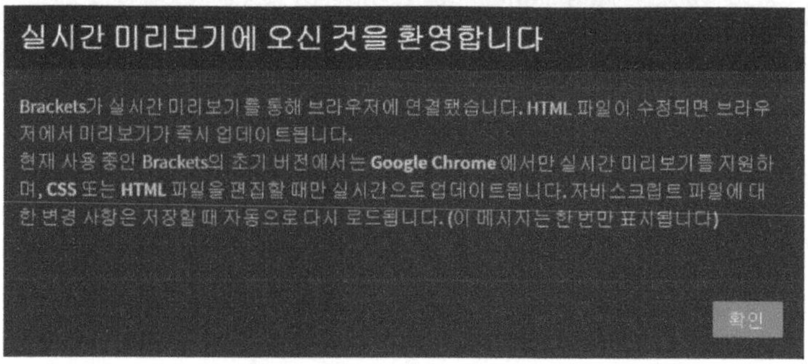

그림 7-17 안내 문구 화면

③ [확인] 버튼을 클릭하면 크롬 브라우저가 실행되고 그 안에 여러분이 만든 웹 문서가 표시된다.

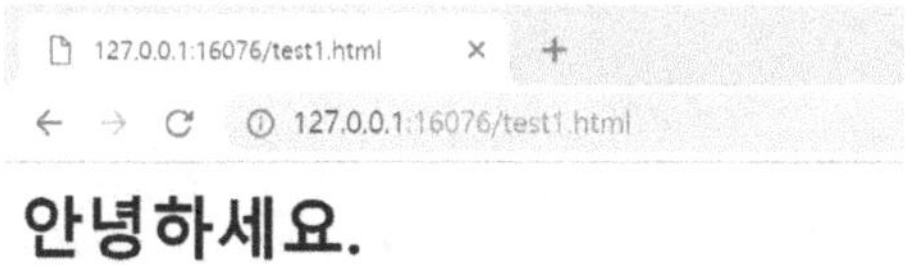

안녕하세요.

그림 7-18 웹 문서가 표시된 화면

④ 실시간 미리보기를 실행할 때 오류 메시지가 표시되는 경우도 있다. 크롬 브라우저가 이미 실행되어 있거나 또는 다른 문제가 있을 경우에 나타난다. PC를 껐다 켜거나 경우에 따라서 브라켓 프로그램을 다시 설치해야 할 수도 있다.

(4) 확장 기능 설치하기

브라켓은 다양한 확장 기능을 제공한다. 이번에는 노드로 프로그램을 만들 때 유용한 몇 가지 확장 기능을 설치한다.

① 확장 기능을 사용하려면 [파일 → 확장 기능 관리자…] 메뉴를 선택하거나 오른쪽 세로 툴바의 아이콘 중에서 블록 모양의 [확장 기능 관리자] 아이콘을 클릭하면 된다. 확장 기능 관리자를 실행하면 확장 기능의 목록이 나타나는데 그 중에서 선택하여 설치할 수 있다.

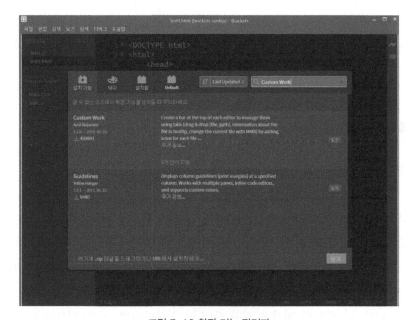

그림 7-19 확장 기능 관리자

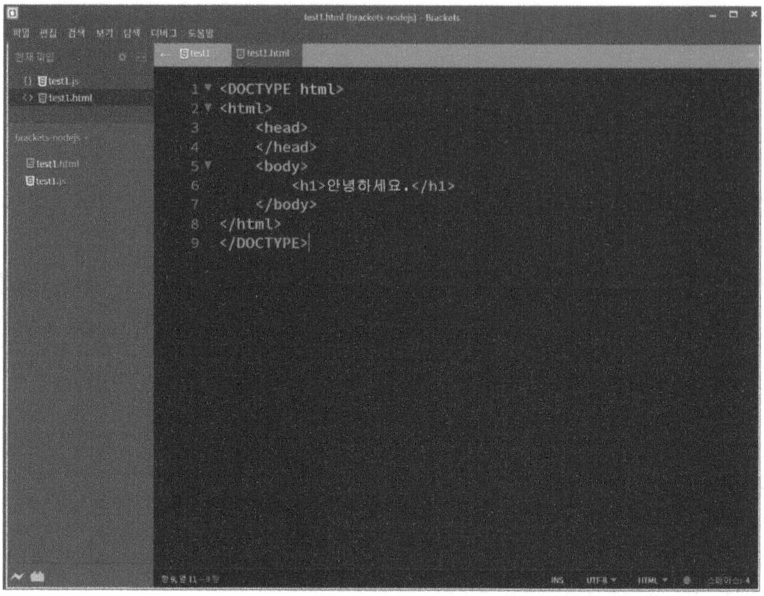

그림 7-20 확장 기능이 설치된 프로젝트 화면

② 먼저 위쪽에 있는 입력 상자에 'Custom Work'를 입력한다. 입력한 단어를 포함하고 있는 확장 기능들이 표시되는데 그중에서 Custom Work라는 확장 기능이 보일 것이다. 이 확장 기능을 사용하면 각각의 파일을 열 때 탭으로 표시하는 등 여러가지 기능을 사용할 수 있다. [설치] 버튼을 클릭하여 설치한 다음 작은 대화상자가 보이면 [닫기] 버튼을 클릭한다. 그다음 'Brackets Icons'를 검색한 후 Brackets Icons라는 이름의 확장 기능도 설치한다. 브라켓을 다시 시작하면 각각의 파일들이 작업 영역에 탭으로 표시되고 파일 앞에는 아이콘이 붙는다.

7.2.4 노드 설치하기

노드 설치 프로그램은 노드 사이트에서 다운로드 할 수 있다.

① 노드 사이트(https://nodejs.org/en)에 접속하면 첫 화면에 Download for Windows(x64)라고 64비트 전용 다운로드 버튼이 두 개 나타난다. 두 개의 버튼 중 어떤 버튼을 클릭하든 상관없다. 여기에서는 LTS라는 단어가 붙은 버전을 다운로드한다. 왼쪽에 있는 [v0.0.0 LTS] 버튼(여기에서 0.0.0은 버전 번호를 의미)을 클릭한다. 실행 및 저장을 위한 팝업 창이 나타나면 [저장] 버튼을 클릭해서 자

장한다. 그런 다음 저장이 완료되면 [실행] 버튼을 클릭해서 설치를 시작한다.

그림 7-21 노드 사이트

※ LTS와 Current는 차이가 약간 있다. LTS 버전은 서버 환경에서 안정적으로 동작하도록 지원하는
   버전이다. 노드를 사용하는 목적이 서버 개발인데 실제로 서버를 운영할 때는 안정성과 보안이 중
   요하므로 LTS 버전을 사용하는 것이 좋다.

※ 32비트용 노드를 다운로드하려면 노드 사이트 위쪽에 있는 탭 중에서 [DOWNLOADS] 버튼을 누
   른다. 윈도우용과 매킨토시용 다운로드 링크를 확인할 수 있다. [Windows Installer] 버튼을 클
   릭하면 32비트 윈도우용 설치 하일을 다운로드할 수 있다.

② 설치를 진행하면 다음과 같은 설치 화면이 나타난다. 특별히 설정하거나 선택하는
   내용이 없으므로 [Next] 버튼을 누르면서 몇 단계의 화면만 따라가면 설치가 완료
   된다.

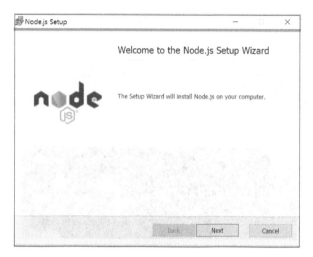

그림 7-22 노드 설치 화면 1

③ 라이선스에 동의를 요구하는 화면이 나타나면 아래쪽의 I accept the terms in the License Agreement에 체크를 한 다음 [Next] 버튼을 눌러 설치를 계속 진행한다.

그림 7-23 노드 설치 화면 2

④ 설치 화면 중에서 Custom Setup 화면이 보이면 Add to PATH 항목이 선택되었는지 확인한다. 설치하려는 PC에 따라 이 항목이 선택되지 않은 경우가 있으므로 선택 유무를 먼저 확인한다. Add to PATH가 선택되어 있지 않을 경우에는 마우스로 클릭해 선택한다. 이 부분을 선택하면 노드 실행 파일이 PATH에 추가되므로 명령

프롬프트에서 노드 명령어를 사용할 수 있다.

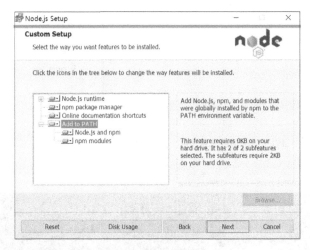

그림 7-24 노드 설치 화면 3

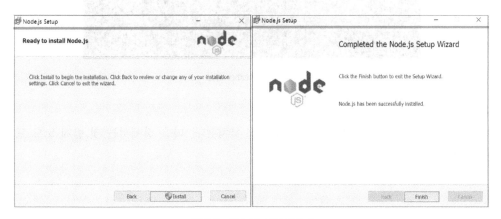

그림 7-25 노드 설치 화면 4

⑤ 설치 준비가 끝났다. [Install] 버튼을 클릭해서 설치를 진행한 후 설치가 완료되면
[Finish] 버튼을 클릭한다. 윈도우 환경에서는 설치 과정이 완료되면 C:₩ProgramFiles
₩nodejs 폴더 경로에 노드가 설치된다.

⑥ 설치가 완료되면 [시작 → 실행…]을 누른 후 cmd를 입력하고 [확인] 버튼을 클릭
해서 명령 프롬프트창을 띄운다. 여기에서 node -v 명령을 입력하면 노드 버전이
표시된다. npm은 패키지 설치를 도와주는 도구이며 npm -v 명령을 입력하면 버
전이 표시된다. 이 두 가지가 문제없이 표시되면 잘 설치된 것이다.

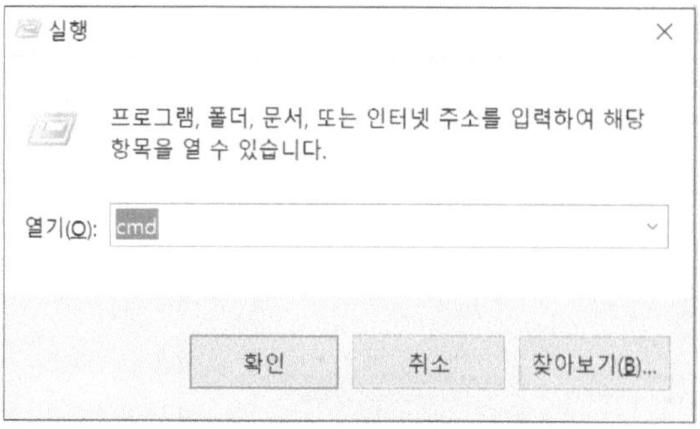

명령 프롬프트에 입력

$ node - v
$ npm -v

그림 7-26 실행 프로그램

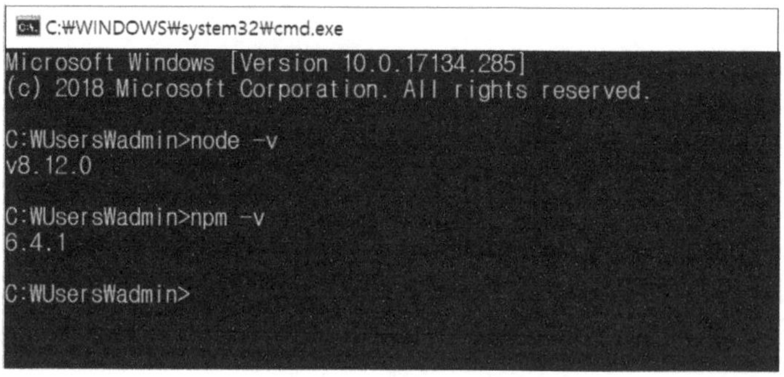

그림 7-27 cmd 화면

지금까지 노드 개발에 필요한 개발 도구를 설치했다. 다음 장에서는 첫 번째 노드 프로그램을 만들어 실행해 볼 것이다.

7.3 노드 살펴보기

노드로 프로그램을 만든다는 것은 자바스크립트 파일을 만든다는 것과 같다. 자바스크립트로 만든 파일은 앞 장에서 설치한 노드 실행 파일을 사용해서 실행할 수 있다. 이 장에서는 누구나 직접 만들 수 있는 첫 번째 노드 프로젝트를 단계별로 살펴본다. 그 다음 노드의 기본 사용법에 대해서도 알아보자. 이 장의 내용을 하나씩 따라하다 보면 새로운 프로젝트를 만들 수 있으며, 프로젝트 안에 자바스크립트 코드를 만들어 넣어 노드 실행 파일로 실행하기까지 모든 과정을 차근차근 살펴볼 수 있다.

7.3.1 첫 번째 노드 프로젝트 만들기

브라켓은 폴더를 하나 지정하면 그 폴더를 작업 공간으로 사용한다. 여기서는 윈도우 사용자 폴더에 만들었던 [brackets-nodejs] 폴더 안에 새로운 프로젝트 폴더를 만들어 지정한다.

(1) 자바스크립트 파일 만들어 실행하기

① 파일 탐색기를 열고 [brackets-nodejs] 폴더 안에 [NodeExample1] 폴더를 만든다. 그리고 브라켓을 실행한 후 [파일 → 폴더 열기…] 메뉴를 선택한다. 폴더를 선택하는 대화상자가 나타나면 [NodeExample1] 폴더를 선택한다. 그러면 브라켓 화면 왼쪽의 프로젝트 영역에 선택한 폴더가 표시 된다.

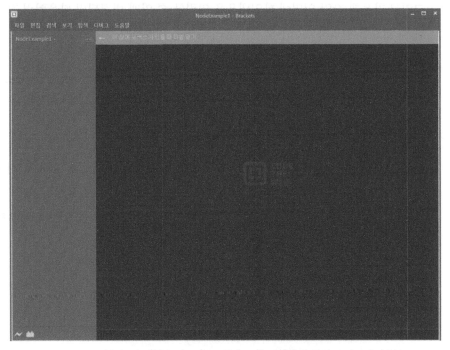

그림 7-28 브라켓에서 [NodeExample1] 폴더를 선택했을 때 화면

그림 7-29 왼쪽 프로젝트 영역의 팝업 메뉴에서 [파일 만들기] 메뉴 선택

② 프로젝트 영역을 마우스 오른쪽 버튼으로 클릭하면 팝업 메뉴가 나타난다. 메뉴
중에서 [파일 만들기] 메뉴를 선택한 후 파일의 이름을 ch01_test0.js로 입력한다.
그리고 가운데 작업 영역에 파일내용을 입력할 수 있게 변경되면 다음처럼 간단한
한 줄 코드를 입력하고 Ctrl+S 키를 눌러 파일을 저장한다.

```
console.log('안녕하세요.');
```

③ 이제 새로 만든 자바스크립트 파일을 실행할 수 있다. 윈도우에서 명령 프롬프트
를 실행하면 명령을 실행할 수 있는 창이 뜨며 사용자 폴더가 기본 위치로 지정된
다. 윈도우 사용자 폴더 아래에는 브라켓을 시작할 때 만든 [brackets-nodejs] 폴더
가 있고 그 안에는 [NodeExample1] 프로젝트 폴더가 있다. cd 명령을 사용하여
[NodeExample1] 폴더로 이동한다.

```
명령 프롬프트에 입력
% cd brackets=nodejs\NodeExample1
```

※ 주의! 명령 프롬프트 창에 입력하는 코드 중에서 가장 앞에 있는 % 기호는 입력하지 않아야 한다.
%는 명령 프롬프트의 입력창을 나타내는 기호로 표시한 것이기 때문이다. 다시 말해서 % 기호는
명령 프롬프트에서 명령을 입력하기 위해 대기하는 기호를 단순하게 표시한 것이다.

다음명령어를 입력하고 Enter 키를 누르면 프로그램이 실행되면서 '안녕하세요.'라
는 글자가 출력된다.

```
명령 프롬프트에 입력
% node ch01_test0.js
```

C:\Users\admin\brackets-nodejs\NodeExample1>node ch01_test0.js
안녕하세요.

그림 7-30 명령 프롬프트에서 자바스크립트 파일을 노드 실행 파일로 실행하기

이렇게 명령 프롬프트에서 노드실행 파일(node.exe)로 자바스크립트 파일을 실행해
보면 어떻게 node 프로그램이 사용되는지 이해할 수 있다. node 뒤에는 공백을 하나 넣
은 후 대상이 되는 자바스크립트 파일 이름을 지정해야 한다는 것을 다시 한 번 기억하
기 바란다.

(2) 브라켓의 확장 기능 설치 및 브라켓에서 노드 프로그램 실행하기

자바스크립트 파일을 만들 때는 브라켓을 사용하고 만든 파일을 실행할 때는 명령 프
롬프트 창을 사용하면 불편할 수 있다. 그래서 브라켓에 NodeJS Integration 확장 기능을
설치하면 노드 실행 프로그램을 바로 사용할 수 있어 편리하다.

① 브라켓의 [확장 기능 관리자] 아이콘을 클릭한 후 대화상자가 보이면 NodeJS를 검
색한다.
확장 기능 중에서 NodeJS Integration이 보이면 [설치] 버튼을 클릭하여 설치한다.
[닫기] 버튼을 누른 후 브라켓이 다시 시작되면 상단 메뉴 영역에 [NodeJS]라는 메
뉴가 새로 추가된다.

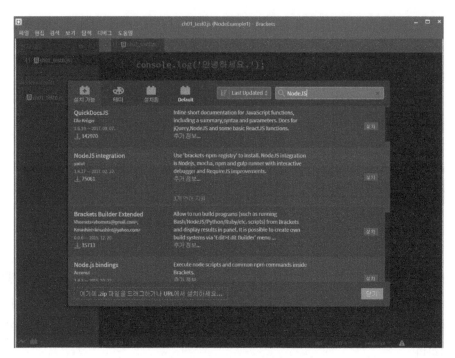

그림 7-31 NodeJS Intergration 확장 기능 설치하기

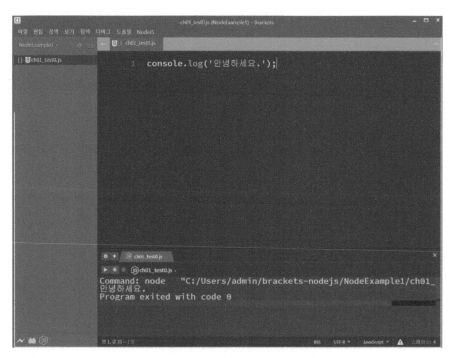

그림 7-32 브라켓에서 노드 바로 실행하기

② 왼쪽 프로젝트 영역에 보이는 ch01_test0.js 파일을 선택한 후 Ctrl + Shift + N 키를 누르면 node 실행 파일을 사용해서 자바스크립트 파일이 실행된다.

③ 아래쪽 패널에는 [실행] 아이콘(▶)이 있으며 그 옆에는 [디버그] 아이콘이 있다. [디버그] 아이콘을 클릭하면 디버그 모드에서 브라켓을 실행할 수 있다. 다음처럼 두 줄을 더 추가하고 두 번째 줄의 줄 번호 외쪽 부분을 클릭하면 동그란 점이 표시된다. 이것은 브레이크 포인트(Break Point)이며 디버그 모드에서는 브레이크 포인트마다 단계별로 실행할 수 있다.

자바스크립트는 한 줄씩 실행되기 때문에 컴파일 기반의 언어처럼 입력한 코드의 오류를 미리 확인하기 어렵다. 따라서 이런 디버깅 방식은 코드를 많이 입력해서 복잡해졌을 때 유용하게 사용할 수 있다.

(3) 노드 셸에서 직접 코드 입력하고 실행하기

이번에는 코드를 직접 한 부분씩 입력하면서 실행해 보겠다. 먼저 명령 프롬프트 창에서 Ctrl + C 키를 눌러 실행중인 프로그램을 종료한다. 그 다음에는 명령 프롬프트 창에 node만 입력하고 Enter 키를 누르면 코드를 바로바로 입력하여 노드를 실행할 수 있다.

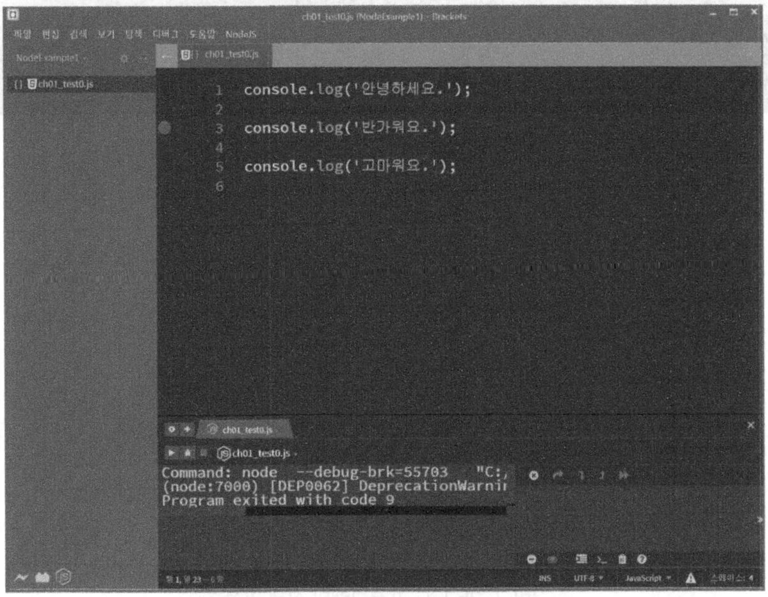

그림 7-33 브라켓에서 노드 디버깅 하기

```
명령 프롬프트에 입력
% node
```

다음 코드를 입력하고 실행하면 화면에 문자열이 표시된다.

```
명령 프롬프트에 입력
% console.log('결과는 %d입니다.',10);
```

node.exe 파일이 실행되면 노드 실행 환경이 되고, 자바스크립트 파일의 코드가 한 줄씩 해석되어 실행된 후 그 결과가 콘솔 창에 출력된다.

그림 7-34 명령 프롬프트에서 자바스크립트 코드를 바로 실행하기

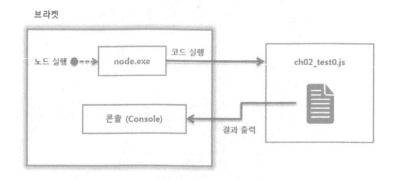

그림 7-35 노드 프로그램의 실행 과정

이렇게 노드 프로그램의 실행 과정을 살펴보면 자바스크립트 파일 안에 들어 있는 코드가 어떤 과정을 거쳐 실행되는지 좀 더 쉽게 이해할 수 있다. 다시 정리하면 명령 프롬프트 창에서 node.exe 파일을 실행하면서 자바스크립트 파일을 지정하면 그 자바스크립트 파일이 실행되며, node.exe 파일만 실행하면 노드 셸(Shell)로 들어가 실행된다. 노드 프로그램을 실행했을 때 그 결과는 콘솔에 출력되어 사용자가 볼 수 있다.

> ※ 셸(Shell)이란 명령어를 실행할 수 있는 환경이라고 할 수 있다.

7.3.2 콘솔에 로그 뿌리기

처음 만들어 본 자바스크립트 파일에는 console 객체가 사용되었다. 여기에서 console 객체는 전역 객체(Global Object)라고 부르며 필요할 때 코드의 어느 부분에서나 사용할 수 있다.

> ※ 자바스크립트에서는 다른 언어들처럼 함수를 만들 수 있고 함수 안에서 변수를 선언하여 사용할 수 있다. 그런데 함수 안에서 선언한 변수는 그 함수 안에서만 유효하다. 즉, 그 함수 안에서만 사용할 수 있다. 이와 달리 전역 객체는 함수 안과 밖에서 모두 사용할 수 있도록 범위를 제한하지 않는 객체다. 따라서 코드의 어느 부분에서나 사용할 수 있다.

대표적인 전역 객체들은 여러분이 프로그램을 만들면서 필요할 때마다 사용할 수 있어야 하므로 간단하게 그 기능을 알아보겠다. 노드에서 사용할 수 있는 대표적인 전역 객체들은 다음과 같다.

표 7-1

전역 객체 이름	설명
console	콘솔 창에 결과를 보여주는 객체
process	프로세스의 실행에 대한 정보를 다루는 객체
exports	모듈을 다루는 객체

전역 객체들 중에서 console 객체는 가장 많이 쓰이는 것 중 하나다. console 객체는 콘솔 화면에 결과를 보여주기 위해 어디에서나 사용할 수 있으며 console 객체에 정의된

log() 메소드를 호출하면서 문자열을 파라미터(매개변수)로 전달하면 그대로 출력된다. 이때 %d, %s, %j와 같은 특수문자를 같이 전달하면 그 뒤에 오는 파라미터를 각각 숫자, 문자열, JSON 객체로 인식한 후 문자열로 변환시켜 화면에 보여 준다. 다음과 같은 코드를 하나씩 입력하여 간단하게 화면에 출력해 보자.

```
명령 프롬프트에 입력
% console.log('숫자 보여주기 : %d', 10);
% console.log('문자열 보여주기 : %s', '소녀시대');
% console.log('JSON 객체 보여주기 : %j', {name: '소녀시대'});
```

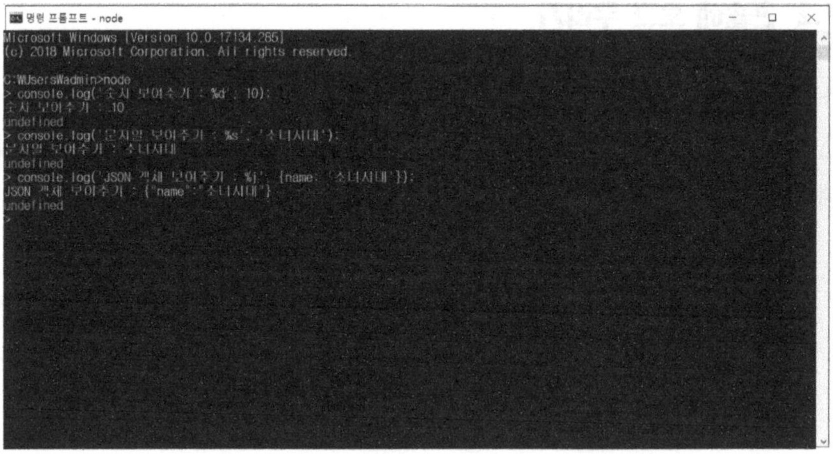

그림 7-36 console 객체의 log() 메소드로 화면에 출력하기

각각의 코드를 실행했을 때 함께 출력되는 undefined는 호출한 log() 함수에서 반환하는 값이 없을 때 나타난다. 자바스크립트의 함수는 항상 값을 반환하도록 되어 있는데, 함수를 만들 때 값을 반환하는 코드를 넣지 않으면 undefined가 반환된다. undefined는 정의되어 있지 않은 값이라는 말인데, 비어 있는 값이라는 의미의 null 값도 있다. 그러면 undefined와 null은 어떤 차이가 있을까? undefined는 단순히 값이 존재하지 않는다고 생각하면 되고, null은 의도적으로 값을 비웠다고 생각하면 이해가 쉽다.

console 객체에는 자바스크립트 객체의 속성들을 한꺼번에 출력해 주는 dir() 메소드, 그리고 코드 실행 시간을 측정할 수 있는 time()과 timeEnd() 메소드 등이 들어있다.

표 7-2

메소드 이름	설명
dir(object)	자바스크립트 객체의 속성들을 출력합니다.
time(id)	실행 시간을 측정하기 위한 시작 시간을 기록합니다.
timeEnd(id)	실행 시간을 측정하기 위한 끝 시간을 기록합니다.

그러면 console 객체를 사용해 코드가 얼마간의 시간 동안 실행되는지 확인해 보자. 브라켓의 왼쪽 프로젝트 영역에서 마우스 오른쪽 버튼을 누르고 [파일 만들기] 메뉴를 클릭한다. 새로운 파일 이름을 ch02_test1.js로 입력한다. 새로운 파일이 만들어지고 가운데 작업 영역에 탭이 열리면 탭 안의 코드 입력 창에 다음 코드를 입력한다.

```
var result = 0;

console.time('duration_sum');
for (var i = 1; i <= 1000; i++) {
        result += i;
}
console.timeEnd('duration_sum');
console.log('1부터 1000까지 더한 결과물 : %d', result);
```

코드는 1부터 1000까지 숫자를 더한 결과를 알려 준다. for문을 사용해서 1부터 1000까지의 숫자를 더하면 result 변수에 결과 값을 저장한다. 숫자를 더하는 기능을 시행했을 때 시간이 얼마나 걸리는지 알고 싶다면, 해당 코드의 시작과 끝 부분에 time()과 timeEnd() 메소드를 추가한다. 이 두 개의 메소드로 전달되는 파라미터는 문자열로 된 이름인데, 시간이 얼마나 지났는지 체크하는 작업에 하나의 이름을 붙여 구별한다. 여기에서는 duration_sum이라는 문자열을 사용하였다.

코드를 모두 입력하고 나면 Ctrl + S를 눌러서 저장한다. 새롭게 추가한 ch02_test1.js 파일이 잘 만ㄷ르어졌다면 명령 프롬프트 창에서 다음 명령을 실행한다.

```
% node ch02_test01.js
```

그러면 다음과 같은 결과가 출력된다.

그림 7-37 명령 **프롬프트** 창에 출력된 **프로그램** 실행 결과

1부터 1000까지 더하는 코드가 너무 빨리 실행되다 보니 채 1초도 걸리지 않는다. 코드에서 1부터 100000까지 더하도록 수정하면 실행 시간이 더 길어지는 것을 확인할 수 있다.

이렇게 파일 단위로 코드를 입력하고 노드를 이용해 파일을 실행할 때, 실행한 각 파일의 이름과 파일의 패스를 확인해야 하는 경우가 있다. 다음과 같이 두 줄을 더 추가한 다음 저장하고 다시 실행하면 파일의 이름과 패스를 확인할 수 있다.

다음은 파일을 실행했을 때 출력되는 결과이다.

```
... 중략
console.log('현재 실행한 파일의 이름 : %s', __filename);
console.log('현재 실행한 파일의 패스 : %s', __dirname);
```

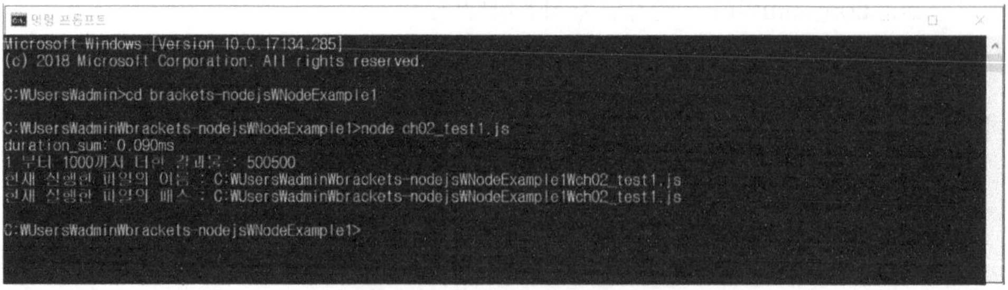

그림 7-38 실행한 파일의 이름과 패스를 같이 표시한 경우

여기에서 사용한 __filename과 __dirname 변수를 전역 변수(Global Variable)라고 부른다. 앞에서 설명했지만 전역 변수는 코드의 어느 부분에서든 사용할 수 있는 변수라는 의미로, 이 두 개의 변수를 사용하면 node.exe를 사용해 실행한 파일의 이름과 패스를 쉽게 확인할 수 있다.

마지막으로 console 객체의 dir()메소드를 이용해 객체 안에 들어 있는 속성들을 확인해 보자. ch02_test1.js 파일의 마지막 부분에 다음 코드를 추가로 입력한 후 저장한다.

```
... 중략

var Person = {name:"소녀시대", age:20};
console.dir(Person);
```

자바스크립트의 객체는 중괄호 {}를 사용해서 만들 수 있다. 중괄호 안에는 콤마(,)로 구분된 속성들이 들어가며, 이 속성은 속성 이름과 속성 값 사이에 콜론(:)을 넣어서 구분한다. 즉, 다음과 같은 코드 형식을 사용한다.

```
{ 속성 이름1 : 속성 값1 , 속성 이름2 : 속성 값2, ……. }
```

이렇게 만들어진 객체는 Person 변수에 들어가는데, dir() 메소드를 호출하면 그 객체 안에 들어 있는 모든 속성이 콘솔에 출력된다. 파일을 실행하면 다음과 같이 출력된다.

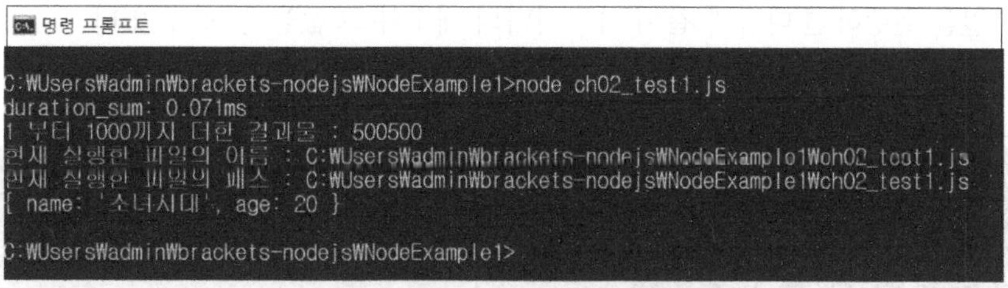

그림 7-39 dir() 메소드를 이용해 객체의 속성을 출력한 경우

dir() 메소드는 log() 메소드와 함께 객체의 속성을 확인할 때 자주 사용한다.

7.3.3 프로세스 객체 간단하게 살펴보기

process 객체는 프로그램을 실행했을 때 만들어지는 프로세스 정보를 다루는 개체이다. process 객체의 주요 속성과 메소드는 다음과 같다.

표 7-3

속성/메소드 이름	설명
argv	프로세스를 실행할 때 전달되는 파라미터(매개변수) 정보
env	환경 변수 정보
exit()	프로세스를 끝내는 메소드

argv 속성은 프로세스를 실행할 대 전달되는 파라미터 정보를 가지고 있다. 이 정보를 확인하기 위해 새로운 자바스크립트 파일을 추가해 보자. 자바스크립트 파일을 추가하는 방법은 왼쪽 프로젝트 창에서 마우스 오른쪽 버튼을 누르고 팝업 메뉴가 나타나면 [파일 만들기] 메뉴를 선택한다. 새로운 파일 이름으로 ch02_test2.js를 입력하면 파일이 만들어지면서 오른쪽 작업 영역에 파일이 나타난다. 새로 만들어진 파일에 다음 코드를 입력하자.

```
console.log('argv 속성의 파라미터 수 : ' + process.argv.length);
console.dir(process.argv);
```

이 파일을 실행하면 다음과 같이 파라미터의 개수와 그 값들을 볼 수 있다.

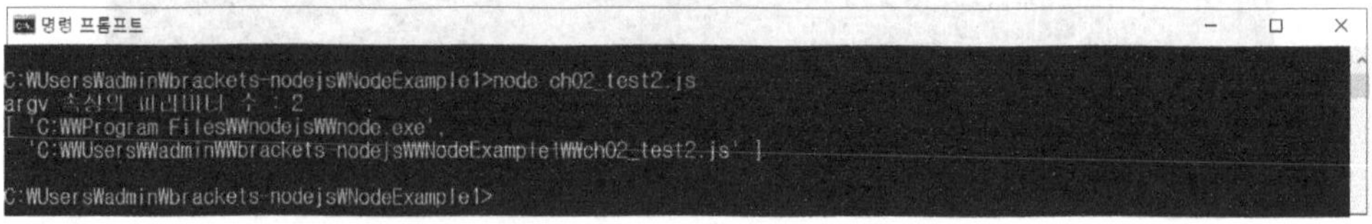

그림 7-40 process.argv 속성의 값 확인하기

자바스크립트 파일을 실행하기 위해 사용한 node.exe 파일의 이름이 첫 번째 파라미터가 되고 자바스크립트 파일의 패스가 두 번째 파라미터가 된다. 만약 파일을 실행할 때 파라미터를 더 넣어 주면 이 argv 속성에 그 파라미터가 추가된다. 자바스크립트에서

는 여러 개의 값이 들어갈 수 있는 배열 객체를 [] 기호를 사용해 만들 수 있으며, 로그로 출력했을 때도 [] 기호 안에 배열 객체의 값들을 콤마로 구분하여 표시한다.

console 객체의 dir() 메소드를 사용하면 객체가 가지고 있는 속성을 그대로 출력할 수 있다. 콘솔에 표시된 결과에서 알 수 있듯이, process 객체에 들어 있는 argv 속성은 배열 객체이며 파일을 실행하기만 해도 node 명령과 파일 패스가 파라미터 값으로 들어간다는 것을 알 수 있다.

이번에는 다음 코드를 추가로 입력하고 저장한다.

```
... 중략

if (process.argv.length > 2) {
  console.log('세 번째 파라미터의 값 : %s', process.argv[2]);
}

process.argv.forEach(function(item, index) {
    console.log(index + ' : ', item);
});
```

여기에는 세 번째 파라미터의 값을 확인하는 코드가 들어 있다. 따라서 이 파일을 실행할 때 파라미터를 추가로 전달하면 그 값을 확인할 수 있다. argv 속성은 배열 객체이므로 인덱스 2를 사용하면 세 번째 파라미터의 값을 확인할 수 있다. 만약 argv 속성에 들어 있는 모든 값을 하나씩 출력하고 싶다면 forEach() 메소드를 사용한다. forEach() 메소드는 배열 안에 들어 있는 각 아이템 값과 인덱스를 함께 전달하므로 배열 객체에 들어 있는 값들을 하나씩 확인하기에 좋다.

명령 프롬프트에서 다음 명령을 실행하면 다음과 같은 결과가 출력된다.

```
% node ch02_test2.js __port 7001
```

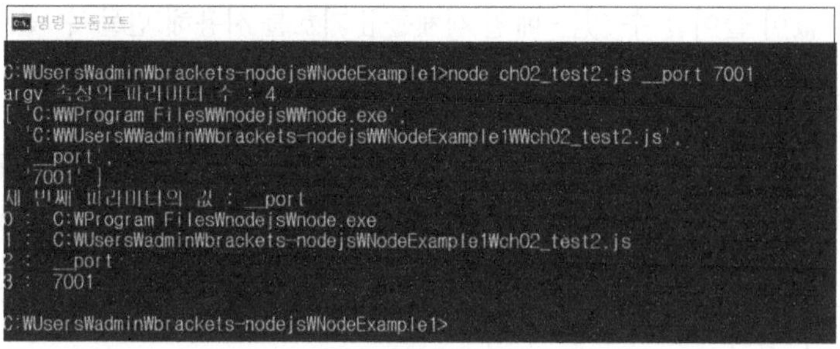

그림 7-41 process.argv 속성을 명령 프롬프트에서 확인하기

이번에는 process 객체의 env 속성을 이용해서 환경 변수의 값을 확인해 보자. 윈도우의 시스템 환경 변수로 OS 환경 변수가 있다. 이 환경 변수의 값으로는 'Windows_NT'와 같은 값이 들어 있을 수 있다. 이 값을 확인하기 위해 새로운 자바스크립트 소스 파일 ch02_test3.js를 만든 후 다음 코드를 입력하자.

```
Console.dir(process.env);

console.log('세 번째 파라미터의 값 : %s', process.argv[2]);
```

그러면 다음 그림처럼 여러분 PC의 환경 변수 값이 모두 출력되고 마지막에 OS 환경 변수의 값을 보여주는 한 줄이 더 출력된다.

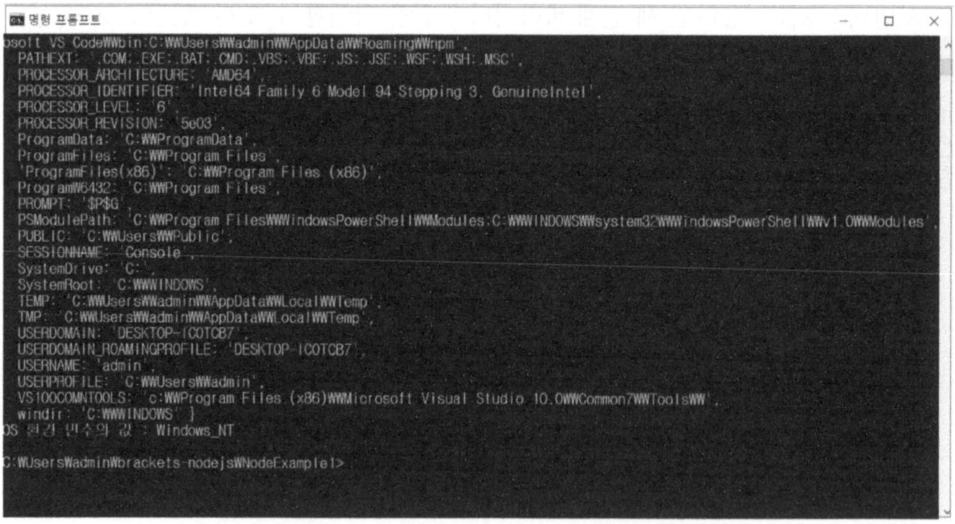

그림 7-42 process.env 속성으로 OS 환경 변수를 확인한 결과

process.env 속성을 사용하면 사용자 정의 환경 변수(user variables)뿐만 아니라 OS 와 같은 시스템 환경 변수(system variables)도 접근할 수 있다.

7.3.4 노드에서 모듈 사용하기

하나의 함수 안에 모든 기능을 넣는 것보다 기능별로 여러 개의 함수로 나눈 후 필요한 함수만 가져다 사용하면 다른 곳에서도 이 함수를 재사용할 수 있기 때문에 훨씬 효율적으로 프로그램을 만들 수 있다. 또한 각각의 기능을 나누어 프로그램 관리가 더 쉬워진다. 코드를 하나의 파일이 아니라 여러 개의 파일로 나누어 만들 때에도 이런 장점을 그대로 살릴 수 있다. 다음은 파일의 내용을 확인하기 위해 만든 프로그램에서 각각의 기능을 별도의 파일로 분리한 모양을 그림으로 표현한 것이다.

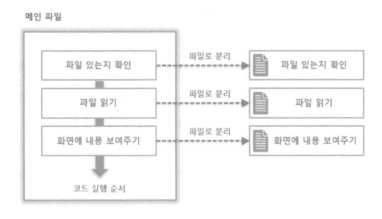

그림 7-43 파일 내용 확인 프로그램의 코드를 각각의 파일에 나누어 넣은 그림

메인 파일의 코드 중에서 독립적인 기능은 별도 파일로 분리할 수 있으며, 메인 파일에서는 전체적인 실행 순서나 흐름만을 제어한다. 이렇게 분리된 파일을 노드에서는 모듈이라고 부른다. 모듈이란 별도의 파일로 분리된 독립 기능의 모음이라서 모듈을 만들어 놓으면 다른 파일에서 모듈을 불러와 사용할 수 있다.

각각의 기능을 분리시킬 때는 단순히 별도의 파일에 코드를 나누어 놓는다고 끝나는 것은 아니다. 분리되어 있는 모듈 파일을 불러와서 사용할 수 있는 방법도 함께 만들어 주어야 한다. 노드는 CommonJs의 표준 스펙을 따라 모듈을 사용할 수 있게 한다. 이 과정에서 exports 전역 객체를 사용한다.

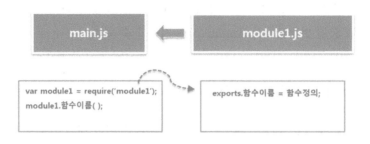

그림 7-44 노드제이에스에서 모듈을 만들어 사용하는 대표적인 방식

모듈을 만들 때는 module1.js처럼 별도의 자바스크립트 파일을 만든 후 그 코드에서 exports 객체를 사용한다. exports 객체의 속성으로 변수나 함수를 지정하면 그 속성을 main.js와 같은 메인 자바스크립트 파일에서 불러와 사용할 수 있다.

모듈을 불러올 때는 require() 메소드를 사용하며, 모듈로 만들어 둔 파일의 이름을 이 메소드의 파라미터로 전달한다. require(){ 메소드를 호출하면 모듈 객체가 반환되는데, 모듈에서 exports 객체에 설정한 속성들은 이 모듈 객체를 통해 접근할 수 있다.

그런데 여기에서 주의할 점은 exports 외에 module.exports를 사용할 수도 있다는 것이다. exports에는 속성을 추가할 수 있어 여러 개의 변수나 함수를 각각의 속성으로 추가할 수 있다. 이에 반해 module.exports에는 하나의 변수나 함수 또는 객체를 직접 할당한다. 일반적으로는 객체를 그대로 할당하며, 이렇게 할당한 객체 안에 넣어 둔 변수나 함수를 메인 파일에서도 사용할 수 있다.

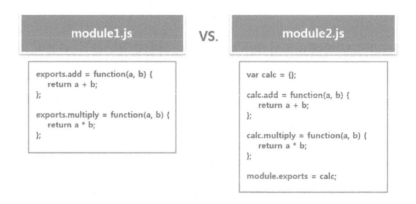

그림 7-45 모듈 파일을 만들 때 exports와 module.exports를 사용하는 경우

(1) 더하기 함수를 모듈로 간단히 분리하기

그러면 간단하게 더하기 기능 함수를 모듈로 분리하는 방법에 대해 알아보겠다. ch02_test4.js 파일을 만든 후 다음 코드를 입력한다.

```
var calc = {};
calc.add = function(a, b) {
    return a + b;
}
console.log('모듈로 분리하기 전 - calc.add 함수 호출 결과 : %d',
        calc.add(10, 10));
```

calc 객체를 하나 만든 후 그 객체에 add 속성을 추가하고 더하기 함수를 할당했다. 이렇게 만든 함수는 calc.add()와 같은 형태로 호출할 수 있다.

이번에는 이 파일을 브라켓에서 실행해 보겠다. Ctrl + Shift + N키를 눌러 파일을 실행하면 아래쪽 콘솔에 20이라는 결과가 표시된다.

```
▶ ✕ ✱  [JS]ch02_test4.js ▾
Command: node   "C:/Users/admin/brackets-nodejs/NodeExample1/ch02_test4.js"
모듈로 분리하기 전 - calc.add 함수 호출 결과 : 20
Program exited with code 0
```

그림 7-46 하나의 파일 안에서 더하기 함수를 정의한 후 호출한 경우

이 코드 중에서 더하기 함수를 속성으로 추가했던 calc 객체를 별도의 파일로 분리하면 모듈 파일이 만들어진다. 먼저 더하기 함수에 해당하는 코드를 새로 만든 파일에 넣은 후 약간 수정해야 한다. 프로젝트에 새로운 자바스크립트 파일 calc.js를 추가한 후 다음 코드를 입력한다.

```
exports.add = function(a, b) {
    return a + b;
}
```

이렇게 하면 더하기 함수는 exports 객체에 add 속성이 추가된다. 메인 파일에서 이 파일을 모듈로 불러들이면 add 함수를 호출하여 사용할 수 있다. 이제 이 모듈 파일을 불러들여 사용하는 파일을 만들어 보자. ch02_test5.js 파일을 새로 만들고 다음 코드를 입력한다.

```
var calc = require('./calc');
console.log('모듈로 분리한 후 - calc.add 함수 호출 결과 : %d',
          calc.add(10, 10));
```

이렇게 만든 ch02_test5.js 파일은 메인 파일(Main File)dl 되며, calc.js 모듈 파일을 불러와서 사용한다. calc.js 파일을 모듈로 불러오기 위해 먼저 require() 함수를 호출한다. 이때 require() 함수의 파라미터로 모듈 파일의 이름을 전달하는데, 파일 이름 전체를 다 사용하지 않고 확장자를 뺀 calc라는 이름만 사용한다. 파일 이름 앞에 ./를 붙인 것을 보면 파일 이름은 상대 패스로 지정하였다는 것을 알 수 있다. 이렇게 불러들인 모듈은 calc 변수에 할당하였다.

> ※ 모듈의 이름만 지정하면 해당 파일을 찾아 불러들이지만 만약 파일이 없다면 폴더 이름을 찾아 그 안에 있는 파일을 불러들이기도 한다. require() 함수에 전달하는 모듈의 이름을 require('./calc')처럼 지정하면 calc.js 파일을 찾아보고 파일이 없는 경우에는 [calc] 폴더가 있는지 확인한다. 만약 [calc] 폴더가 있다면 그 안에 있는 index.js 파일을 불러들인다.
> 즉, [calc] 폴더를 만들고 그안에 index.js 파일을 넣은 후 index.js 파일 안에 모듈 기능을 위한 자바스크립트 코드를 입력한 경우에도 require('./calc') 코드로 모듈 파일을 불러올 수 있다.

모듈 파일을 만들 때 사용한 exports 객체는 메인 파일에서 모듈 파일을 불러들일 때 반환되므로 이 객체를 변수에 할당하여 사용할 수 있다고 생각하면 좀 더 쉽게 이해할 수 있다. 즉, 여기에서는 메인 파일에 정의한 calc 변수가 모듈 파일에서 사용한 exports 객체와 같다.

이렇게하면 모듈 파일에서 exports.add로 추가한 add 속성을 메인 파일의 calc 객체에서도 접근할 수 있으므로 calc.add()코드로 함수를 호출할 수 있다.

파일을 실행하면 다음과 같은 결과를 볼 수 있다.

그림 7-47 더하기 함수를 모듈로 분리한 후 모듈을 불러들여 호출한 경우

함수를 호출하여 사용하는 코드는 모듈로 분리하기 전과 후가 다르지 않다. 즉, 모듈로 분리하기 전에도 calc.add() 코드를 사용했고 모듈로 분리한 후에도 calc.add() 코드를 사용했다. 하지만 모듈로 분리한 후에는 별도의 자바스크립트 파일이 만들어지므로 하나의 기능을 모듈로 정의해 두면 필요에 따라 원하는 모듈만 불러들여 사용할 수 있다.

(2) module.exports로 메인 파일에 더하기 함수 호출하기

이번에는 모듈 파일에서 exports가 아닌 module.exports를 사용했을 때 메인 파일에서 어떻게 더하기 함수를 호출할 수 있는지 알아보자. 프로젝트에 새로운 자바스크립트 파일 calc2.js를 추가한 후 다음 코드를 입력하자.

```
var calc = {};
calc.add = function(a, b) {
return a + b;
}
module.exports = calc;
```

이 파일에서는 calc.js 파일처럼 더하기 함수를 만들었지만 exports의 속성으로 만들지는 않았다. calc 객체를 만들고 그 객체의 속성으로 더하기 함수를 할당한 후 마지막에는 module.exports에 calc객체를 할당했다. 이렇게 코드를 만들면 calc 객체는 모듈을 불러들이는 쪽에서 그대로 사용할 수 있다. 이제 ch02_test5.js 파일에 다음 코드를 추가하자.

```
... 중략

var calc2 = require('./calc2');
console.log('모듈로 분리한 후 - calc2.add 함수 호출 결과 : %d',
          calc2.add(10, 10));
```

require() 함수를 호출하여 calc2.js 모듈 파일을 불러오면 이때 반환되는 객체는 모듈 파일 안에서 module.exports에 할당했던 객체가 된다. 따라서 calc2 변수에 그 객체가 그대로 할당되므로 calc2.add() 코드를 사용해 함수를 호출할 수 있다.

파일을 실행하면 다음과 같은 결과를 볼 수 있다.

```
▶ ■ ■ ■  js ch02_test5.js ▾
Command: node   "C:/Users/admin/brackets-nodejs/NodeExample1/ch02_test5.js"
모듈로 분리한 후 - calc.add 함수 호출 결과 : 20
모듈로 분리한 후 - calc2.add 함수 호출 결과 : 20
Program exited with code 0
```

그림 7-48 module.exports를 사용한 모듈 파일을 불러와 더하기 함수를 호출한 경우

CHAPTER

8

R

8.1 R 개요

8.1.1 R 소개

R은 뉴질랜드 오클랜드 대학의 로버트 젠틀맨(Robert Gentleman)과 로스 이하카(Ross Ihaka)에 의해 만들어진 인터프리터 언어이다. AT&T 벨 연구소가 개발했던 S를 기반으로 문법과 통계처리를 지원하고, 데이터 처리 부분은 스킴을 기반으로 개발되었다. R은 통계 계산을 위해 개발되었으며, 통계학자 외에도 많은 연구자들이 계량 연구를 위해 사용하고 있다. R은 다양한 통계 기법, 수치 자료 해석, 행렬 계산 등을 지원할 뿐만 아니라 결과 자료를 손쉽게 시각화해준다. R은 윈도우, 맥 OS, 리눅스 및 유닉스 플랫폼에서 개발 가능하며, GPL(Free Software Foundation's GNU General Public License) 하에 배포되어 무료로 이용 가능하다.

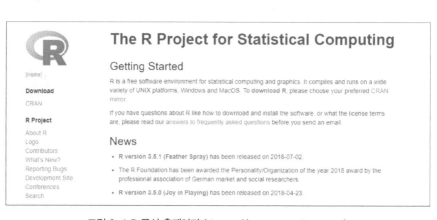

그림 8-1 R 공식 홈페이지 (https://www.r-project.org)

8.1.2 R의 특징

R은 통계학자부터 통계 자료가 필요한 모든 연구원들에게 자료 해석과 결과를 시각화해서 보여주는 그래픽 기술을 포함하고 있다. 간단하게 말해서 데이터 조작, 계산 및 그래픽 처리 기능이 통합된 소프트웨어이다.

R의 장점은 다음과 같다.

① 데이터를 효과적으로 취급하고 저장한다.

주로 txt 파일, csv 파일을 읽지만, 이 외에도 SPSS에서 사용하는 파일 포맷, XML형식의 자료도 읽어올 수 있다. 이처럼 넓은 영역의 파일 포맷을 지원하고, 또한 결과 파일을 새로운 파일에 저장하여 데이터를 관리할 수 있도록 한다.

② 배열, 행렬을 위한 연산자 집합을 사용한다.

통계분석, 최적화, 데이터 마이닝 등을 할 때 많이 사용하는 것이 행렬로, 분석에 필요한 변수가 많아질수록 변수들의 계수를 행렬로 수식을 표현하고, 계산을 용이하게 한다. R에서 지원하는 행렬 연산자는 +, -, *, /, ^, %*%, cbind(), rbind(),colMeans(), rowMeans(), colSums(), rowSums(), t() 등이 있다. 간단하게 +은 행렬 간의 합을, -는 차를, *는 곱을, /는 나눗셈을 지원한다.

③ 데이터 분석을 위한 도구를 통합적으로 사용 가능하다.

방대한 양의 패키지와 바로 사용가능한 테스트 세트를 제공한다. 핵심적인 패키지는 R과 함께 설치되며, CRAN(the Comprehensive R Archive Network)을 통해 1,000 개 이상의 패키지를 내려 받을 수 있고, 무료로 제공된다. 또한 오픈소스로서 다른 사람이 개발한 기능을 추가하여 확장 개발이 가능하고, 본인이 구현한 기능을 배포할 수 있다.

④ on-screen, hard copy로 데이터 분석 및 디스플레이를 위한 그래픽 기능을 제공한다.

데이터 시각화를 위한 패키지를 제공한다. 대표적으로 ggvis, lattice, ggplot2, googleVis, rCharts 등과 같은 그래픽 기능을 제공함으로써 분석한 결과를 바로 시각자료로 도출이 가능하다. 또한 수학 기호를 포함할 수 있는 출판물 수준의 그래프를 제공한다. 구글, 네이버 지도를 불러오거나 이를 활용해 GIS용도로 쓰는 것도 가능하다.

⑤ 조건부, 루프, 사용자 정의 재귀함수, 입력 및 출력 기능을 포함하는 효과적인 프로그래밍 기능이다.

기본적인 프로그래밍 기능을 지원함으로써 컴퓨터 과학 수준에서 통계 파일 및 결과 파일의 도출이 용이하다. 또한 사용자의 능력에 따라 저급 수준까지는 프로그래밍이 가능하고, 전공자가 아니더라도 개발된 패키지를 이용해 사용 방법을 익히며 누구나 사용할 수 있다,

하지만 R은 인터프리터 언어로 실행 속도가 느리고, 메모리를 많이 사용해서 큰 데이터 집합을 사용할 때 문제가 있을 수 있다. 최근에 속도 개선을 위한 패키지들이 개선되고, 메모리 용량의 증가로 단점들을 극복해가고 있다.

8.1.3 R Studio (R 코드 IDE)

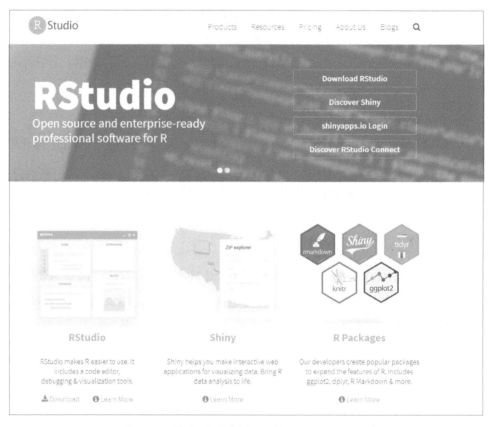

그림 8-2 R스튜디오 홈페이지 (http://www.r-project.org)

R 코드를 편하게 개발할 수 있도록 지원하는 통합 개발 환경(Integrated Development Environment) 프로그램이다. R studio에는 자동 입력 기능, 함수 원형, 함수 설명 등을 한 눈에 확인할 수 있어 초보자들도 쉽게 코드를 개발할 수 있도록 되어있다. 일반적으로 4개의 창으로 화면을 구성하고, 여기에는 스크립트창, 콘솔창, environment 및 History창, File 및 Plot 창이 있다. 스크립트창은 R코드를 적어 실질적으로 코딩을 하는

창이고, 콘솔창은 결과를 보여주는 곳이다. 바로 결과를 확인하고 싶을 때는 콘솔창에 코드를 입력하고 엔터를 치면 다음 줄에서 결과를 확인할 수 있다. environment 및 History창은 변수를 확인하거나 도움말을 볼 때 유용하게 사용할 수 있다. File 및 plot창 에서는 프로젝트에 포함된 폴더 및 파일을 확인할 수 있다.

8.2 R 개발 환경 구축

8.2.1 R 설치

- http://www.r-project.org 홈페이지에서 좌측 항목 'Download'의 'CRAN'을 클릭한다.

- 국가별로 다운로드 받을 수 있는 곳의 링크가 나온다. 대한민국(Korea)의 링크 사 이트 들을 찾아 세 군데 중 한 곳을 선택한다.

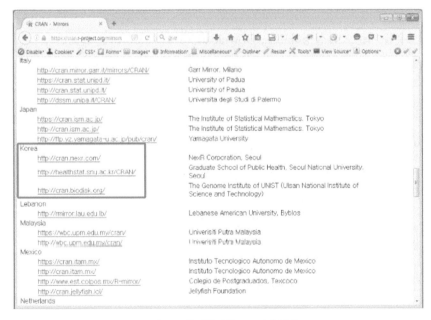

그림 8-3 국가별 다운로드 안내 화면

그림 8-4 다운로드 링크 화면

- 윈도우를 기준으로 설명하므로, 'Download R for Windows'를 클릭한다.
  (Max OS X, Linux 사용자들도 크게 다르지 않다.)

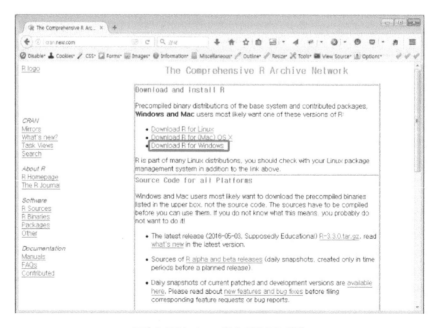

그림 8-5 Windows 용 R 다운로드 화면

- R을 설치하기 위해 'base'를 선택한다. 나머지 링크들은 패키지 제작 및 R 환경을 위한 링크이다. ('install R for the first time'을 클릭해도 된다.)

그림 8-6 base로 설치하기 위한 화면

- Download R 3.x.x for Windows를 클릭하여 설치하자.

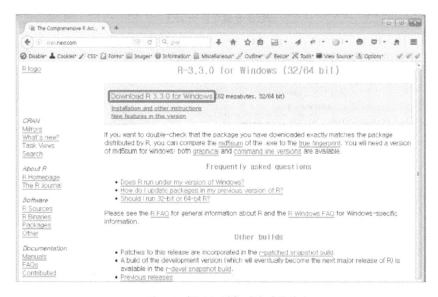

그림 8-7 다운로드 받을 파일 안내 화면

다운로드 받은 파일을 실행하여 설치를 진행한다.

- 사용할 언어로 한국어를 선택한다.

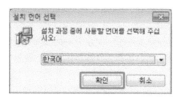

그림 8-8 설치 언어 선택

- 다음 버튼을 눌러 진행하자.

그림 8-9 설치 중 첫 화면

- 설치 위치를 확인하고 다음 버튼을 눌러 진행한다.

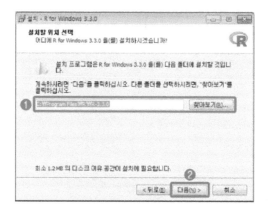

그림 8-10 설치 위치 확인

• 사용자 편의를 위한 쉬운 설치를 선택하고 다음 버튼을 누른다.

그림 8-11 구성 요소 설치

• 그림과 같이 체크박스를 선택한 후 다음 버튼을 눌러 진행한다. 마지막 항목인 'R을
.Rdata 파일들과 연결한다.' 항목은 연결할 R데이터 파일이 없다면 체크해제 후 진
행해도 무방하다.

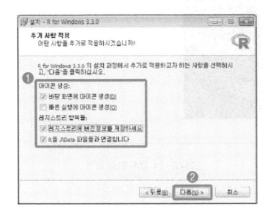

그림 8-12 추가 사항 적용

- 설치 중 화면이다.

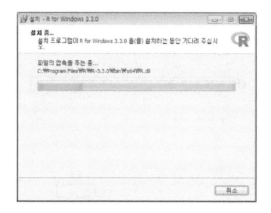

그림 8-13 설치 중 화면

- 설치 완료

그림 8-14 설치 완료 화면

8.2.2 R studio 설치

- https://www.rstudio.com/ 홈페이지에서 하단의 Desktop 아래의 RStudio Desktop 버튼을 누른다.

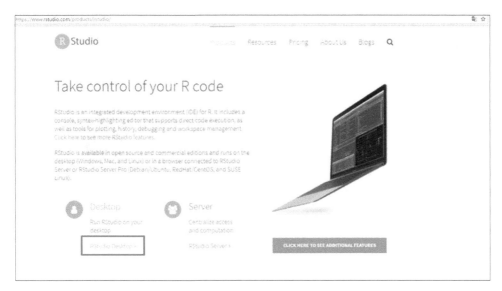

그림 8-15 R studio 다운로드 홈페이지

* Open Source Edition에서 DOWNLOAD RSTUDIO DESKTOP 버튼을 누르면 다음
  화면으로 넘어간다.

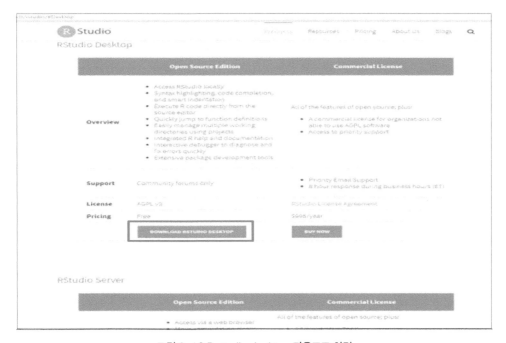

그림 8-16 R studio desktop 다운로드 화면

- 빨간 박스 표시가 있는 다운로드 버튼을 클릭한다. Rstudio Desktop Open Source Download 항목의 다운로드 버튼을 클릭

그림 8-17 Desktop 설치는 빨간 테두리를 클릭

- Window 버전으로 다운로드하면 된다.

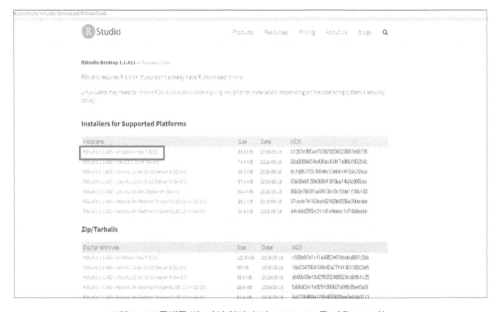

그림 8-18 플랫폼 별, 파일 확장자 별로 RStudio를 다운로드 가능

다운로드 받은 R스튜디오를 설치하는 과정이다.

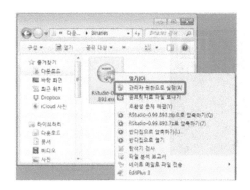

그림 8-19 파일을 관리자 권한으로 실행

• R스튜디오 실행 파일을 마우스 오른쪽 버튼으로 클릭하여 관리자 권한으로 실행하
자. 설치 위치를 확인하고 다음 버튼을 눌러 진행한다.

 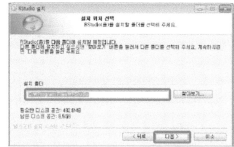

그림 8-20 R studio 설치 파일의 화면

• 빨간 박스와 같이 자동 입력되는 문자를 그대로 유지하여 설치 버튼을 선택한다.

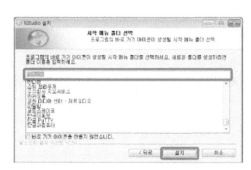 

그림 8-21 시작 메뉴 폴더 선택 후 설치

- 설치를 완료하면 마침버튼을 눌러 설치를 종료

그림 8-22 Rstudio 설치 완료

8.2.3 R Studio 작업환경 설정

- 다음은 R 스튜디오를 작업환경을 설정하는 방법이다.

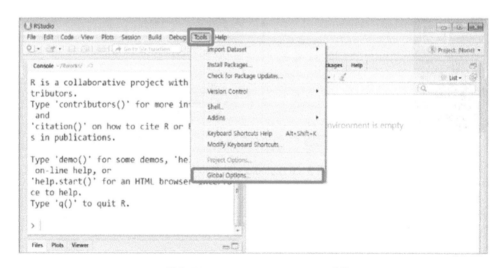

그림 8-23 Tools → Global Options 선택

- R스튜디오를 실행하여 상단 메뉴바의 tools 버튼을 누르고 Global Options를 선택
  한다.

그림 8-24 Saving 탭에서 Default text encoding을 'UTF-8' 선택

- 페이지 레이아웃을 다음과 같이 설정하자. 만약 사용하기 편한 레이아웃이 있다면 다르게 설정해도 무방하다. 설정이 끝난 후에는 Apply 버튼과 OK버튼을 눌러 설정을 적용하자.

그림 8-25 페이지 레이아웃 설정 화면

8.2.4 프로젝트 생성하기

R 스튜디오에서 프로젝트를 생성하는 방법이다.

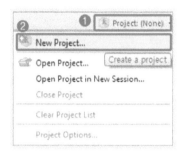

그림 8-26 작업창 좌측 상단의 File → New Project 선택

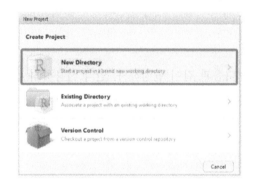

그림 8-27 New Directory를 클릭

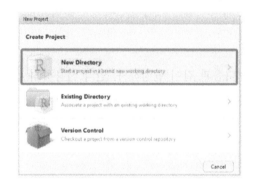

그림 8-28 Browse 클릭

그림 8-29 StartwithR 폴더 생성 및 선택

그림 8-30 New Project를 선택

- Directory Name을 Chapter01로 임의로 설정하고, 하단의 Create Project 클릭하자.

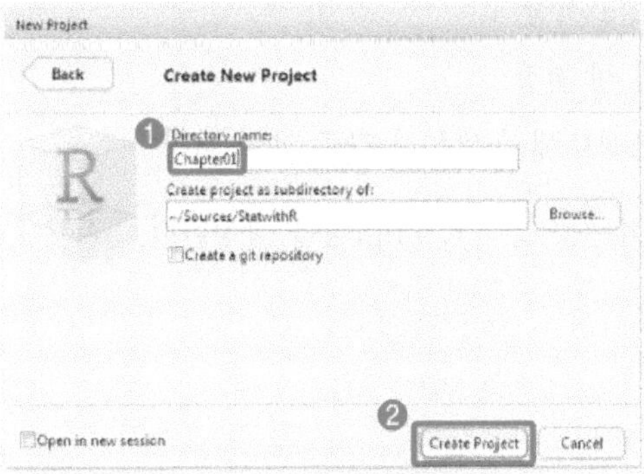

New Project

Back   Create New Project

Directory name:
Chapter01

Create project as subdirectory of:
~/Sources/StatwithR   Browse...

Create a git repository

Open in new session   Create Project   Cancel

그림 8-31 New Project

- 작업창의 좌측 하단의 File 탭에서 New Folder를 눌러 폴더를 생성한다.

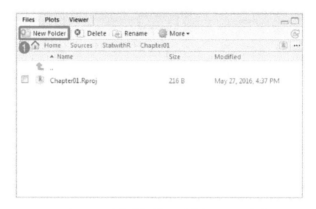

그림 8-32 빨간 테두리를 클릭하여 Project 생성

그림 8-33 세 개의 폴더를 생성(data, output, source)

- 생성한 세 폴더는 프로젝트에서 사용하는 각종 자원들을 위한 하위 폴더이다.
  source 폴더 : R 코드 저장
  data 폴더 : 데이터 셋 저장
  output 폴더 : 프로젝트에서 생성한 각종 파일 저장
- 좌측 상단의 File 버튼을 눌러 R script창을 생성한다.

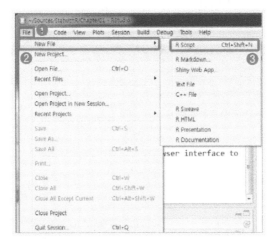

그림 8-34 단축키 ctrl+shift+N을 써도 같은 동작

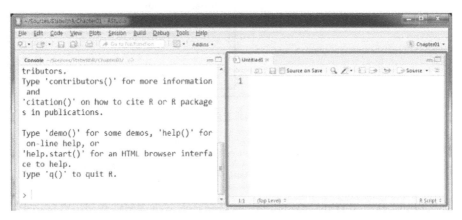

그림 8-35 작업창 우측에 Untitled1 이름의 스크립트 탭이 생성

- 스크립트는 R 명령들을 편집하고, 코드를 파일로 저장하는 데 사용된다.

```
1 help( q )
2 |
```

그림 8-36 help(q) 입력 예시

- 대소문자를 구별하므로 일단 모두 소문자로 입력한다.

그림 8-37 예제 안내를 위해 그림의 번호와 하단 설명 참조

① 열려있는 스크립트 탭 우측 상단의 run 버튼을 클릭한다.

② R Studio 좌측 상단의 Console 창으로 스크립트 창에 입력한 R 명령어인 help(q) 가 나타나고 이를 실행한다.

③ help() 명령은 q 명령에 대한 도움말을 확인하는 명령으로 "Help" 탭에 그 내용이 나온다.

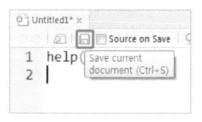

그림 8-38 저장하기 화면

- 스크립트에 입력한 내용들을 저장하기 위해서 스크립트 탭 상단의 디스크 아이콘(단축키 : ctrl + s)을 클릭한다.

- R 스크립트(R 코드) 파일은 source 폴더를 더블 클릭하여 저장하고 확장자는 .R (대문자)로 지정하고 저장을 누른다.

- 프로젝트를 끝내려면 file 메뉴를 클릭하여 Quit Session을 누르거나 단축키 ctrl + Q를 입력한다.

8.3 자료형 및 자료구조

8.3.1 자료형

* R에는 문자, 문자열, 정수, 실수, 복소수, 논리를 표현하는 기본 자료형이 있다.

- 문자와 문자열 : 큰따옴표 혹은 작은따옴표로 감싸 표현하고 숫자로 구성된 문자표에 매칭하여 저장한다.

- 실수 : 지수부와 가수부를 2진수로 저장한다.

- 복소수 : 실수와 허수로 이루어진 수로, 허수에 소문자 i를 붙여 복소수임을 표현한다.

- 논리형 : 참과 거짓을 구분하고, 참은 1 또는 T, 거짓은 0 또는 F 값을 넣는다.

* 아래와 같이 특수한 형태의 값도 있다.

- NULL : 데이터의 값이 존재하지 않을 때 사용한다.

- NA : 결측값 (통계에서 손실된 값)

- NaN : 수학적으로 정의되지 않은 값

■ 자료형 실습

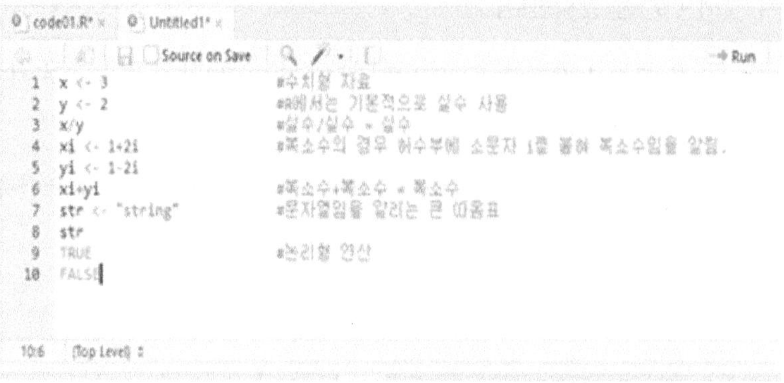

그림 8-39 자료형 실습 예제

왼쪽 상단의 콘솔창에 코드를 치면 바로 결과 확인이 가능하다. 하지만 저장이 어렵기 때문에 오른쪽 상단의 script창에 코드를 적어 저장할 수 있도록 한다.

■ 실수형 실습

먼저 첫 줄에 x라는 변수에 3이라는 숫자를 넣어준다. x 라는 변수를 따로 선언할 필요 없이 바로 x에 값을 대입해주면 된다. R에서 대입연산자는 variable ← value 형식으로 사용된다. 각 변수의 값을 나누게 되면, 결과로 실수값 1.5가 나오는데, 이는 R 프로그래밍이 기본적으로 실수를 사용하기 때문에, 실수를 나누기 하여 결과값이 실수가 된 것이다.

■ 복소수 실습

xi 와 yi 는 복소수이고 따라서 대입할 때 지수부 + 가수부i 형식의 값을 넣어준다. 복소수와 복소수의 연산값은 복소수이다.

■ 문자열 실습

str 변수는 문자열을 받는 변수이고, 여기에 큰따옴표("")를 사용하여 string이라는 문자열을 대입한다는 것을 표시하였다. 어떤 변수의 값을 출력할 때는 단순하게 변수의 이름을 적으면 된다.

■ 논리형 실습

논리형은 앞서 말한 것과 같이 참이면 TRUE 또는 1로 표현되는데, TRUE를 적어, 참이
니 그대로 TRUE를 출력하고, 거짓이면 FALSE 또는 0 으로 표현되는데, FALSE를 적어
FALSE를 출력한 것이다. 스크립트창에 코드를 치고 실행하려면 우측 상단에 Run버튼을
누르고, 스크립트창의 내용을 저장하려면 스크립트창 좌측 상단의 저장버튼을 클릭하면
된다. 참고로 R 스크립트의 확장자는 .R(대문자)이다.

8.3.2 자료구조

* 자료 구조에는 벡터, 배열, 리스트, 데이터 프레임 등이 있다.

• 원자 벡터 : 벡터는 문자형, 정수형, 논리형 등을 요소로 갖는 집합체로 R에서 가장
  기본이 되는 자료 구조이다. 벡터 내의 타입은 모두 같아야 하며, c()함수와 seq()함
  수로 생성할 수 있다.

• factor : 의미가 중요한 자료의 분류를 위해 사용되는 자료구조로, 그룹 혹은 상태를
  구별하는 의미로 사용한다. 숫자는 보통 수치형 계산을 위해 사용되어 그 자체로도
  수량을 표현하지만 팩터로 지정된 숫자는 단지 그룹의 이름을 뜻할 뿐이고, 그 그룹
  은 각기 다른 특성을 가지고 있다는 것을 나타낸다. 팩터는 factor()함수로 생성가능
  하다.

• 데이터프레임 : 동일한 속성을 가지는 여러 개체들의 집합이며, 간단하게 리스트의
  집합이라고 표현할 수 있다. 데이터 프레임은 data.frame()함수로 생성할 수 있다.

• 배열 : 동일한 자료형으로 이루어진 값으로 벡터와 행렬 값을 나타낸다.
  보통 벡터를 1차원 배열이라고 하면, 배열은 2차원 이상의 배열을 니타내고, 3차원
  이상의 구조도 가능하다. dim() 함수와, array()함수를 사용하여 생성한다.

• 리스트 : 서로 다른 데이터 타입을 가질 수 있는 자료구조이다.
  list() 함수로 리스트를 생성한다.

■ 자료구조 실습

벡터는 : 연산자를 사용하여 생성하거나 c()함수와 seq()함수로 생성할 수 있다.

```
1  1 : 10                     # 1부터 10까지 1씩 증가하는 벡터를 생성
2  10 : 1                     # 10부터 1까지 1씩 감소하는 벡터를 생성
3  c(1,2,3,4,5)               # c() 함수를 사용하여 벡터 생성
4  seq(from=1, to=5, by=2)    # seq()함수를 사용하여 벡터 생성
5  seq(from=1, to=5, length.out=5)
```

그림 8-40 벡터 예제 소스

- - : 연산자 사용

  1 : 10 는 1부터 10까지 1씩 증가하는 벡터를 생성하라는 의미이고,

  10 : 1 은 10부터 1까지 1씩 감소하는 벡터를 생성하라는 의미이다.

- c() 함수

  c()함수는 기본 벡터 생성 함수로 ,(콤마)로 요소들을 구분하여, 해당 요소로 이루어진 벡터를 생성한다. 주로 변수 안에 x를 저장하여 사용한다.

```
Console  Terminal
~/StatwithR/chapter02/
> 1 : 10                      # 1부터 10까지 1씩 증가하는 벡터를 생성
 [1]  1  2  3  4  5  6  7  8  9 10
> 10 : 1                      # 10부터 1까지 1씩 감소하는 벡터를 생성
 [1] 10  9  8  7  6  5  4  3  2  1
> c(1,2,3,4,5)                # c() 함수를 사용하여 벡터 생성
[1] 1 2 3 4 5
> seq(from=1, to=5, by=2)     # seq()함수를 사용하여 벡터 생성
[1] 1 3 5
> seq(from=1, to=5, length.out=5)
[1] 1 2 3 4 5
>
```

그림 8-41 벡터 예제 결과

- seq() 함수

  seq()함수는 증가량에 변화를 주고 싶을 때 사용하는 함수로 seq(from=1, to=5, by=2)와 같이 사용한다. from은 초기값이고, to는 종료값, by는 변화값이다. R에는 함수의 전달인자들을 선택해서 전달할 수 있는 함수도 있는데, seq() 함수도 이에

속한다. 전달인자 by 와 length.out 중 선택할 수 있고, length.out은 초깃값과 종료값 사이에 생성되는 벡터의 수를 의미하며, 그 간격은 R에서 자동 조정된다.

팩터는 factor()함수로 생성가능하다. 팩터의 원형은 다음과 같다.

```
factor(x = character(), levels, labels = levels, ordered = FALSE)
```

- x : factor로 만들 벡터값

- level ; factor의 각 범주를 구분할 기존 벡터의 값을 전달인자로 하여 벡터를 전달한다. 만약 levels에 값이 전달되지 않으면 NA 처리한다.

- labels : 각 수준의 이름으로 사용자가 정한 벡터를 받는다. 즉, levels와 labels가 순서대로 매칭되어 이름을 지정해주는 것이다.

- ordered : 순위를 나타내는 것으로 기본은 FALSE로 순위가 없는 자료지만, 이 값을 TRUE로 하면 순위형 자료를 표현할 수 있다.

■ factor 실습

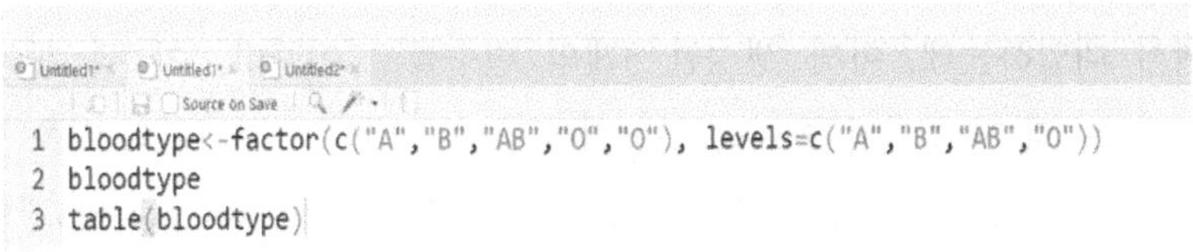

```
1  bloodtype<-factor(c("A","B","AB","O","O"), levels=c("A","B","AB","O"))
2  bloodtype
3  table(bloodtype)
```

그림 8-42 factor 예제 소스

■ 결과

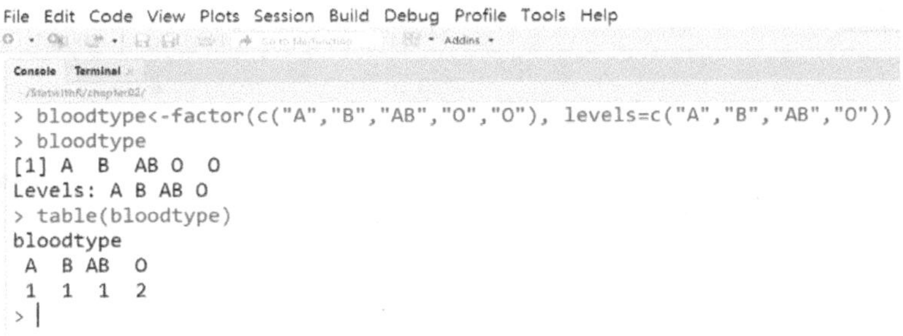

```
> bloodtype<-factor(c("A","B","AB","O","O"), levels=c("A","B","AB","O"))
> bloodtype
[1] A  B  AB O  O
Levels: A B AB O
> table(bloodtype)
bloodtype
 A  B AB  O
 1  1  1  2
> |
```

그림 8-43 factor 예제 결과

데이터 프레임은 자료 처리를 위해 가장 많이 사용되는 자료구조로 서로 다른 벡터로 구성된 자료들을 열로 배치한 자료구조이다. 간단하게 말해서 같은 속성을 가진 여러 개체들을 한 공간에 모아 놓은 것을 말한다. 데이터 프레임 생성함수는 data.frame()이다. 원형은 아래와 같다.

```
data.frame( character , row.name = NULL, stringsAsFactors)
```

- character : 데이터 프레임을 구성할 열(속성)을 정의한다. 따라서 여러 개의 속성을 정의할 수도 있다.
- row.names : 행의 이름으로 사용할 값을 저장하는 것으로 기본값은 NULL로 각 행의 번호를 저장한다.
- stringsAsFactors : 문자열로 구성된 자료를 factor로 변환할지 여부로 기본값은 문자열을 factor로 변환한다.

■ dataframe 실습

첫 줄은 name이라는 변수에 이름 벡터를 생성해 대입한다. 동일하게 age에는 나이 벡터, gender에는 성별 벡터를 넣어준다. 4번째 줄은 DATA 변수에 data.frame의 자료구조를 생성해서 대입하는데, 아까 생성한 3개의 변수를 넣어준다. 이 세 개의 변수가 data.frame()함수의 전달 인자 중 character에 해당하고 데이터 프레임의 열을 정의한 것이다. str(variable) 함수는 변수의 데이터 구조를 보여주는 것으로 아래에 3개의 object, 즉 개체가 있고, 3개의 열이 있다고 말하는 것이다. 그 아래는 각 열의 구성 요소들이 나와 있다.

■ 소스코드

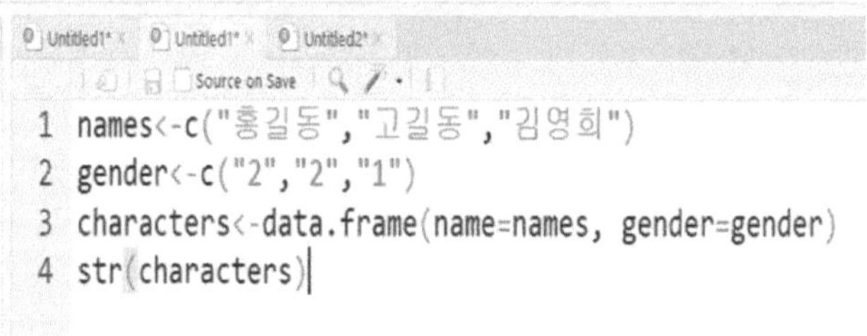

```
1 names<-c("홍길동","고길동","김영희")
2 gender<-c("2","2","1")
3 characters<-data.frame(name=names, gender=gender)
4 str(characters)
```

그림 8-44 dataframe 예제 소스

■ 결과

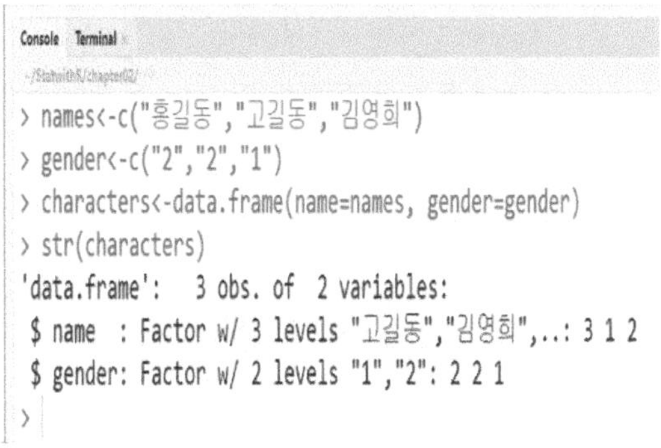

```
Console  Terminal
~/StatwithR/chapter02/
> names<-c("홍길동","고길동","김영희")
> gender<-c("2","2","1")
> characters<-data.frame(name=names, gender=gender)
> str(characters)
'data.frame':	3 obs. of  2 variables:
 $ name  : Factor w/ 3 levels "고길동","김영희",..: 3 1 2
 $ gender: Factor w/ 2 levels "1","2": 2 2 1
>
```

그림 8-45 dataframe 예제 결과

8.4 연산자

R의 연산자는 산술 연산자, 논리연산자, 대입 연산자로 나눌 수 있다.

8.4.1 산술연산자

산술연산자는 수치형 자료의 연산을 담당하는 연산자이다.

표 8-1 산술연산자의 설명, 예시, 결과

연산자	설명	예시	결과
+	더하기	4+2	6
-	빼기	4-2	2
*	곱하기	4*2	8
/	나누기	4/2	2.0
^ 또는 **	승수	4^2	16
x %% y	x를 y로 나눈 나머지	4%%2	0
x %/% y	x를 y로 나눈 몫	4%/%2	2

■ 산술연산자 실습

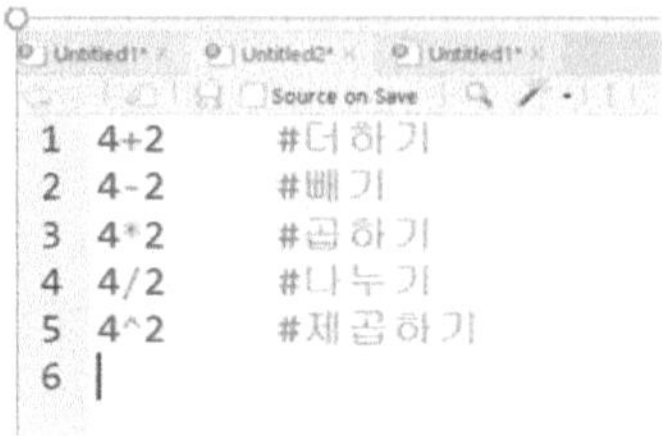

그림 8-46 산술연산자 예제 소스

■ 결과

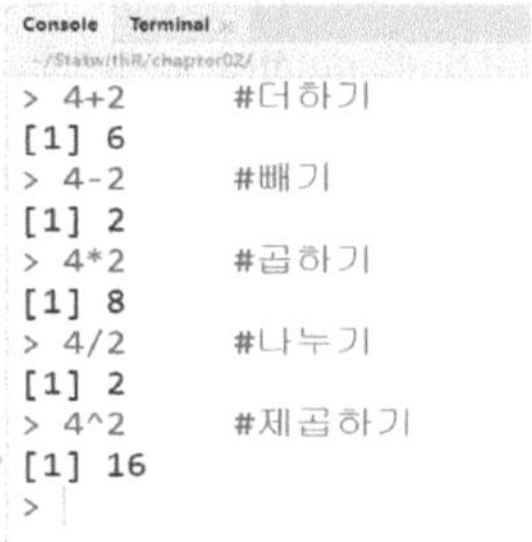

그림 8-47 산술연산자 예제 결과

8.4.2 논리 연산자

논리 연산자는 연산의 결과가 논리값(참 또는 거짓)이다.

표 8-2 논리 연산자의 설명, 예시, 결과

연산자	설명	예시	결과
〈	좌변보다 크면 참	3〈3	FALSE
〈=	좌변 이상이면 참	3〈=3	TRUE
〉	좌변보다 작으면 참	3〉3	FALSE
〉=	좌변 이하면 참	3〉=3	TRUE
==	같으면 참	3==3	TRUE
!=	같지 않으면 참	3!=3	FALSE
!x	x가 아니면 참	!TRUE	FALSE
x|y	x 또는 y면 참	TRUE|FALSE	TRUE
x&y	x 이고 동시에 y면 참	TRUE&TRUE	FALSE

■ 논리연산자 실습

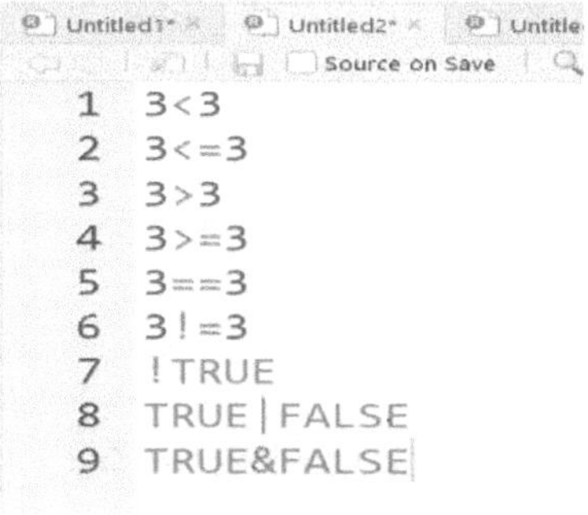

그림 8-48 논리연산자 예제 소스

■ 결과

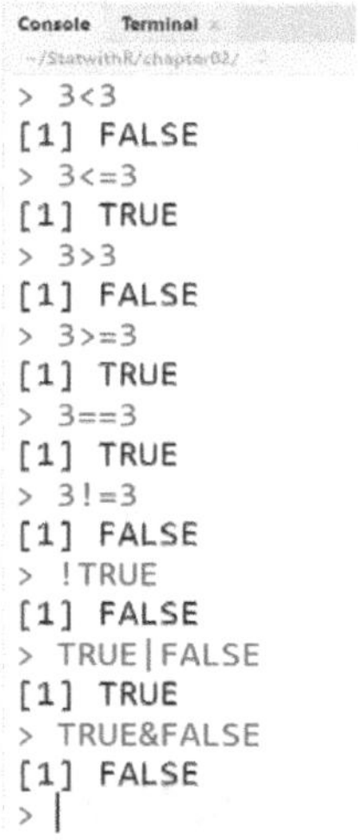

그림 8-49 논리연산자 예제 결과

8.4.3 대입연산자

· 대입연산자 : 변수에 값을 할당하는 연산자.

변수 ← 값 의 형식으로 대입한다.

■ 대입연산자 실습

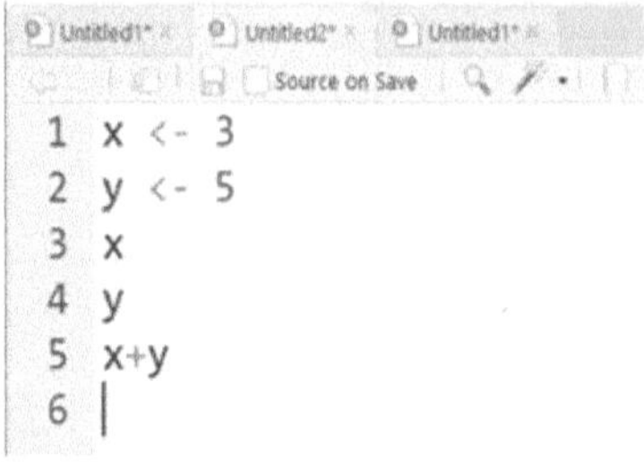

```
1  x <- 3
2  y <- 5
3  x
4  y
5  x+y
6  |
```

그림 8-50 대입연산자 예제 소스

■ 결과

```
> x <- 3
> y <- 5
> x
[1] 3
> y
[1] 5
> x+y
[1] 8
>
```

그림 8-51 대입연산자 예제 결과

8.5 그래프를 이용한 데이터 시각화

그래프를 이용하여 자료의 모양을 그림으로 표현하는 방식에는 산점도, 막대그래프, 히스토그램, 원도표 등이 있다. R프로그래밍은 데이터 시각화에 특화된 프로그램이다. 각 그래프에 대해 알아보고, 산점도에 대한 실습을 진행해보자.

8.5.1 산점도(Plot)

x축과 y축으로 구성된 좌표계 위의 이차원(양적변수 두 개) 자료를 점으로 표현하여 두 변수 간의 관계를 나타낼 수 있는 도표이다. 산점도라는 말처럼 두 변수를 그래프에 점으로 표현한 것으로 관계를 한 눈에 파악할 수 있다. plot() 함수를 제공하는데 R 그래

픽에서 가장 기본이 되는 함수이다.

■ 산점도 실습

R에는 내장된 데이터가 있다. 그 중 Cars 자료와 Nile 자료를 이용하여 실습을 진행해 보도록 하겠다.

plot()함수의 원형은 다음과 같다.

```
plot(a,b,main="",xlab="",ylab="",type="")
```

■ Cars 실습

Cars는 1920년에 수집한 데이터 프레임으로 50대의 차량으로부터 속도와 제동거리라 는 두 변수를 측정하였고, 여기서 속도(변수명 : speed)는 차량의 속도(mph)를 제동거리 (변수명 : dist)는 ft단위의 제동거리를 나타낸다.

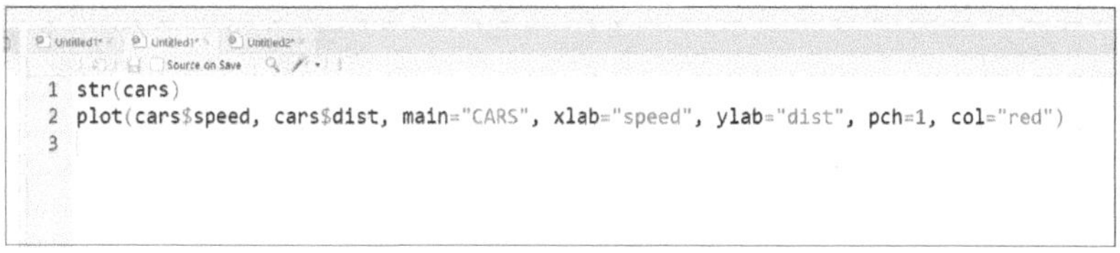

```
1  str(cars)
2  plot(cars$speed, cars$dist, main="CARS", xlab="speed", ylab="dist", pch=1, col="red")
3
```

그림 8-52 Car 실습 예제

str() 함수는 자료 구조(data structure)를 알려주는 함수로 cars 의 구조를 알 수 있다. 표시되는 점의 형태는 pch=1이고, 점은 색상은 col="red"로 하여 붉은색이 되도록 했다.

cars의 속도(cars$speed)를 x축으로, dist(cars$dist)를 y축으로 하여 산점도 R의plot() 함수를 이용하여 작성한다.

도표의 제목은 'CARS'로 하고, x축 제목은 speed, y축 제목은 dist로 하였다.

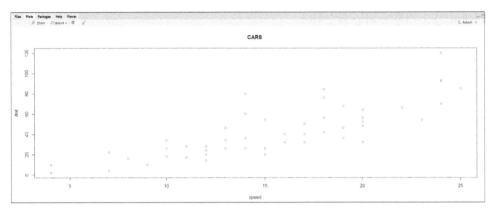

그림 8-53 CARS 실습 도표 예제

실행 시 나오는 그래프는 위와 같다.

■ Nile 실습

```
1  str(Nile)
2  plot(Nile, main="Nile강의 연도별 유량 변화", xlab="year", ylab="amount")
3
```

그림 8-54 Nile 실습 예제

1871년부터 1970년까지의 연도별 나일강의 유량을 기록하고 있는 시계열 (Time-Series)자료이다.

R의 시계열 자료는 시간의 순서에 따라 자료가 정렬되어 있다. 즉, 첫 번째 자료는 1871년의 자료, 두 번째 자료는 1872년, 마지막 자료는 1870년의 자료이다.

도표의 제목은 'Nile강의 연도별 유량 변화'로 하고, x축 제목은 year, y축 제목은
amount로 하였다.

시계열 자료는 각 점들을 선으로 연결하여 시간에 따른 변화를 알 수 있게 하면 파악
이 쉬워 type을 p로 변경하여 그래프를 나타낸다.

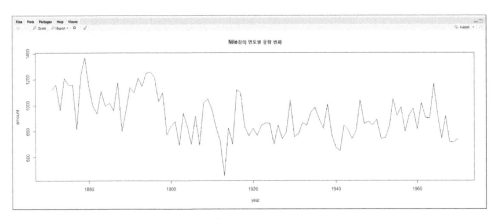

그림 8-55 NILE 실습 도표 예제

실행 시 나오는 그래프는 위와 같다.

C H A P T E R

9

Tensorflow

이번 chapter에서는 TensorFlow에 대한 이해와 간단한 머신러닝 모듈 구현에 대하여 학습할 것이다.

9.1 TensorFlow 개요

텐서플로는 데이터 흐름 그래프를 기반으로 하는 수치계산을 위한 소프트웨어 프레임워크이다. 머신러닝 알고리즘, 그중에서도 심층신경망을 표현하고 구현하기 위한 인터페이스를 주목적으로 설계되었다.

텐서플로는 이식 가능성을 고려하여 설계되었으므로 연산 그래프를 다양한 환경과 하드웨어플랫폼에서 실행할 수 있다. 본질적으로 동일한 코드를 사용해 여러 컴퓨터의 클러스터 상에 분산처리 되는 클라우드 환경이건 한 대의 PC 환경이건 동일한 텐서플로 신경망을 학습할 수 있다. 전용 서버가 아니라도 안드로이드나 iOS등의 모바일 플랫폼, 또는 라즈베리 파이와 같은 단일 보드 컴퓨터를 사용해서도 예측 기능을 제공하도록 배포할 수 있다. 물론 리눅스, 맥OS, 윈도우 운영체제에서도 구동이 가능하다.

텐서플로의 내부는 C++로 구현되어 있으며 연산 그래프를 표현하고 실행하기 위한 두 종류의 고수준 언어 인터페이스를 가지고 있다. 가장 많이 쓰이는 프런트엔드는 파이썬으로, 대부분의 연구자들이나 데이터 과학자들이 파이썬 인터페이스를 사용하고 있다. C++ 프런트엔드는 상당수의 저수준 API를 제공하는데 임베디드 시스템이나 이와 유사한 환경에서 효율적으로 실행된다.

이식 가능성 외에도 텐서플로의 또 다른 특징으로 유연함을 들 수 있다. 이 덕분에 연구자들이나 데이터 과학자들은 모델을 상대적으로 쉽게 표현할 수 있다. 요즘의 딥러닝 연구와 실습은 네트워크의 블록을 바꿔가면서 무슨 일이 일어나는지 살펴보거나 때로는 새로운 블록을 설계하므로 마치 레고를 가지고 노는 일처럼 느껴지는 때가 있다. 텐서플로는 이러한 모듈 블록을 사용하기에 적합한 도구를 제공한다. 딥러닝에서 네트워크는 경사 하강법을 사용한 역전파라는 피드백 과정으로 학습된다. 텐서플로는 많은 최적화 알고리즘을 제공하는데, 모두 미분 과정을 자동으로 처리한다. 텐서플로는 사용자가 생성한 연산 그래프와 손실 함수를 근거로 알아서 처리하므로 사용자가 경사값에 관한 내용을 딕셔너리에 지정하지 않아도 된다. 학습 과정을 모니터링, 수정, 시각화 하고 실험을 간소화하기 위해 텐서플로는 브라우저에서 실행 가능한 시각화 도구인 텐서보드도 제공한다.

데이터 과학자나 연구자에게 유용한 텐서플로의 유연함은 고수준 추상화 라이브러리에서 온다. 컴퓨터 비전이나 자연어이해를 목적으로 하는 최신 심층신경망에서 텐서플로 코드 작성은 괴로운 일이 될 수 있다. 복잡하고 길고 또 번거로울 지도 모른다. 캐라스나 TF-Slim 같은 추상화 라이브러리들은 저수준 라이브러리의 '레고 블록'을 쉽게 쓸 수 있는 고수준 접근 기능을 제공하는데, 이를 통해서 간단하게 데이터 흐름 그래프를 작성하고, 이를 학습시키고, 추론을 수행할 수 있다.

텐서플로의 유연함과 이식 가능성 덕분에 연구 단계에서 생산 단계에 이르기까지의 과정을 매끄럽게 진행할 수 있고, 데이터 과학자가 모델을 프로덕션에 적용하거나 엔지니어가 알고리즘을 강력한 코드로 변환하는 데 필요한 시간과 노력을 줄일 수 있다.

딥러닝은 빠르게 진화하고 있고, 이에 맞추어 텐서플로도 새롭고 흥미로운 기능을 추가하며 빠르게 진화하고 있어 유용성, 성능의 가치가 향상되고 있다.

9.2 TensorFlow 설치

그림 9-1 TensorFlow Logo

9.2.1 Python 설치하기

가장 먼저 해야 하는 일은 Python 설치하는 것이다. 윈도우에서는 TensorFlow가 3.5 이상부터 동작하기 때문에 반드시 Python 3.5 이상의 버전으로 설치해야 한다. Python 설치는 다음 링크에서 쉽게 할 수 있다.

그림 9-2 http://www.python.org/downloads

이 때 Python을 64-bit 버전을 설치하는 것이 필수이다. 32-bit 버전에서는 설치가 일부 진행되지 않는다.

그림 9-3 Python 3.6.5 설치 화면

이후 다음의 커맨드를 이용하여 Python 라이브러리를 업그레이드하도록 하자.

```
$ python -m pip install --upgrade pip
```

9.2.2 TensorFlow 설치하기

이제 TensorFlow 라이브러리를 설치할 준비가 되었다. CPU 버전의 경우 다음의 커맨드를 이용하여 설치한다.

```
$ pip3 install --upgrade tensorflow
```

하지만 이미 사용 중인 패키지 중에서 텐서플로가 사용하는 패키지와 겹치는 것이 존재하면, 텐서플로가 설치 과정에서 해당 패키지를 특정 버전으로 덮어쓰므로 문제가 발생할 수 있다. 만약 다른 용도로도 이미 Python을 설치하여 사용 중이라면 virtualenv라는 것을 설치해야 한다. 이것은 TensorFlow를 가상 환경에 만들 수 있게 도와준다. virtualenv와 관련한 자세한 지침은 http://virtualenv.pypa.io 를 참조하자.

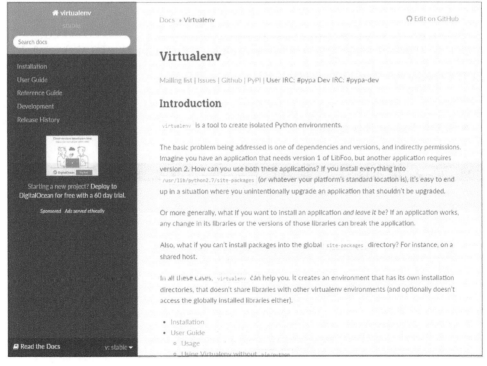

그림 9-4 http://virtualenv.pypa.io

9.2.3 NVIDIA GPU 사용하기

GPU를 사용하면 학습 속도가 매우 빨라진다. 우선 자신의 컴퓨터의 장치 관리자에서 아래와 같이 그래픽 카드 정보를 확인하여 NVIDIA의 GPU를 사용하고 있는지 알 수 있다.

그림 9-5 컴퓨터의 장치 관리자 화면

GPU를 사용하면 학습 속도가 매우 빨라진다. 그런데 GPU를 사용하기 위해서는 CUDA Toolkit 8.0 및 cuDNN 5.1을 설치하는 것이 필요하다.

■ CUDA Toolkit 8.0 설치하기

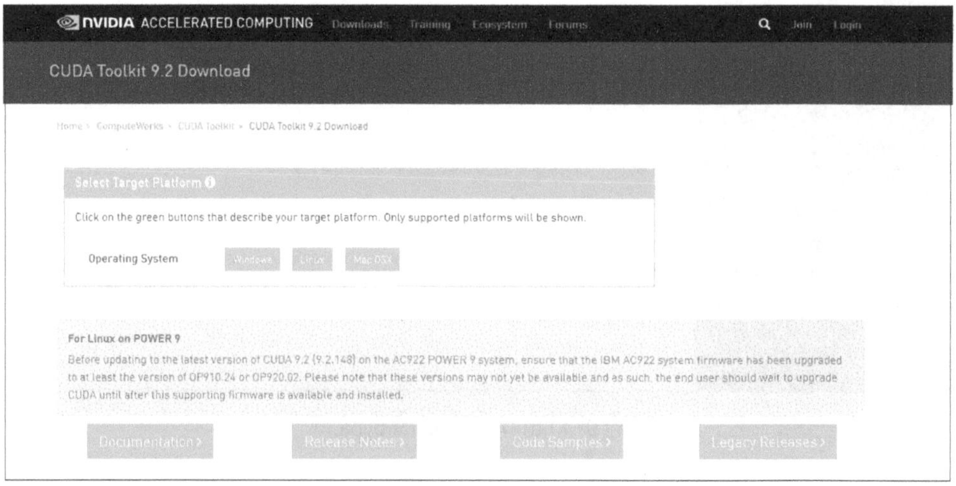

그림 9-6 https://developer.nvidia.com/cuda-downloads

위의 링크에서 자신의 OS 환경에 맞는 Toolkit을 다운 받아서 설치하면 된다.

■ cuDNN 5.1 설치하기

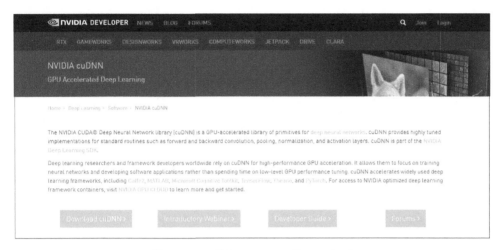

그림 9-7 https://developer.nvidia.com/cudnn

아래의 Download cuDNN 버튼을 클릭하여 진행하면 된다. 이 때 회원가입이 필요하다. Download 후에 압축파일의 압축을 해제하면 cuda 라는 폴더 안에 bin, include, lib 세 가지 폴더가 있는데 이 세 가지 폴더를 CUDA Toolkit 설치 경로에 복사 붙여넣기로 덮어 씌워 준다.

■ TensorFlow GPU 설치하기

이후 아래의 커맨드로 TensorFlow를 설치한다.

```
pip3 install --upgrade tensorflow-gpu
```

한편, TensorFlow 사용을 위해서는 numpy, matplotlib, pillow 등의 라이브러리 설치가 필요하다.

```
pip3 install numpy matplotlib pillow
```

이때, numpy는 수치 계산 라이브러리이고, matplotlib는 그래프 출력 라이브러리이고, pillow는 이미지 처리 라이브러리이다.

9.3 TensorFlow의 기본 예제

이제 다음의 예제를 Basic.py 저장하여 실행해 보자.

```
 1. import tensorflow as tf
 2.
 3. hello = tf. constant('Hello, TensorFlow!')
 4. print(hello)
 5.
 6. a=tf.constant(10)
 7. b=tf.constant(32)
 8. c=tf.add(a,b)
 9. print(c)
10.
11. sess=tf.Session()
12. print(sess.run(hello))
13. print(sess.run([a,b,c]))
14.
15. sess.close()
```

여기서 import 구문을 이용하여 텐서플로 라이브러리를 추가한다. 텐서플로에서는 그래픽 카드의 실제 연산을 수행하기 전의 준비 작업 부분과 실제 실행을 수행하는 세션 부분으로 나누어 구현을 진행한다. 따라서 tf.constant 로 상수를 정의하고, tf.add 로 연산을 정의하나, 구문을 입력하는 단계에서 실제 실행이 이루어지지는 않는다. 실제 실행은 sess.run 에 의해 수행된다. 즉, 일반 프로그래밍과 다르게 그래프 생성(준비작업) =) 그래프 실행 순으로 프로그래밍 하여야 한다.

다음의 예제를 variable.py 파일로 저장하여 실행하도록 한다.

```
 1. import tensorflow as tf
 2.
 3. X= tf.placeholder(tf.float32, [None, 3])
 4. print(X)
 5.
 6. x_data=[[1,2,3],[4,5,6]]
 7.
 8. w=tf.Variable(tf.random_normal([3,2]))
 9. b=tf.Variable(tf.random_normal([2,1]))
10.
11. expr=tf.matmul(X,w)+b
12.
13. sess = tf.Session()
14. sess.run(tf.global_variables_initializer())
15.
16. print("=== x_data ===")
17. print(x_data)
18. print("=== w ===")
19. print("sess.run(w)")
20. print("=== b ===")
21. print("sess.run(b)")
22. print("=== expr ===")
23. print("sess.run(expr, feed_dict={X: x_data})")
24.
25. sess.close()
```

여기서 플레이스홀더(placeholder)는 그래프 실행 입력 값을 갱신하기 위하여 사용하는 매개변수이다. 변수 X에는 실제의 값이 들어가 있지 않으며, 세션 단계에서 추후 매핑 된다. tf.matmul()은 행렬의 곱 연산을 수행하는 함수이다. 플레이스홀더의 실제 실행은 sess.run()에 의해 정의된 연산 구문으로 이루어진다.

플레이스홀더는 딥러닝에서 학습한 결과를 갱신하는 과정이 빈번하게 발생하여 고안된 개념이다. 이러한 갱신 과정은 프로그램의 로직을 복잡하게 만드며 성능 또한 변화시키게 된다. 따라서 플레이스홀더(place holder)라는 개념을 이용하여 변수와 작동방식을 최적화하는 것이 필수이다. 여기까지 TensorFlow의 간단한 예제를 살펴보고 TensorFlow를 좀 더 알아 볼 수 있는 용어와 간단한 머신러닝 예제로 들어가 보자.

9.3.1 TensorFlow 관련 용어

① 오퍼레이션(Operation)

그래프 상의 노드는 오퍼레이션(줄임말 op)으로 불린다. 오퍼레이션은 하나 이상
의 텐서를 받을 수 있다. 오퍼레이션은 계산을 수행하고, 결과를 하나 이상의 텐서
로 반환할 수 있다.

② 텐서(Tensor)

내부적으로 모든 데이터는 텐서를 통해 표현된다. 텐서는 일종의 다차원 배열인데,
그래프 내의 오퍼레이션 간에는 텐서만이 전달된다. (Caffe의 Blob과 유사하다.)

③ 세션(Session)

그래프를 실행하기 위해서는 세션 객체가 필요하다. 세션은 오퍼레이션의 실행 환
경을 캡슐화한 것이다.

④ 변수(Variables)

변수는 그래프의 실행시, 패러미터를 저장하고 갱신하는데 사용된다. 메모리상에
서 텐서를 저장하는 버퍼 역할을 한다.

9.3.2 MNIST

필기체 숫자로 이루어진 MNIST 데이터베이스(데이터 셋)는 이미지 처리와 머신러닝
에서 가장 많이 다뤄지는 데이터, 인공신경망의 개발에 중요한 역할을 해왔다.

그림 9-8 MNIST 데이터 셋 예시

그렇기 때문에 MNIST 데이터셋은 머신러닝을 배울 때 가장 먼저 다루게 되는 부분이다. 프로그래밍을 할 때 "Hello World"를 출력하는 것과 같은 상징적 의미이다. 지금부터 필기체 숫자 분류를 첫 번째 머신러닝 예제로 살펴보자. 우선 쉽게 접근할 수 있는 간단한 분류기를 적용하여 텐서플로우를 알아보자.

■ sMNIST 데이터셋 다운로드

MNIST 데이터셋은 다음 링크에 호스팅 되어 있다.

http://yann.lecun.com/exdb/mnist/

상단 링크에서 데이터를 다운로드 받고 설치하는 Python 코드를 넣어 두었다. 혹은 하단 링크에서 코드를 다운로드 받은 후 아래와 같이 코드를 불러올 수 있다.

https://github.com/tensorflow/tensorflow/blob/master/tensorflow/examples/tutorials/mnist/input_data.py

또는 그냥 아래 코드를 쓰는 방법도 있다.

```
from tensorflow.examples.tutorials.mnist import input_data
mnist = input_data.read_data_sets("MNIST_data/", one_hot=True)
```

■ 모델 만들기 전 준비

다운로드된 데이터는 55,000개의 학습 데이터(mnist.train), 10,000개의 테스트 데이터(mnist.text), 그리고 5,000개의 검증 데이터(mnist.validation) 이렇게 세 부분으로 나뉜다. 우리가 학습시키지 않는 데이터를 통해, 우리가 학습한 것이 정말로 일반화되었다고 확신할 수 있기 때문에 데이터가 이렇게 나뉜다고 알아두어야 한다. 각 MNIST 데이터셋은 두 부분으로 나뉜다. 아래의 그림은 손으로 쓴 숫자와 그에 따른 라벨이다.

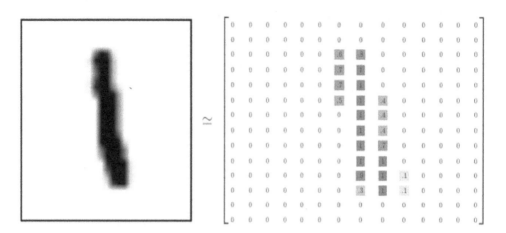

그림 9-9 필기체 숫자 1과 그에 따른 라벨

이제 이미지를 "xs"라고 부르고 라벨을 "ys"라고 하자. 학습 데이터셋과 테스트 데이터셋은 둘 다 xs와 ys를 가진다. 예를 들면, 학습 이미지는 mnist.train.images이고, 학습 라벨은 mnist.train.labels이다. 각 이미지는 28x28 픽셀이고 이를 숫자의 큰 배열로 해석할 수 있다. 이제 이 배열을 펼쳐서 28x28 = 784 개의 벡터로 만들 수 있다. 이미지들 간에 일관적으로 처리하기만 한다면, 배열을 어떻게 펼치든지 상관은 없다. 이러한 관점에서 볼 때, MNIST 이미지는 매우 호화스러운 구조를 가진, 784차원 벡터 공간에 있는 여러 개의 데이터일 뿐이다.

데이터를 펼치면 이미지의 2D 구조에 대한 정보가 완벽하게 사라진다. 데이터를 펼친 결과로 mnist.train.images는 [55000, 784]의 형태를 가진 텐서(n차원 배열)가 된다. 첫 번째 차원은 이미지를 가리키고, 두 번째 차원은 각 이미지의 픽셀을 가리킨다. 텐서의 모든 성분은 특정 이미지의 특정 픽셀을 특정하는 0과 1사이의 픽셀 강도이다.

MNIST에서 각각에 대응하는 라벨은 0과 9사이의 숫자이고 각 이미지가 어떤 숫자인지를 말해준다. 이 튜토리얼의 목적을 위해서 우리는 라벨을 "one-hot vector"로 바꾸길 원한다. One-hot vector는 단 하나의 차원에서만 1이고, 나머지 차원에서는 0인 벡터이다. 이 경우, n번째 숫자는 n번째 차원이 1인 벡터로 표현될 것이다. 예를 들어서, 3은 [0,0,0,1,0,0,0,0,0,0] 이라고 표현된다. 결과적으로, mnist.train.labels는 [55000, 10]의 모양과 같은 실수 배열이 된다.(참고: 정수 배열이 아니라, 실수 배열로 취급하는 데에는 이후 소프트맥스 회귀의 결과가 정수형이 아닌 실수형으로 산출되기 때문이다.) 그럼 이제 실제로 모델을 만들 준비가 되었다.

9.3.3 소프트맥스 회귀

다운로드 받은 MNIST의 각 이미지가 0부터 9까지의 필기체 숫자이고 각 이미지는 10가지의 경우의 수 중 하나에 해당된다. 이제 이미지를 보고 그 이미지가 각 숫자일 확률을 계산할 것이다. 구체적으로 예를 말하면, 지금 만드는 모델은 9가 쓰여 있는 이미지를 보고 이 이미지가 80%의 확률로 9라고 추측하지만 8일 확률도 5% 정도 있다고 계산할 수도 있다. 혹은 다른 숫자일 확률도 조금씩 있다. 이렇게 확실하지 않은 상황에서 소프트맥스 회귀를 사용하면 적절하다. 좀 더 설명하자면, 소프트맥스는 각 값이 0과 1 사이의 값으로 이루어지고, 각 값을 모두 합하면 1이 되는 목록을 제공하기 때문에 어떤 것이 서로 다른 여러 항목 중 하나일 확률을 계산하고자 할 때는, 소프트맥스가 적절하다. 그리고 다음부터 더 복잡한 모델을 트레이닝 할 때에도, 마지막 단계에서는 소프트맥스 레이어가 될 것이다.

소프트맥스는 회귀는 두 단계로 이루어진다. 우선, 입력한 데이터가 각 클래스에 속한다는 증거(evidence)를 수치적으로 계산하고, 그 뒤엔 계산한 값을 확률로 변환한다. 한 이미지가 특정 클래스에 속하는지 계산하기 위해서는 각 픽셀의 어두운 정도(intensity)를 가중치합(서로 다른 계수를 곱해 합하는 계산, weighted sum)을 한다. 여기서 가중치는 해당 픽셀이 진하다는 것이 특정 클래스에 속한다는 것에 반하는 내용이라면 음(-)의 값을, 특정 클래스에 속한다는 것을 의미한다면 양(+)의 값을 가지게 된다.

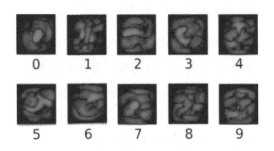

그림 9-10 학습한 가중치를 나타내는 그림

상단의 그림은 모델이 각 클래스에 대해 학습한 가중치를 나타낸다. 빨간 부분은 음의 가중치, 파란 부분은 양의 가중치를 나타낸다. 그리고 여기서 bias라는 추가적인 항을 더하게 된다. 결과값의 일부는 입력된 데이터와 독립적일 수 있기 때문이다. 이를 수식으로 표현하면, 입력값 x 가 주어졌을 때 클래스 i 에 대한 증거값은 다음과 같다:

여기서 W_i는 가중치이며 b_i 는 클래스 i에 대한 바이어스이고, j 는 입력 데이터로 사용한 이미지 x의 픽셀 값을 합하기 위한 인덱스이다. 이제 각 클래스에 대해 계산한 증거 값들을 "소프트맥스" 함수를 활용해 예측 확률 y로 변환한다.

소프트맥스는 우리가 계산한 선형 함수를 원하는 형태로 변환하는데 사용하는 "활성화" 또는 "링크"함수의 역할을 한다. 이번 예에서는 계산한 증거 값들을 입력된 데이터 값이 각 클래스에 속할 확률로 변환하는 것이라고 생각하면 된다. 많은 경우, 일단 소프트맥스를 입력 값을 지수화한 뒤 정규화 하는 과정이라고 생각하면 된다. 지수화란 증거 값을 하나 더 추가하면 어떤 가설에 대해 주어진 가중치를 곱으로 증가시키는 것을 의미한다. 반대로, 증거 값의 개수가 하나 줄어든다는 것은 가설의 가중치가 기존 가중치의 분수비로 줄어들게 된다는 것을 의미한다. 어떠한 가설도 0 또는 음의 가중치를 가질 수 없다. 그런 뒤 소프트맥스는 가중치를 정규화한 후, 모두 합하면 1이 되는 확률 분포로 만든다.

■ 소프트맥스 회귀 구현

Python에서 효율적인 수치 연산을 하기 위해, 우리는 다른 언어로 구현된 보다 효율이 높은 코드를 사용하여 행렬곱 같은 무거운 연산을 수행하는 NumPy등의 라이브러리를 자주 사용한다. 앞서 라이브러리를 설치한 이유가 이것이다. 그러나 아쉬운 점은 매 연산마다 파이썬으로 다시 돌아오는 과정에서 여전히 많은 오버헤드가 발생할 수 있다는 것이다. 이러한 오버헤드는 GPU에서 연산을 하거나 분산 처리 환경같은, 데이터 전송에 큰 비용이 발생할 수 있는 상황에서 특히 문제가 될 수 있다.

TensorFlow 역시 Python 외부에서 무거운 작업들을 수행하지만, TensorFlow는 이런 오버헤드를 피하기 위해 한 단계 더 나아간 방식을 활용한다. Python에서 하나의 무거운 작업을 독립적으로 실행하는 대신, TensorFlow는 서로 상호작용하는 연산간의 그래프를 유저가 기술하도록 하고, 그 연산 모두가 Python 밖에서 동작한다. 그럼 이제 설치 후 초기에 작성한 예제보다 더 자세한 내용을 알아보자.

■ 소프트맥스 회귀 구현 예제

우선 앞의 예제처럼 TensorFlow를 import 한다.

```
import tensorflow as tf
```

그리고 상호작용 하는 연산들을 심볼릭 변수를 활용해 기술한다.

```
x = tf.placeholder(tf.float32, [None, 784])
```

'x' 에 특정한 값이 주어진 것은 아니다. 이것은 'placeholder'로, TensorFlow에서 연산을 실행할 때 값을 입력할 자리이다. 여기서 784차원의 벡터로 변형된 MNIST 이미지 데이터를 넣으려고 한다. 그리고 [None, 784]의 형태를 갖고 부동소수점으로 이루어진 2차원 텐서를 표현하게 된다. None은 해당 차원의 길이가 어떤 길이든지 될 수 있음을 뜻한다. 또한 가중치와 바이어스도 필요하다. 여기서 이를 부가적인 입력처럼 다루는 방법을 생각할 수도 있지만, TensorFlow는 Variable 이라고 불리는 보다 나은 방법을 갖고 있다. Variable은 수정 가능한 텐서이고 서로 상호작용하는 연산으로 이루어져 있으며 TensorFlow 그래프 안에 존재한다. 특히 Variable 은 연산에 사용되기도 하고, 연산을 통해 수정되기도 한다.

머신러닝에 이를 사용할 때에는 주로 모델의 변수를 Variable들로 사용하게 된다.

```
W = tf.Variable(tf.zeros([784, 10]))
b = tf.Variable(tf.zeros([10]))
```

상단에 tf.Variable에 Variable의 초기 값을 넘겨줌으로써 이 Variable들을 생성한다. 여기서 w와 b 둘 다 0으로 이루어진 텐서로 초기화를 한다. 'w'와 'b'를 학습해 나갈 것이며, 각각의 초기 값은 크게 중요치 않다. 주목할 것은 w가 [784,10]의 형태를 갖는 것이다. 이렇게 만든 이유는 'w'에 784차원의 이미지 벡터를 곱하여 각 클래스에 대한 증거 값을 나타내는 10차원 벡터를 얻고자 하기 때문이다. 'b'는 그 10차원 벡터에 더하기 위해 [10]의 형태를 갖는 것이다. 이제 모델을 구현해보자.

```
y = tf.nn.softmax(tf.matmul(x, W) + b)
```

상단의 코드 한 줄로 모델을 구현할 수 있다. 우선, tf.matmul(x,w)로 'x'와 'w'를 곱한다. 이 표현은 위에서 본 수식에서 곱했던 순서인 Wx와 반대인데 x가 여러 입력 값을 갖는 2차원 텐서인 경우에도 대응하기 위한 방법이다. 그 다음엔 b를 더하고, 마지막으로 tf.nn.softmax을 적용한다. 이렇게 하면 간단한 몇 줄짜리 코드로 모델을 세팅할 수 있다. TensorFlow에서 소프트맥스 회귀가 구현되기 쉽기 때문에 간단하게 할 수 있는 것은 아니다. 이는 TensorFlow가 머신러닝 모델부터 물리학 시뮬레이션까지 다양한 종류의 수치 연산을 표현할 수 있는 유연한 방법이기 때문이다. 한 번 모델을 작성하면 컴퓨터 CPU, GPU 뿐만 아니라 휴대폰에서도 동작이 가능하다.

9.3.4 학습

만든 모델을 학습시키기 위해서 어떤 모델이 좋다는 것인지 정의를 해야 한다. 머신러닝에서는 모델이 안 좋다는 것이 어떤 의미인지 주로 정의한다. 이를 주로 손실(loss) 또는 비용(cost)이라고 하고, 이것들은 모델이 원하는 결과에서 얼마나 떨어져있는지를 보여주는 값이다. 이 격차가 적을수록 모델이 좋다고 판단할 수 있다.

모델의 손실을 정의하기 위해 자주 사용되는 좋은 함수 중 하나로 "크로스 엔트로피(Cross Entropy)"가 있다. 원래 크로스 엔트로피는 정보 이론 분야에서 정보를 압축하는 방법으로 고안되었지만, 지금은 도박에서 머신러닝까지 다양한 분야에서 중요한 아이디어로 사용되고 있다. 크로스 엔트로피를 구현하기 위해서는 올바른 답을 넣기 위한 새로운 placeholder를 추가하는 것부터 시작한다.

```
y_ = tf.placeholder(tf.float32, [None, 10])
```

이제 크로스 엔트로피 $-\sum y'\log(y)$ 를 하단의 코드로 구현할 수 있다.

```
cross_entropy = tf.reduce_mean(-tf.reduce_sum(y_ * tf.log(y), reduction_indices=[1]))
```

상단의 코드를 자세히 알아보면 먼저, tf.log는 'y'의 각 원소의 로그 값을 계산한다. 그 다음, 'y' 의 각 원소를 tf.log(y)의 해당하는 원소들과 곱한다. 그리고 tf.reduce_sum 으로 'y'의 2번째 차원(reduction_indices=[1])의 원소들을 합한다. 마지막으로 tf.reduce_mean 으로 배치(batch)의 모든 예시에 대한 평균을 계산한다. 모델이 할 일을 정확히 알고 있다면, TensorFlow를 통해 학습시키는 것은 간단하다. TensorFlow는 사용자가 하고자 하는 연산의 전체 그래프를 알고 있기 때문에 손실에 사용자가 설정한 변수들이 어떻게 영향을 주는지를 역전파(backpropagation) 알고리즘을 자동으로 사용하여 매우 효율적으로 정의할 수 있다. 그리고 나서 TensorFlow는 사용자가 선택한 최적화 알고리즘을 적용하여 변수를 수정하고 손실을 줄일 수 있다.

```
train_step = tf.train.GradientDescentOptimizer(0.5).minimize(cross_entropy)
```

상단의 코드를 확인하면 TensorFlow에게 학습 비율 0.5로 경사하강법(gradient descent algorithm)을 적용하여 크로스 엔트로피를 최소화하도록 지시한다. 경사 하강법에 대해서 간단히 소개하면, TensorFlow가 각각의 변수를 비용을 줄이는 방향으로 조금씩 이동시키는 매우 단순한 방법이다. 그런데 TensorFlow는 다른 여러 최적화 알고리즘을 제공하기 때문에 그 중 하나를 적용하고자 하면 코드 한 줄만 수정하면 간단히 적용된다. 여기서 TensorFlow가 실제로 뒤에서 하는 일은, 경사하강과 역전파라는 새로운 작업을 사용자의 그래프에 추가하는 것이다. 이제 TensorFlow가 실행되면 비용을 감소시키기 위해 변수들을 살짝 수정하는 경사 하강 학습 작업 한 번을 돌려주게 된다.

이제 이 모델은 학습할 준비가 되었는데 학습을 실행시키기 전에 마지막으로, 작성한 변수들을 초기화하는 작업을 추가해야 한다.

```
init = tf.global_variables_initializer()
```

그리고 Session에서 모델을 실행시키고, 변수들을 초기화 하는 작업을 실행시킬 수 있다.

```
sess = tf.Session()
sess.run(init)
```

드디어 학습을 시킬 수 있게 되었다. 하단에서 1000번 학습을 시켜보자.

```
for i in range(1000):
    batch_xs, batch_ys = mnist.train.next_batch(100)
    sess.run(train_step, feed_dict={x: batch_xs, y_: batch_ys})
```

반복되는 루프의 각 단계마다, 학습 데이터 셋에서 무작위로 선택된 100개의 데이터로 구성된 "배치(batch)"를 가져온다. 그 다음에 placeholder의 자리에 데이터를 넣을 수 있도록 train_step을 실행하여 배치 데이터를 넘긴다. 이렇게 무작위 데이터의 작은 배치를 사용하는 방법을 확률적 학습(stochastic training)이라고 부른다. 여기서는 확률적 경사 하강법이다. 이상적으로 학습의 매 단계마다 전체 데이터를 사용하고 싶지만 그렇게 하면 작업이 무거워 지게 된다. 그래서 매번 서로 다른 부분집합을 사용하게 되는 것이다. 이렇게 하면 작업 내용은 가벼워지지만 전체 데이터를 쓸 때의 이점은 거의 다 얻을 수 있다.

9.3.5 모델 평가

그렇다면 작성한 모델은 성능이 어느 정도일까? 우선 모델이 라벨을 올바르게 예측했는지 확인하자. tf.argmax는 텐서 안에서 특정 축을 따라 가장 큰 값의 인덱스를 찾기에 매우 유용한 함수이다. 예를 들어, tf.argmax(y,1)는 우리의 모델이 생각하기에 각 데이터에 가장 적합하다고 판단한(가장 증거값이 큰) 라벨이며, tf.argmax(y_,1)는 실제 라벨이다. tf.equal을 사용하여 예측이 맞았는지 확인할 수 있다.

```
correct_prediction = tf.equal(tf.argmax(y,1), tf.argmax(y_,1))
```

이러면 부울 값으로 이루어진 리스트를 얻게 되는데 얼마나 많이 맞았는지 판단하려면, 이 값을 부동 소수점 값으로 변환한 후 평균을 계산하면 된다. 예를 들면, [True, False, True, True]는 [1,0,1,1]로 환산할 수 있고, 이 값의 평균을 계산하면 0.75 가 된다.

```
accuracy = tf.reduce_mean(tf.cast(correct_prediction, tf.float32))
```

하단의 코드를 첨부하여 테스트 데이터를 대상으로 정확도를 계산해 보자.

```
print(sess.run(accuracy, feed_dict={x: mnist.test.images, y_: mnist.test.labels}))
```

이번 모델을 통하여 배운 것은 중요한 것이다. 이제 좀 더 복잡한 TensorFlow 모델 작성을 배울 수 있게 되었다. 다음 장에서는 텐서플로의 기본에 대해 심층적으로 알아보자.

9.4 TensorFlow 기능 활용

9.4.1 연산 그래프

텐서플로를 사용하면 서로 상호작용하는 연산을 만들고 실행하면서 머신러닝 알고리즘을 구현할 수 있다. 이러한 상호작용 형태를 '연산 그래프'라고 부르는데, 이 연산 그래프를 사용하여 복잡한 기능 구조를 직관적으로 표현할 수 있다.

■ 연산 그래프란?

연산 그래프에 대해 이해하기 위해서는 수학적 개념이 필요한데 간단히 소개하면, 그래프는 보통 노드(node)와 꼭짓점(vertex)라고 부르는 서로 연결된 개체(entity)의 집합을 부르는 용어이다. 노드들은 변을 통하여 서로 연결되어 있다. 데이터 흐름 그래프에서의 변은 어떤 노드에서 다른 노드로 흘러가는 데이터의 방향을 지정한다. TensorFlow에서 그래프의 각 노드는 하나의 연산을 나타내는데, 입력 값을 받을 수 있고 다른 노드로 전달할 결과 값을 출력할 수 있다. 그래프를 계산한다는 것은 각각의 설비(노드)가 원자재(입력)를 가져오거나 생성하여, 원자재를 가공한 후 다른 설비에 전달하는 과정을 순서대로 수행하여 부품을 만들고, 이러한 부분 생산 과정을 모아 최종 제품을 만들어내는 것과 같다. 그래프에서의 연산은 빼기와 곱하기 같은 간단한 계산부터 나중에 살펴볼 복잡한 연산까지 모든 종류의 함수를 포함한다. 또한 요약하기, 상수 생성 등과 같은 일반적인 작업까지도 포함한다.

■ 연산 그래프의 장점

TensorFlow는 그래프의 연결 상태를 기반으로 연산을 최적화한다. 각 그래프에는 노드 간에 의존관계가 존재한다. 예를 들어, 노드 y의 입력이 노드 x의 결과 값에 영향을 받을 때 노드 y는 노드 x에 의존한다고 말한다. 두 노드가 하나의 변으로 직접 연결되어 있다면 직접적으로 의존한다고 하고, 아닌 경우 간접적으로 의존 한다고 한다.

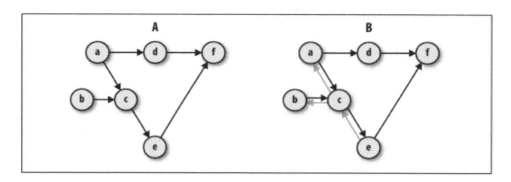

그림 9-11 노드 설명을 위한 그래프 예시

예를 들어 그림(A)에서 노드 e는 노드 c에 직접적으로 의존하고 노드 a는 간접적으로 의존하지만 노드 d와는 아무런 의존관계가 없다. 그래프를 보면 항상 각 노드의 모든 의존관계를 파악할 수 있으며, 이는 그래프 기반 연산 형식의 기본적인 특징이다. 모델의 수행 단위 간의 의존관계를 찾아내어 사용 가능한 컴퓨팅 자원에 연산을 분산시키거나 특정 연산과 무관한 부분의 중복 연산을 피하여 더 빠르고 더 효율적인 연산 방법을 도출한다.

9.4.2 그래프, 세션, 페치

텐서플로의 동작은 그래프를 만들고 실행하는 두 단계로 크게 나눌 수 있다. 첫 예제로 아주 기본적인 연산 그래프를 구성해보자

■ 그래프 만들기

import tensorflow as tf 구문으로 텐서플로를 임포트하면 그 시점에 비어 있는 기본 그래프가 만들어지며 우리가 만드는 모든 노드는 이 기본 그래프에 자동으로 연결된다. tf.〈operator〉 메서드를 사용해서 임의로 명명된 변수에 할당된 6개의 노드를 만들 것이다. 이 변수의 값은 연산의 출력으로 간주된다. 일단 여기서는 연산과 출력 모두를 해당 변수의 이름으로 참조하겠다.

첫 세 노드는 상수 값을 출력한다. a,b,c 각각에 5,2,3을 대입한다.

```
a=tf.constant(5)
b=tf.constant(2)
c=tf.constant(3)
```

다음 세 개의 각 노드는 이미 만든 두 개의 변수를 입력으로 사용해 간단한 계산 연산을 수행한다.

```
a=tf.multiply(a,b)
b=tf.add(c,b)
c=tf.subtract(d,e)
```

노드 d는 노드 a와 b의 출력 값을 곱하고, 노드 e는 노드 b와 c의 출력 값을 더한다. 노드 f는 노드 d의 출력 값에서 노드 e의 출력 값을 뺀다. 하단 그림은 만들어진 텐서플로 그래프이다.

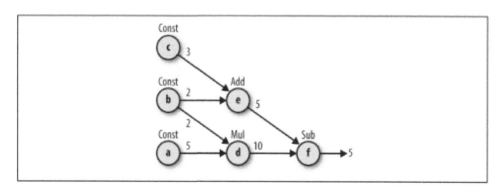

그림 9-12 연산 설명을 위한 그래프 예시

그림의 설명을 덧붙이면, 소문자로 표시된 각 노드는 노드 위에 표시된 연산을 수행한다. Const는 상수를 생성하는 연산이며 더하기, 곱하기, 빼기는 각각 Add, Mul, Sub로 표시했다. 각 변 옆의 숫자는 대응되는 노드의 연산 결과이다.

일부 계산 및 논리 연산의 경우 tf.⟨operator⟩를 사용하는 대신 축약형 연산자를 사용할 수 있다. 예를 들어 이 그래프에서 tf.multiply(), tf.add(), tf.subtract() 대신 *, +, - 를 사용할 수 있다. 아래 표는 사용 가능한 축약형 연산자의 목록이다.

TensorFlow operator	Shortcut	Description
tf.add()	a + b	Adds a and b, element-wise.
tf.multiply()	a * b	Multiplies a and b, element-wise.
tf.subtract()	a - b	Subtracts a from b, element-wise.
tf.divide()	a / b	Computes Python-style division of a by b.
tf.pow()	a ** b	Returns the result of raising each element in a to its corresponding element b, element-wise.
tf.mod()	a % b	Returns the element-wise modulo.
tf.logical_and()	a & b	Returns the truth table of a & b, element-wise. dtype must be tf.bool.
tf.greater()	a > b	Returns the truth table of a > b, element-wise.
tf.greater_equal()	a >= b	Returns the truth table of a >= b, element-wise.
tf.less_equal()	a <= b	Returns the truth table of a <= b, element-wise.
tf.less()	a < b	Returns the truth table of a < b, element-wise.
tf.negative()	-a	Returns the negative value of each element in a.
tf.logical_not()	~a	Returns the logical NOT of each element in a. Only compatible with Tensor objects with dtype of tf.bool.
tf.abs()	abs(a)	Returns the absolute value of each element in a.
tf.logical_or()	a | b	Returns the truth table of a | b, element-wise. dtype must be tf.bool.

그림 9-13 축약형 연산자 목록

■ 세션 만들고 실행하기

일단 연산 그래프를 만들고 나면 연산 그래프에 구성된 연산을 실행할 준비가 된 것이다. 연산을 실행하려면 세션을 만들고 실행하면 된다. 아래의 코드를 추가해보자.

```
1.  sess = tf.Session()
2.  outs = sess.run(f)
3.  sess.close()
4.  print("outs = {}".format(outs))
```

```
Out:
outs = 5
```

우선, tf.Session에서 그래프를 시작한다. Session 객체는 텐서플로 API의 일부로 파이썬 객체와 데이터, 객체의 메모리가 할당되어 있는 실행 환경 사이를 연결하며, 중간 결과를 저장하고 최종 결과를 작업 환경으로 보내준다.

```
sess = tf.Session()
```

Session 객체의 .run() 메서드를 사용해야 연산 그래프가 실행된다. 메서드가 호출되면 다음과 같은 방식으로 그래프의 계산을 완료한다. 출력이 나와야 하는 노드에서 시작해 역방향으로 처리하여 의존관계 집합에 따라 실행되어야 하는 노드의 연산을 수행한다. 즉 그래프에서 연산이 수행될 부분은 출력하고자 하는 내용에 따라 정해진다. 이 예제에서는 다음 코드를 통해 노드 f의 계산을 요청하였고 결과는 5가 나올 것이다.

```
outs=sess.run(f)
```

연산 작업이 마무리되면 sess.close() 명령을 사용해 세션을 닫아서 세션에서 사용하는 자원을 해제하는 습관을 가지는 것이 좋다. 해제할 자원이 없는 경우도 있지만, 습관적으로 지키는 것이 좋다.

```
sess.close()
```

■ 그래프의 생성과 관리

앞에서 설명했듯이 텐서플로를 임포트하면 곧바로 기본 그래프가 자동으로 만들어진다. 물론 그래프를 추가로 생성하고 몇몇 연산의 관계를 직접 제어할 수도 있다. tf.Graph()는 텐서플로 객체로 표현되는 새로운 그래프를 만든다. 다음 코드는 새로운 그래프를 만들어 g에 할당한다.

```
1. import tensorflow as tf
2. print(tf.get_default_graph())
3. g = tf.Graph()
4. print(g)
```

```
Out:
<tensorflow.python.framework.ops.Graph object at 0x7fd88c3c07d0>
<tensorflow.python.framework.ops.Graph object at 0x7fd88c3c03d0>
```

이 시점에서 기본으로 만들어진 그래프 하나와 비어 있는 그래프 g, 두 개의 그래프가 존재한다. 출력해보면 양쪽 모두 텐서플로 객체로 표시된다. 여기까지는 g를 기본 그래프로 지정하지 않았으므로 연산을 생성하면 새 그래프(g)와 연결되지 않고 기본 그래프와 연결된다.

tf.get_default_graph()를 사용해 어떤 그래프가 현재 기본 그래프인지를 확인할 수 있다. 또⟨node⟩.graph 속성을 통해 특정 노드가 어떤 그래프와 연결되어있는지도 알 수 있다.

```
1. g = tf.Graph()
2. a = tf.constant(5)
3. print(a.graph is g)
4. print(a.graph is tf.get_default_graph())
```

```
Out:
False
True
```

이 결과를 보면 생성된 연산이 g의 그래프가 아니라 기본 그래프와 연결되어 있음을 알 수 있다. 파이썬의 편리한 with 구문을 사용해 노드를 작성하면 원하는 그래프와 명확히 연결하여 생성할 수 있다.

■ NOTE_with 구문

with 구문은 콘텍스트 관리자에서 정의한 메서드로 블록의 실행을 감싸는 데 사용된다. 콘텍스트 관리자에는 코드 블록을 설정하는 .__enter__()와 블록을 종료하는 .__exit__()라는 특별한 메서드 함수가 있다. 쉽게 말하자면,(파일이나 SQL 테이블을 오픈하는 등) 시작할 때 '설정'이 필요하고 코드가 잘 수행되었건 아니면 예외가 발생했던 간에 종료 시점에 '해제'가 필요한 코드를 수행하는 경우에 매우 편리한 방법이다. 여기서는 with 구문을 사용해 그래프를 만들고 이 그래프의 콘텍스트에서 모든 코드가 수행되도록 했다.

with 구문을 as_default() 명령과 함께 사용하면, 이 메서드는 해당 그래프가 기본 그래프인 콘텍스트 관리자를 반환한다. 여러 개의 그래프로 작업할 때 유용한 방법이다.

```
1. g1 = tf.get_default_graph()
2. g2 = tf.Graph()
3. print(g1 is tf.get_default_graph())
4. with g2.as_default():
5. print(g1 is tf.get_default_graph())
6. print(g1 is tf.get_default_graph())
```

```
Out:
True
False
True
```

with 구문으로 세션을 명시적으로 닫지 않고 세션을 시작할 수도 있다. 이 편리한 트릭은 다음 예제에서 다룬다.

■ 페치

첫 번째 그래프 예제에서 sess.run() 메서드에 변수를 인수를 지정하여 하나의 특정 노드(노드 f)의 실행을 요청했다. 이 인수를 페치(fetches)라고 하며, 연산하고자 하는 그래프의 요소에 해당된다. sess.run() 메서드에 요청할 노드들이 담긴 리스트를 넘김으로써 여러 노드의 출력을 요청할 수도 있다.

```
1. with tf.Session() as sess:
2. fetches = [a,b,c,d,e,f]
3. outs = sess.run(fetches)
4. print("outs = {}".format(outs))
5. print(type(outs[0]))
```

```
Out:
outs = [5, 2, 3, 10, 5, 5]
<type 'numpy.int32'>
```

반환되어 출력되는 리스트는 입력 리스트 내 노드의 순서에 따른 출력 값의 리스트이다. 리스트의 각 항목의 데이터는 넘파이 타입이다.

■ NOTE_넘파이

넘파이(Numpy)는 수학 계산에 사용되는 대중적이고 유용한 파이썬 패키지로 배열의 처리와 관련된 많은 기능을 제공한다. 독자들이 넘파이 패키지에 대해서는 별도로 알아보는 것을 권장한다. sess.run()이 넘파이 배열을 반환하는 것에서도 볼 수 있듯이 텐서플로는 넘파이와 밀접하게 관련이 있기 때문이다. 또 텐서플로 연산 구문의 많은 부분이 넘파이의 함수와 동일하다.

텐서플로는 노드 간 의존관계 집합에 따라 필요한 노드만 연산한다고 말한 바 있다. 이 예제에서도 마찬가지로 노드 d의 출력값을 요청하면 노드 a와 b의 출력 값만 계산한다. 이는 텐서플로의 큰 장점으로 그래프의 전체 크기나 복잡도에 관련 없이 필요한 일부분만 실행하는 게 가능하다.

■ NOTE_ 자동으로 세션 종료

with 구문을 사용하여 세션을 열면 모든 연산이 완료된 후 자동으로 세션이 닫힌다.

9.4.3 텐서의 흐름

이 절에서는 텐서플로에서 노드와 변이 실제로 표현되는 방법과 이들의 특성을 제어하는 방법을 설명한다. 텐서의 작동 원리를 설명하기 위해서 텐서의 값을 초기화하는 데 사용되는 소스 연산에 초점을 맞춘다.

■ 노드는 연산, 변은 텐서 객체

tr.add() 등으로 그래프에서 노드를 만들 때, 실제로는 연산 인스턴스가 생성된다. 생성된 연산들은 그래프가 실행되기 전에는 실제 값을 내놓지 않고, 계산된 결과를 다른 노드로 전달할 수 있는 핸들, 즉 흐름으로서 참조된다. 이 핸들은 그래프에서 변으로 간주할 수 있으며 텐서 객체라고 부른다. 텐서플로라는 이름은 여기서 유래했다.

텐서플로는 모든 구성 요소가 담긴 그래프의 골격을 먼저 만들도록 설계되었다. 이 시점에는 실제 데이터는 흐르지 않으며 연산도 수행되지 않는다. 세션이 실행되어 그래프에 데이터가 입력되고 계산될 때 연산이 수행된다. 이렇게 하면 전체 그래프 구조를 고려한 효율적인 계산이 가능하다.

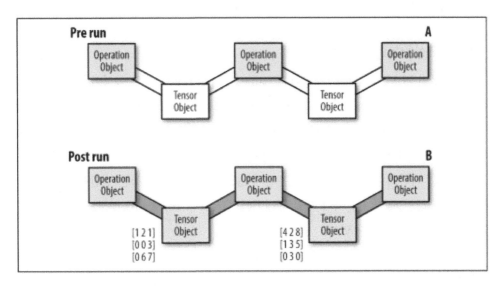

그림 9-14 Pre run: 세션 실행하기 전, Post run: 세션 실행하기 이후

앞 절의 예제에서는 tf.constant()에 값을 지정하여 노드를 만들었다. 생성자를 출력해보면 이것이 실제 텐서 객체의 인스턴스임을 알 수 있다. 텐서 객체는 동작을 제어하도록 생성 시에 정의할 수 있는 메서드와 속성을 가지고 있다.

다음 예제에서 변수 c는 32비트 부동소수점 스칼라 값을 갖도록 지정된 텐서 객체를 저장한다. (텐서플로 내부에서 Const_52:0이라는 이름으로 처리된다).

```
1. c = tf.constant(4.0)
2. print(c)
```

```
Out:
Tensor("Const_52:0", shape=(), dtype=float32)
```

■ NOTE_생성자에 대해서

tf.〈operator〉 함수를 생성자라 생각할 수도 있지만, 정확히는 생성자가 아니며 연산자 객체를 생성하는 것 이외에도 더 많은 기능을 가진 팩토리 메서드이다.

■ 소스 연산을 통한 속성 설정

텐서플로의 각 텐서 객체는 저마다의 name, shape, dtype 같은 속성이 있어 해당 객체의 특징을 식별하고 설정할 수 있다. 이 속성은 노드를 만들 때 설정할 수 있고, 지정하지 않으면 텐서플로가 자동으로 설정한다. 다음 절에서 이 속성들에 대해서 살펴볼 것이다. 소스연산이라는 이름의 연산으로 텐서 객체를 생성함으로써 이를 살펴볼 것이다. 소스 연산은 이전에 처리된 입력을 사용하지 않고 데이터를 생성하는 연산을 말한다. 이 연산을 사용해서 배열이나 여러 타입의 데이터, 그리고 tf.constant() 메서드에서 본 것과 같은 스칼라 값을 만들 수 있다.

■ 데이터 타입

그래프를 통해 전달되는 데이터의 기본 단위는 숫자, 참거짓값, 스트링 요소들이다. 앞의 예제에서 텐서 객체 c를 출력해봤을 때 데이터 타입이 부동소숫점 숫자로 나오는 것을 확인했다. 데이터 타입을 지정하지 않았기 때문에 텐서플로가 자동으로 데이터 타입을 유추했다. 예를 들어 5는 정수로 간주하고, 5.1과 같이 소수점이 있는 수는 부동소수점 숫자로 간주한다. 텐서 객체를 만들 때 데이터 타입을 지정하여 명시적으로 선택할 수도 있다. 텐서 객체의 데이터 타입은 dtype 속성을 통해 확인할 수 있다.

```
1. c = tf.constant(4.0, dtype=tf.float64)
2. print(c)
3. print(c.dtype)
```

```
Out:
Tensor("Const_10:0", shape=(), dtype=float64)
<dtype: 'float64'>
```

(적당한 크기의) 정수를 명시적으로 요청하면 메모리를 절약할 수는 있지만 소수점 이하의 자리를 무시하므로 정확성은 떨어지게 된다.

■ **형 변환**

일치하지 않는 두 데이터 타입을 가지고 연산을 실행하면 예외가 발생하므로 그래프에서 데이터 타입이 일치하는지 확인하는 것은 매우 중요하다. 텐서 객체의 데이터 타입을 변경하려면 tf.cast()에 해당 텐서와 새로이 적용할 데이터 타입을 각각 첫 번째와 두 번째 인수로 넘긴다.

```
1. x = tf.constant([1,2,3],name='x',dtype=tf.float32)
2. print(x.dtype)
3. x = tf.cast(x,tf.int64)
4. print(x.dtype)
```

```
Out:
<dtype: 'float32'>
<dtype: 'int64'>
```

텐서플로는 하단 표에 수록된 다양한 데이터 타입을 지원한다.

Data type	Python type	Description
DT_FLOAT	tf.float32	32-bit floating point.
DT_DOUBLE	tf.float64	64-bit floating point.
DT_INT8	tf.int8	8-bit signed integer.
DT_INT16	tf.int16	16-bit signed integer.
DT_INT32	tf.int32	32-bit signed integer.
DT_INT64	tf.int64	64-bit signed integer.
DT_UINT8	tf.uint8	8-bit unsigned integer.
DT_UINT16	tf.uint16	16-bit unsigned integer.
DT_STRING	tf.string	Variable-length byte array. Each element of a Tensor is a byte array.
DT_BOOL	tf.bool	Boolean.
DT_COMPLEX64	tf.complex64	Complex number made of two 32-bit floating points: real and imaginary parts.
DT_COMPLEX128	tf.complex128	Complex number made of two 64-bit floating points: real and imaginary parts.
DT_QINT8	tf.qint8	8-bit signed integer used in quantized ops.
DT_QINT32	tf.qint32	32-bit signed integer used in quantized ops.
DT_QUINT8	tf.quint8	8-bit unsigned integer used in quantized ops.

그림 9-15 텐서플로가 지원하는 데이터 타입 목록

■ 텐서 배열과 형태

텐서라는 명칭이 서로 다른 두 개의 용도로 사용되기 때문에 혼란의 여지가 있다. 앞의 절에서 사용된 텐서는 그래프에서 연산의 결과에 대한 핸들로 파이썬 API에서 사용하는 객체의 이름이다. 하지만 텐서는 n차원 배열을 가리키는 수학 용어이기도 하다. 예를 들어 1 X 1 텐서는 스칼라, 1 X n 텐서는 벡터, n X n 텐서는 행렬이며 n X n X n 텐서는 3차원 배열이다. 물론 이를 모든 차원에 대해 일반적으로 사용한다. 텐서플로에서는 다차원 배열이건, 벡터건, 행렬이건, 스칼라건 간에 그래프에서 전달되는 모든 단위 데이터를 텐서로 간주한다. 텐서라는 이름의 텐서플로 객체는 이러한 수학적 용어로서의 텐서에서 이름을 따왔다.

dtype을 통해 명시적으로 데이터 타입을 지정하지 않으면 텐서플로는 자동으로 데이터 형태를 유추한다. 이 절의 첫 번째 예제에서 (tf.constant 등으로 만든) 텐서 객체를 출력했을 때, 스칼라이므로 그 형태는 ()로 나타냈다.(출력 결과 중 shape=() 부분).

설명 용도로는 스칼라가 좋지만 실제 작업에서는 대부분 다차원 배열이 사용된다. 파이썬의 리스트나 넘파이 배열을 입력하여 고차원 배열을 초기화할 수 있다. 다음 예제에서는 파이썬 리스트를 사용한 2 X 3 행렬의 입력과 3차원 넘파이 배열을 사용한 2 X 2 X 3, 즉 2 X 3 행렬 2개를 입력으로 사용했다.

```
1.  import numpy as np
2.  c = tf.constant([[1,2,3], [4,5,6]])
3.  print("Python List input: {}".format(c.get_shape()))
4.  c = tf.constant(np.array([
5.              [[1,2,3],
6.              [4,5,6]],
7.
8.              [[1,1,1],
9.              [2,2,2]]
10.             ]))
11. print("3d NumPy array input: {}".format(c.get_shape()))
```

```
Out:
Python list input: (2, 3)
3d NumPy array input: (2, 2, 3)
```

get_shape() 메서드는 텐서의 형태를 정수의 튜플로 반환한다. 튜플 원소의 개수는 텐서의 차원 수에 해당하며 각 정수는 해당 차원의 배열 항목의 개수이다. 예를 들어 (2, 3) 튜플은 2개의 원소로 이루어져 있으므로 행렬임을 알 수 있고, 각 원소를 보면 행렬의 형태가 2 X 3임을 알 수 있다.

다른 유형의 소스 연산 생성자는 상수 값으로 채우거나 난수를 만들거나 일련의 숫자 열을 만드는 등 텐서플로에서 상수를 초기화하는 데 유용한 것들이다.

난수 생성기는 텐서플로 변수의 초기값을 지정하는 데 널리 사용되므로 매우 중요하며, 머지않아 설명할 것이다. 유용한 초기화 방법의 예로, 먼저 형태, 평균, 표준편차를 tf.random.normal()에 순서대로 인수로 넣으면 정규분포를 따르는 난수들을 생성할 수 있다. 절단정규분포 초기화는 이름에서 알 수 있듯 평균으로부터 표준편차를 기준으로 크거나 작은 값들을 제거한 것이고 균등분포 초기화는 정해진 구간[a,b] 사이에서 균등하게 값을 추출한다.

하단의 그림들은 각각의 초기화로 추출한 값들의 예이다.

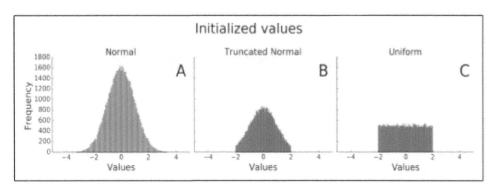

그림 9-16 (A) 표준정규분포, (B) 절단정규분포, (C) [-2,2]구간의 균등분포

문법이 넘파이와 같으므로 넘파이에 익숙하다면 몇몇 초기화 방법이 친숙해 보일 것이다. 한 예로 tf.linspace(a,b,n)는 a와 b사이에서 같은 간격으로 n개의 값을 만드는 시퀀스 생성기이다.

tf.InteractiveSession()을 사용하면 객체의 데이터 내용을 쉽게 탐색할 수 있다. .eval()메서드를 같이 사용하면 세션 객체를 계속 참조하지 않고도 값을 자세히 들여다볼 수 있다.

```
1. sess = tf.InteractiveSession()
2. c = tf.linspace(0.0, 4.0, 5)
3. print("The content of 'c':\n {}\n".format(c.eval()))
4. sess.close()
```

```
Out:
The content of 'c':
[ 0.  1.  2.  3.  4.]
```

■ NOTE_대화형 세션

일반적으로 쓰이는 tf.Session() 대신 tf.InteractiveSession()을 쓰면 연산 실행에 필요한 세션을 저장할 변수를 따로 지정하지 않아도 된다. 예를 들어 아이파이썬 노트북과 같은 대화형 파이썬 환경을 사용할 때 유용하다.

지금까지 몇몇 소스 연산에 대해서만 언급했는데, 하단의 표에 몇몇 유용한 초기화 함수를 정리하였다.

TensorFlow operation	Description
tf.constant(*value*)	Creates a tensor populated with the value or values specified by the argument *value*
tf.fill(*shape*, *value*)	Creates a tensor of shape *shape* and fills it with *value*
tf.zeros(*shape*)	Returns a tensor of shape *shape* with all elements set to 0
tf.zeros_like(*tensor*)	Returns a tensor of the same type and shape as *tensor* with all elements set to 0
tf.ones(*shape*)	Returns a tensor of shape *shape* with all elements set to 1
tf.ones_like(*tensor*)	Returns a tensor of the same type and shape as *tensor* with all elements set to 1
tf.random_normal(*shape*, *mean*, *stddev*)	Outputs random values from a normal distribution
tf.truncated_normal(*shape*, *mean*, *stddev*)	Outputs random values from a truncated normal distribution (values whose magnitude is more than two standard deviations from the mean are dropped and re-picked)
tf.random_uniform(*shape*, *minval*, *maxval*)	Generates values from a uniform distribution in the range [*minval*, *maxval*]
tf.random_shuffle(*tensor*)	Randomly shuffles a tensor along its first dimension

그림 9-17 초기화 함수 목록

■ 행렬곱

행렬곱은 매우 유용한 산술 연산이다. 텐서플로에서는 두 텐서 객체 A와 B에 대해 tf.matmul(A, B) 함수로 수행한다.

행렬 A를 저장하는 텐서와 벡터 x를 저장하는 텐서가 있다고 가정하고, 다음과 같은 행렬곱을 계산해보자.

```
Ax=b
```

matmul()을 사용하기 전 양쪽 텐서의 차원이 같은지, 그리고 의도대로 계산되도록 순서가 맞춰져 있는지를 확인해야 한다.

아래의 예제는 행렬 A와 벡터 x를 생성한다.

```
1. A = tf.constant([ [1,2,3],
2.                   [4,5,6] ])
3. print(a.get_shape())
4. x = tf.constant([1,0,1])
5. print(x.get_shape())
```

```
Out:
(2, 3)
(3,)
```

이 둘을 곱하면 x에 차원을 추가해 1차원 벡터에서 하나의 열을 가진 2차원 행렬로 변환해야 한다.

즉 텐서에 차원을 추가해야 한다. 추가할 차원의 위치를 두 번째 인수로 가지는 tf.expand_dims()를 사용하면 차원을 하나 추가할 수 있다. 다음과 같이 두 번째 위치(인덱스 1)에 차원을 추가하면 행렬곱을 할 수 있다.

```
1. x = tf.expand_dims(x,1)
2. print(x.get_shape())
3.
4. b = tf.matmul(A,x)
5.
6. sess = tf.InteractiveSession()
7. print('matmul result:\n {}'.format(b.eval()))
8. sess.close()
```

```
Out:
(3, 1)
matmul result:
[[ 4]
 [10]]
```

열벡터를 행벡터로 바꾸거나 그 반대로 바꾸는 식으로 배열을 뒤집으려면 tf. transpose()함수를 사용하면 된다. 수학에서는 이를 전치라고 한다.

■ 이름

각 텐서 객체마다 고유의 이름을 가진다. 이 이름은 텐서플로 내부에서 사용하는 스트링 형태의 이름이다. 변수의 이름과 헷갈리지 말자. dtype과 마찬가지로 .name 속성을 사용해 객체의 이름을 확인할 수 있다.

```
1. with tf.Graph().as_default():
2.     c1 = tf.constant(4,dtype=tf.float64,name='c')
3.     c2 = tf.constant(4,dtype=tf.int32,name='c')
4.
5.     print(c1.name)
6.     print(c2.name)
```

```
Out:
c:0
c_1:0
```

텐서 객체의 이름은 단순히 해당 연산의 이름('c' 뒤에 콜론이 붙음)이며, 그 뒤에 인덱스가 붙는다. 인덱스 값은 하나 이상일 수 있다.

■ NOTE_중복된 이름

텐서플로에서 하나의 그래프 내의 객체는 동일한 이름을 가질 수 없다. 그러므로 앞의 결과에서 볼 수 있듯 두 객체를 구분하기 위해 밑줄과 숫자가 자동으로 추가된다. 물론 다른 그래프에 연결된 경우는 두 객체가 같은 이름을 가질 수 있다.

■ 이름 스코프

크고 복잡한 그래프를 처리해야 하는 경우 이를 쉽게 추적하고 관리하기 위해 노드로 묶는 게 편리할 때가 있다. 이를 위해 노드를 이름별로 계층적으로 그룹화할 수 있다. with 구문을 tf.name_scope("접두사")와 함께 사용하면 된다.

```
1. with tf.Graph().as_default():
2.     c1 = tf.constant(4,dtype=tf.float64,name='c')
3.     with tf.name_scope("prefix_name"):
4.         c2 = tf.constant(4,dtype=tf.int32,name='c')
5.         c3 = tf.constant(4,dtype=tf.float64,name='c')
6.
7. print(c1.name)
8. print(c2.name)
9. print(c3.name)
```

```
Out:
c:0
prefix_name/c:0
prefix_name/c_1:0
```

이 예제에서는 변수 c2와 c3에 들어 있는 객체를 prefix_name이라는 스코프로 그룹화했고, 이 스트링이 이름에 접두사 형태로 삽입되었음을 알 수 있다.

접두사는 그래프를 의미에 따라 서브그래프로 나누고자 할 때 특히 유용하다. 예를 들어 그래프의 구조를 시각화하고자 할 때 사용한다.

9.4.4 변수, 플레이스홀더, 간단한 최적화

이 절에서는 두 가지 중요한 텐서 객체 타입인 변수와 플레이스홀더를 다루며, 이어서 '메인이벤트'라 할 수 있는 최적화로 넘어갈 것이다. 모델을 최적화하기 위한 기본 구성 요소의 모든 것에 대해서 간단히 이야기한 후 이들을 전부 담은 간단한 데모를 실행해볼 것이다.

■ 변수

최적화 과정은 주어진 모델의 매개변수를 조정하는 역할을 한다. 이를 위해 텐서플로는 변수(Variable)라고 불리는 특별한 객체를 사용한다. 세션이 실행될 때마다 '리필'되는 다른 텐서 객체와 달리, 변수는 그래프에서 고정된 상태를 유지할 수 있다. 이 특징이 중요한 까닭은 변수의 현재 상태가, 이후 반복 과정 속에서의 상태에 영향을 줄 수 있기 때문이다. 다른 텐서와 마찬가지로 변수도 그래프 내 다른 연산에 입력 값으로 사용될 수 있다.

변수의 사용은 두 단계로 나뉜다. 먼저 tf.Variable() 함수를 사용해 변수를 만들고 어떤 값으로 초기화할지를 정의한다. 이후 tf.global_variables_initializer() 메서드를 사용하여 세션에서 초기화 연산을 명시적으로 수행해야 한다. 이 메서드는 변수에 메모리를 할당하고 초깃값을 설정한다.

다른 텐서 객체와 마찬가지로 변수도 모델이 실행될 때만 계산된다. 다음 예제를 보자.

```
1. init_val = tf.random_normal((1,5),0,1)
2. var = tf.Variable(init_val, name='var')
3. print("pre run: \n{}".format(var))
4.
5. init = tf.global_variables_initializer()
6. with tf.Session() as sess:
7. sess.run(init)
8. post_var = sess.run(var)
9.
10. print("\npost run: \n{}".format(post_var))
```

```
Out:
pre run:
Tensor("var/read:0", shape=(1, 5), dtype=float32)

post run:
[[ 0.85962135  0.64885855  0.25370994 -0.37380791  0.63552463]]
```

코드를 다시 실행하면 이름에 자동으로 _1이 붙는 식으로 실행할 때마다 새로운 변수
가 만들어지는 것을 확인할 수 있다.

```
pre run:
Tensor("var_1/read:0", shape=(1, 5), dtype=float32)
```

이 때문에 모델의 재사용이 매우 비효율적일 수 있다(복잡한 모델은 많은 변수를 가질
수 있다). 예를 들어 이 변수를 여러 다른 입력으로 보내고 싶을 수 있다. 같은 변수를 재
사용하면 tf.Varibale() 대신 tf.get_Variables() 함수를 사용하면 된다.

■ 플레이스홀더

지금까지는 입력 데이터를 생성하는 데 소스 연산을 사용했다. 하지만 텐서플로는 입
력값을 공급하기 위한 내장 구조를 가지고 있다. 이 구조를 플레이스홀더(placeholder)
라고 부른다. 플레이스홀더는 나중에 데이터로 채워질 빈 변수라고 생각하면 된다. 일단
그래프를 구성하고 그래프가 실행되는 시점에 입력 데이터를 밀어 넣는 데 사용한다.

플레이스홀더는 shape 인수를 선택적으로 사용할 수 있다. 값이 지정되지 않거나
None으로 지정되면 플레이스홀더는 모든 크기의 데이터를 받을 수 있다. 흔히 샘플 데
이터의 개수에 해당되는 행렬의 차원(일반적으로 데이터의 행에 해당됨)은 None을 사
용하는 반면 특징의 길이(일반적으로 데이터의 열에 해당)는 고정된 값을 사용한다.

```
ph = tf.placeholder(tf.float32,shape=(None,10))
```

플레이스홀더를 제외하면 반드시 입력값을 밀어 넣어야 하며 그렇게 하지 않으면 예
외가 발생한다. 입력 데이터는 딕셔너리 형태로 session.run() 메서드에 전달되며, 딕셔

너리의 키는 플레이스홀더 변수의 이름에 대응하며 딕셔너리의 값은 리스트나 넘파이 배열로 구성된 데이터의 값이다.

```
sess.run(s, feed_dict={x: X_data, w: w_data})
```

다른 그래프 예제를 통해 살펴보자. 이번에는 행렬 x와 벡터 w 두 개의 입력에 대한 플레이스홀더가 있다. 행렬곱을 통해 5개의 원소를 가진 벡터 xw를 만든 후 −1의 값으로 채워진 상수 벡터 b를 더한다. 마지막으로 변수 s는 tf.reduce_max() 연산을 사용하여 벡터의 최댓값을 취한다. 5개의 원소를 가진 벡터를 하나의 스칼라로 축소하므로 축소라 는 단어를 사용한다.

```
1.  x_data = np.random.randn(5,10)
2.  w_data = np.random.randn(10,1)
3.
4.  with tf.Graph().as_default():
5.      x = tf.placeholder(tf.float32,shape=(5,10))
6.      w = tf.placeholder(tf.float32,shape=(10,1))
7.      b = tf.fill((5,1),-1.)
8.      xw = tf.matmul(x,w)
9.
10.     xwb = xw + b
11.     s = tf.reduce_max(xwb)
12.     with tf.Session() as sess:
13.         outs = sess.run(s,feed_dict={x: x_data,w: w_data})
14.
15.     print("outs = {}".format(outs))
```

```
Out:
outs = 3.06512
```

■ 최적화

이제 최적화를 살펴보자. 먼저 모델 학습의 기초를 설명하면서 학습 과정의 각 구성 요소를 간단히 설명하고 텐서플로에서 어떻게 수행되는지를 설명할 것이다. 그런 다음 간단한 회귀 모형을 최적화하는 전체 과정을 예제로 살펴볼 것이다.

■ 예측을 위한 학습

몇 개의 목표변수 y를 가지고 있을 때, 이를 특징 벡터 x를 사용해 설명한다고 가정해 보자. 이를 위해 이 둘을 연관 지을 수 있는 모델을 선택해야 한다. 학습 데이터의 값들은 원하는 관계를 잘 포착해내도록 모델을 조정하는 데 사용된다. 여기서는 간단한 회귀 문제를 해결할 것이다.

우리의 회귀모형은 다음과 같다.

```
f(xi)= wTxi + b
yi = f(xi) + εi
```

f(xi)는 가중치 w와 절편 b를 입력 데이터 xi 와 선형 조합한 결과라고 가정한다. 목표 yi는 f(xi) 에 가우시안 노이즈 εi 를 더한 값이다. 여기서 i는 주어진 하나의 샘플 데이터 를 나타낸다.

앞의 예제와 마찬가지로 입력과 출력 데이터에 대한 적합한 플레이스홀더, 가중치와 절편에 사용할 변수를 만들어야 한다.

```
1. x = tf.placeholder(tf.float32,shape=[None,3])
2. y_true = tf.placeholder(tf.float32,shape=None)
3. w = tf.Variable([[0,0,0]],dtype=tf.float32,name='weights')
4. b = tf.Variable(0,dtype=tf.float32,name='bias')
```

플레이스홀더 및 변수를 정의하면 이제 모델을 만들 수 있다. 이 예제는 통계학 용어로는 간단한 다변량 선형회귀로, 예측 출력값 y_pred는 입력값을 담고 있는 x와 가중치 w의 행렬곱에 편향값 b를 더한 것이다.

```
y_pred = tf.matmul(w,tf.transpose(x)) + b
```

■ 손실 함수 정의하기

그다음, 모델의 성능을 평가할 수 있는 좋은 척도가 필요하다. 모델이 예측한 값과 관측값 사이의 불일치를 포착하려면 '거리'를 반영하는 척도가 필요하다. 이 거리를 흔히 목적 또는 손실 함수라고 부르며 이 함수의 값을 최소화하는 매개변수(여기서는 가중치와 편향값)의 집합을 찾아내는 것이 바로 모델을 최적화하는 것이다.

이상적인 손실 함수는 존재하지 않으며 보통 실제와 이론을 모두 고려해 가장 적절한 것을 선택하게 된다. 손실 함수는 모델에서 취하는 가정, 최소화의 난도, 반드시 피해야 하는 실수 등 여러 요소에 따라 선택한다.

■ 평균제곱오차와 교차 엔트로피

보통 가장 흔히 사용하는 손실 함수는 평균제곱오차(Mean Square Error)이다. 모든 샘플에서 실제 관측값과 모델 예측값 사이의 차를 제곱한 값의 평균이다.

$$L(y, \hat{y}) = \frac{1}{n} \sum_{i=1}^{n} (y_i - \hat{y_i})^2$$

직관적으로 받아들일 수 있는 손실 함수이다. 즉 관측된 값과 모델의 적합값 사이의 차이의 제곱값의 평균을 최소화하는 것이 목적이다.

이 선형회귀모형에서는 실제 관측값인 벡터 y_true(y)와 모델의 예측값인 y_pred($\hat{y}$)의 차이를 가지고 이 차이의 제곱을 계산하는 tf.square()를 사용한다. 이 연산은 원소끼리 수행된다. 그 다음 tf.reduce_mean() 함수를 사용해 평균을 구한다.

```
loss = tf.reduce_mean(tf.square(y_true-y_pred))
```

주로 범주형 데이터에 널리 사용되는 또 다른 손실 함수로는 앞장의 소프트맥스 분류기에서 사용했던 교차 엔트로피가 있다. 교차 엔트로피에서는 다음과 같이 정의된다.

$$H(p, q) = -\sum_{x} p(x) \log q(x)$$

정답 레이블이 하나인 분류 문제에서는 정답을 선택할 때 분류기가 부과하는 확률에 로그를 취한 값이 된다.

이를 텐서플로에서는 다음과 같이 표현된다.

```
loss = tf.nn.sigmoid_cross_entropy_with_logits(labels=y_true,logits=y_pred)
loss = tf.reduce_mean(loss)
```

교차 엔트로피는 두 분포 사이의 유사성을 재는 척도이다. 딥러닝에서 사용되는 분류 모델은 보통 각 클래스의 확률 값을 계산하므로 실제 클래스(분포 p)와 모델에서 제시한 클래스(분포 q)를 비교할 수 있다. 두 분포가 가까울수록 교차 엔트로피 값은 더 작아진다.

■ 경사 하강법 최적화 함수

다음으로 알아야 할 것은 손실 함수를 최소화하는 방법이다. 계산이나 분석을 통해 전역 최솟값을 찾아낼 수 있는 경우도 있지만, 대부분의 경우는 최적화 알고리즘을 사용해야 한다. 최적화 함수는 점점 손실 함수의 값이 줄어드는 방향으로 반복적으로 가중치 집합을 갱신한다.

가장 흔히 사용되는 접근 방법은 가중치의 집합에 대한 손실의 경사를 사용한 경사하강법이다. 조금 기술적으로 들어가면 손실을 다변수 함수 $F(\overline{w})$라 할 때 어떤 점 $\overline{w_0}$의 이웃 중 $F(\overline{w})$의 가장 가파른 내리막 경사 방향은 $\overline{w_0}$에서 F의 음의 경사 방향으로 이동할 때 얻어진다.

그러므로 $\overline{w_0}$에서 F의 경사가 $\nabla F(\overline{w_0})$이고 $\overline{w_1} = \overline{w_0} - \gamma \nabla F(\overline{w_0})$라 할 때 충분히 작은 수 γ에 대해 다음이 성립한다.

$$F(\overline{w_0}) \geq F(\overline{w_1})$$

경사 하강법 알고리즘은 매우 복잡한 네트워크 구조에서도 잘 동작하므로 다양한 문제에 활용 가능하다. 좀 더 구체적으로 말하면 최근에는 대규모 병렬 시스템을 사용하여 경삿값을 계산할 수 있게 되어 문제의 차원에 맞춰 확장할 수 있다(물론 실제 세상의 대규모 문제에서는 여전히 많은 시간이 필요하다). 볼록함수에서는 최솟값으로의 수렴이 보장되지만 (딥러닝의 세계에서는 사실상 모든 문제에 해당되는) 비 볼록함수에서는 지역 최솟값에 갇히는 문제가 생길 수 있다. 실무에서는 충분히 좋은 결과를 내는 편이며, 딥러닝 분야의 큰 성공 역시 이를 입증한다.

■ 데이터 생성 방법

경삿값은 모델 매개변수에 대해서 계산되고 주어진 입력 샘플 x_s를 사용해 평가된다. 이를 계산하기 위해 얼마나 많은 샘플이 필요할까? 직관적으로 사용 가능한 정보의 총량으로부터 이익을 보려면 전체 데이터 집합의 경삿값을 계산하는 것이 타당하다. 하지만 이 방법은 몇 가지 단점이 있다. 예를 들어 데이터가 사용 가능한 메모리 이상을 필요로 한다면 매우 느리고 다루기도 어려울 것이다.

가장 보편적인 방법은 확률적 경사 하강법(Stochastic gradient descent)으로, 각 단계의 계산을 위해 알고리즘에 전체 데이터를 투입하는 대신 데이터의 부분집합을 순차적으로 추출한다. 한 번에 적용하는 데이터의 개수는 한 단계에 하나에서 수백 개까지 다양하지만 가장 일반적인 크기는 50~500개 사이이며, 그래서 이를 흔히 미니배치라고 부른다.

배치 수가 적을수록 빨리 학습할 수 있고, 배치 크기가 작을수록 계산은 빨라진다. 그러나 샘플의 수가 적으면 하드웨어 사용률이 낮아지고 분산이 커지기 때문에 결과가 크게 요동친다는 단점이 있다. 그럼에도 불구하고 이 요동 덕분에 매개변수의 집합이 더 나은 지역 최솟값을 찾을 수 있는 새로운 곳으로 점프할 수 있으므로 꼭 나쁜 것만은 아니라는 점이 밝혀졌다. 그래서 상대적으로 작은 배치 사이즈는 이런 점에서 효과적이며 현재 전반적으로 선호되는 방법이다.

■ 텐서플로의 경사 하강법

텐서플로에서는 경사 하강법 알고리즘을 직관적으로 간편하게 사용할 수 있다. 텐서플로의 최적화 함수는 그래프에 새로운 연산을 추가하는 것만으로 경삿값을 계산할 수 있고 또 알아서 미분을 하며 경삿값을 계산한다. 즉 연산 그래프의 연산과 구조에서 경사 함수를 자동으로 유도하여, 알아서 경삿값을 계산한다는 의미이다.

매개변수 중 학습률을 설정하는 것이 중요한데, 이 값은 각 갱신 반복이 얼마나 적극적으로 이루어지는가(즉, 음의 경사 방향으로 얼마나 크게 이동할 것인가)를 결정한다. 손실 함수의 값이 쓸 만할 정도로 빠르게 감소해야 하지만 동시에 목표한 지점을 넘어서서 오히려 손실 함수의 결과가 더 커질 만큼 크게 이동하는 것은 바람직하지 않다.

우선 원하는 학습률을 인수로 정하고 GradientDescentOptimizer() 함수를 사용해 최적화 함수를 생성한다. 그런 다음 optimizer.minimize() 함수에 손실 함수를 인수로 전달하여 변수를 갱신하는 학습 연산을 생성한다.

```
optimizer = tf.train.GradientDescentOptimizer(learning_rate)
train = optimizer.minimize(loss)
```

학습 연산은 sess.run() 메서드에 입력값이 주어진 후에 실행된다.

■ 예제로 마무리

이제 준비가 끝났다. 이번 절에서 설명한 모든 구성 요소를 결합해 선형회귀와 로지스틱 회귀, 두 모델의 매개변수를 최적화해보자. 이들 예제에서 미리 정한 특성에 따라 합성 데이터를 생성하고 모델이 최적화 과정을 통해 이 특성을 어떻게 복구해나가는지 직접 볼 것이다.

■ 예제1: 선형회귀

첫 번째 예제는 목푯값이 각 샘플에 가우시안 노이즈 ϵ_i를 추가한 어떤 입력 벡터 x의 선형 조합일 때 가중치 w와 편향값 b를 찾아내는 문제이다.

이 예제에서는 넘파이를 사용해 합성 데이터를 생성한다. 3개의 특징을 가진 벡터로 x의 샘플 2000개를 만들고 샘플 각각에 가중치의 집합 w([0.3,0.5,0.1])을 내적한 후 여기에 편향값 b(-0.2)와 가우시안 노이즈를 더한다.

```
1.  import numpy as np
2.
3.  x_data = np.random.randn(2000,3)
4.  w_real = [0.3,0.5,0.1]
5.  b_real = -0.2
6.
7.  noise = np.random.randn(1,2000)*0.1
8.  y_data = np.matmul(w_real,x_data.T) + b_real + noise
```

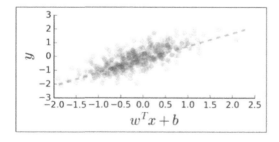

그림 9-18 노이즈를 추가한 샘플

그림에 대해 좀 더 설명하면 선형회귀에 사용하기 위해 생성한 데이터, 각 동그라미는 샘플을 나타내며 점선(대각선 방향)은 가우시안 노이즈를 배제했을 때의 기댓값이다.

그다음 정확한 예측이 가능하도록 모델을 최적화하여(즉 최적의 매개변수를 찾아) 가중치의 집합 w와 편향 b를 예측한다. 각 반복마다 현재 매개변수를 한 번 업데이트 한다. 이 예제에서는 sess.run() 메서드를 사용해 5번의 반복마다 추정 매개변수의 값을 출력하며, 10회 반복을 실행한다.

변수 초기화를 꼭 기억하자. 여기서는 가중치와 편향 모두 0으로 초기화한다. 하지만 초깃값을 선택하는 '스마트'한 기술들이 있으며 다음 장에서 이를 살펴볼 것이다. 이름 스코프를 사용해 출력의 추론, 손실 함수의 정의, 학습 객체의 설정 및 생성과 관련된 부분을 그룹으로 묶는다.

```
1.  NUM_STEPS = 10
2.  g = tf.Graph()
3.  wb_ = []
4.  with g.as_default():
5.      x = tf.placeholder(tf.float32,shape=[None,3])
6.      y_true = tf.placeholder(tf.float32,shape=None)
7.
8.      with tf.name_scope('inference') as scope:
9.          w = tf.Variable([[0,0,0]],dtype=tf.float32,name='weights')
10.         b = tf.Variable(0,dtype=tf.float32,name='bias')
11.         y_pred = tf.matmul(w,tf.transpose(x)) + b
12.
13.     with tf.name_scope('loss') as scope:
14.         loss = tf.reduce_mean(tf.square(y_true-y_pred))
15.
16.     with tf.name_scope('train') as scope:
17.         learning_rate = 0.5
18.         optimizer = tf.train.GradientDescentOptimizer(learning_rate)
19.         train = optimizer.minimize(loss)
20.
21.     init = tf.global_variables_initializer()
22.     with tf.Session() as sess:
23.         sess.run(init)
24.         for step in range(NUM_STEPS):
25.             sess.run(train,{x: x_data, y_true: y_data})
26.             if (step % 5 == 0):
27.                 print(step, sess.run([w,b]))
28.                 wb_.append(sess.run([w,b]))
29.
30.         print(10, sess.run([w,b]))
```

결과는 다음과 같다.

```
(0,[array([[0.30149955,0.49303722,0.11409992]],dtype=float32),-0.18563795])
(5,[array([[0.30094019,0.49846715,0.09822173]],dtype=float32),-0.19780949])
(10,[array([[0.30094025,0.49846718,0.09822182]],dtype=float32), -0.19780946])
```

10회 반복만으로 추정 가중치 $\hat{w}$ = [0.302, 0.501, 0.103] and b = -0.199 결과가 나왔다. 실제 매개변수 값은 w = [0.3,0.5,0.1] 과 b = -0.2 이다. 거의 정확한 결과 값이다.

■ 예제2: 로지스틱 회귀

예제 1과 같은 방식으로 생성한 데이터로 가중치와 편향을 계산해보는데 이번에는 로지스틱 회귀로 실행해보자. 여기서 선형 성분 $w^T x + b$ 는 로지스틱 함수라고 불리는 비선형 함수의 입력이 된다. 이 함수는 선형 성분의 값을 [0,1] 범위 안으로 눌러 넣는데 효과적이다.

$$\Pr(y_i = 1 | x_i) = \frac{1}{1 + \exp^{wx_i - b}}$$

이 값은 참(1) 또는 거짓(0)의 이진 출력 중 어떤 한 결과가 나올 확률로 간주할 수 있고, 모델의 비결정론적인(노이지한) 부분이다.

로지스틱 함수는 일반화할 수 있는 개념이며, 곡선의 경삿값이나 최댓값이 다른 여러 로지스틱 함수를 통칭한다. 우리가 이 예제에서 사용하는 로지스틱 함수는 시그모이드 함수라는 이름으로도 불린다.

앞 예제와 같은 가중치의 집합과 편향을 사용해 샘플을 생성한다.

```python
1.  N = 20000
2.  def sigmoid(x):
3.      return 1 / (1 + np.exp(-x))
4.
5.  x_data = np.random.randn(N,3)
6.  w_real = [0.3,0.5,0.1]
7.  b_real = -0.2
8.  wxb = np.matmul(w_real,x_data.T) + b_real
9.
10. y_data_pre_noise = sigmoid(wxb)
11. y_data = np.random.binomial(1,y_data_pre_noise)
```

이제 하단 그림에서 이진화 전후의 출력 샘플을 볼 수 있다.

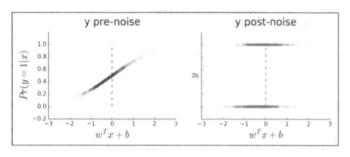

그림 9-19 이진화 전(pre-noise), 이진화 후(post-noise)의 그래프

상단의 그림을 보면, 로지스틱 회귀에 사용하기 위해 생성한 데이터, 각 동그라미는 샘플을 나타낸다. 왼쪽 그래프는 입력 데이터의 선형 조합을 로지스틱 함수에 적용하여 생성된 확률 값들을 보여주며, 오른쪽 그래프는 왼쪽 그래프의 확률 값 중 무작위로 추출하여 이진화한 목표 출력값을 보여준다.

코드에서 수정할 부분은 사용할 손실 함수뿐이다.

여기서 사용할 손실 함수는 교차 엔트로피의 이진 버전으로, 로지스틱 회귀모형에 사용할 수 있는 손실 함수 중 하나이다.

```
y_pred = tf.sigmoid(y_pred)
loss = y_true*tf.log(y_pred) - (1-y_true)*tf.log(1-y_pred)
loss = tf.reduce_mean(loss)
```

텐서플로는 이를 대신하여 사용할 내장 함수가 있다.

```
tf.nn.sigmoid_cross_entropy_with_logits(labels=,logits=)
```

실제 출력 값과 모델의 선형 예측 값만 인수로 넘겨주면 된다.

```
 1.  NUM_STEPS = 50
 2.
 3.  with tf.name_scope('loss') as scope:
 4.      loss = tf.nn.sigmoid_cross_entropy_with_logits(labels=y_true,logits=y_pred)
 5.      loss = tf.reduce_mean(loss)
 6.
 7.  init = tf.global_variables_initializer()
 8.  with tf.Session() as sess:
 9.      sess.run(init)
10.      for step in range(NUM_STEPS):
11.          sess.run(train,{x: x_data, y_true: y_data})
12.          if (step % 5 == 0):
13.              print(step, sess.run([w,b]))
14.              wb_append(sess.run([w,b]))
15.
16.      print(50, sess.run([w,b]))
```

결과는 다음과 같다.

```
(0,[array([[0.03212515,0.058900140.01086476]],dtype=float32), -0.021875083])
(5,[array([[0.14185661,0.25990966,0.04818931]],dtype=float32), -0.097346731])
(10,[array([[0.20022796,0.36665651,0.06824245]],dtype=float32), -0.13804035])
(15,[array([[0.23269908,0.42593899,0.07949805]],dtype=float32), -0.1608445])
(20,[array([[0.2512995,0.45984453,0.08599731]],dtype=float32), -0.17395383])
(25,[array([[0.26214141,0.47957924,0.08981277]],dtype=float32), -0.1816061])
(30,[array([[0.26852587,0.49118528,0.09207394]],dtype=float32), -0.18611355])
(35,[array([[0.27230808,0.49805275,0.09342111]],dtype=float32), -0.18878292])
(40,[array([[0.27455658,0.50213116,0.09422609]],dtype=float32), -0.19036882])
(45,[array([[0.27589601,0.5045585,0.09470785]],dtype=float32), -0.19131286])
(50,[array([[0.27656636,0.50577223,0.09494986]],dtype=float32), -0.19178495])
```

이전 선형회귀 예제에 비해 더 많은 반복 후에야 수렴하며 더 많은 샘플이 필요하지만, 결국은 원래 선택했던 가중치와 꽤 유사한 결과를 얻는다.

이로써 연산 그래프와 이를 사용해서 무엇을 할 수 있는지 알아보았다. 그래프를 만드는 방법과 출력을 계산하는 방법을 살펴보고 텐서플로의 주요 구성 요소인 텐서 객체에는 그래프의 연산 및 입력으로 사용할 플레이스홀더, 그리고 모델 학습 과정에서 조정할 변수 두 가지가 있다는 것도 알 수 있었다. 그리고 텐서 배열을 배우고 데이터 타입, 형태, 이름 속성도 다루었다. 마지막에는 모델 최적화 과정을 설명하고 텐서플로에서 구현하는 방법을 살펴볼 수 있었다.

INDEX

모바일 앱 및 오픈소스 SW 기반의 기초 프로그래밍

1판 1쇄 인쇄 2019년 01월 06일
1판 1쇄 발행 2019년 01월 16일
저   자 문현준
발 행 인 이범만
발 행 처 **21세기사** (제406-00015호)
　　　　　경기도 파주시 산남로 72-16 (10882)
　　　　　Tel. 031-942-7861   Fax. 031-942-7864
　　　　　E-mail : 21cbook@naver.com
　　　　　Home-page : www.21cbook.co.kr
　　　　　ISBN 978-89-8468-641-0

정가 30,000원